欧洲现代性城市

OUZHOU XIANDAIXING CHENGSHI
YU KONGJIAN WENHUA PIPING

与空间文化批评

杨智慧　李　琳◎著

四川大学出版社

项目策划：陈克坚　梁　平
责任编辑：陈克坚
责任校对：周　洁
封面设计：墨创文化
责任印制：王　炜

图书在版编目（CIP）数据

欧洲现代性城市与空间文化批评 / 杨智慧，李琳著．
— 成都：四川大学出版社，2019.12（2024.6 重印）
ISBN 978-7-5690-3119-5

Ⅰ．①欧…　Ⅱ．①杨…　②李…　Ⅲ．①城市文化－研
究－欧洲　Ⅳ．① G150

中国版本图书馆 CIP 数据核字（2019）第 234534 号

书　名	欧洲现代性城市与空间文化批评
著　　者	杨智慧　李　琳
出　　版	四川大学出版社
地　　址	成都市一环路南一段 24 号（610065）
发　　行	四川大学出版社
书　　号	ISBN 978-7-5690-3119-5
印前制作	四川胜翔数码印务设计有限公司
印　　刷	永清县晔盛亚胶印有限公司
成品尺寸	170mm×240mm
印　　张	12.75
字　　数	248 千字
版　　次	2019 年 12 月第 1 版
印　　次	2024 年 6 月第 2 次印刷
定　　价	68.00 元

◈ 读者邮购本书，请与本社发行科联系。
　电话：（028）85408408/（028）85401670/
　（028）86408023　邮政编码：610065
◈ 本社图书如有印装质量问题，请寄回出版社调换。
◈ 网址：http://press.scu.edu.cn

四川大学出版社
微信公众号

前　言

　　德国思想家恩斯特·卡西尔（Ernst Cassirer，1874—1945）曾经说过：
"时间与空间是涉及所有现实问题的架构，只有在空间和时间的条件下才能
思考真实事物。"① 作为人类思维的两个基本维度之一，空间一直都是社会
文化关注和思辨的焦点，在空间思想的历史演进过程中，关于空间的理论和
学说百家争鸣、硕果累累。城市是政治、经济、文化集中和变革的场所，随
着人类社会的发展，城市化进程全面展开，人口急剧增加，各种制度和公共
服务也迅速发展，城市很快就成了社会文明进步的空间表征，城市生活也成
了人类社会文明的具体样态。因此，作为人类社会生活的集中场所，城市是
空间研究的核心与焦点，欧洲的城市研究在学科领域和方法论上都体现出社
会学传统。但随着西方哲学在 20 世纪出现空间转向，城市研究突破了社会
学范畴，而文化研究的兴起，更是进一步开阔了城市研究的视野，创新了城
市研究的方法。

　　文化批评作为一种跨学科的全新研究方法，强调现代城市空间、城市生
活与社会文化及其变革之间互动关系的研究。其中，德国法兰克福学派坚持
以批判的意识观察和反思资本主义社会体制下的城市空间和城市生活，而英
国的文化研究则更加关注城市空间中复杂的社会关系。作为欧洲现代社会中
文化研究的两个重要团体，它们的城市研究理论在很大程度上继承了马克思
主义城市思想，同时也有对马克思主义元理论的历史反思和时代发展。在
20 世纪的文化观念中，差异性是欧洲城市空间和城市生活的主要特征，而
传统的马克思主义思想无法再为这种差异性和多元性提供全面的理论阐释，
对此，新时代的城市研究者建议向各种后现代空间理论借鉴，并强调这种理
论借鉴应该是批判性的。

　　美国思想家丹尼尔·贝尔（Daniel Bell，1919—2011）在其代表性著作

---

① 〔德〕恩斯特·卡西尔：《人论》，甘阳译，上海：上海译文出版社，2004 年，第 60 页。

1

《资本主义文化矛盾》（*The Cultural Contradictions of Capitalism*）中指出，空间的结构已经成为 20 世纪中期文化领域里的主要美学问题。[1] 巴勒斯坦裔美国学者爱德华·萨义德（Edward Said，1935—2003）在《文化帝国主义》（*Culture and Imperialism*）中指出，即使在人文学科，知识仍然"以这种或那种方式依赖于某种地理的和公认的性质与命运"[2]。在 20 世纪的后期，众多学者参与到以"空间""地方""文化地理学"为主题的跨学科研究中，这些研究者来自不同的学科领域，包括哲学、历史学、人类学、建筑学、艺术批评、社会理论、文学、地理学等。显然，欧洲现代社会对空间问题的关注已经限于政治和经济的范畴，本书作者以文化批评理论为依据，以巴黎和伦敦为例，展示了欧洲现代城市空间的兴起、发展和文化表征，同时也分析了现代城市空间对人的主体意识的影响。

本书共分为六部分：绪论部分对欧洲城市概念的形成和城市文化研究进行了扼要追溯；第一章梳理了欧洲现代城市文化研究的基本思想脉络；第二章以巴黎为例呈现了 19 世纪现代性空间的兴起；第三章仍以巴黎为例展现并分析了现代城市空间的建构、命名和景观；第四章以伦敦和巴黎为背景，关注城市空间的文学书写；第五章以本雅明的城市游荡者的视角，从空间文化批评的角度反思欧洲城市现代性空间及其造就的现代人的主体意识。六部分当中，前三部分由李琳撰写，后三部分由杨智慧撰写。

---

① 〔美〕丹尼尔·贝尔：《资本主义文化矛盾》，赵一凡等译，北京：生活·读书·新知三联书店，1989 年，第 173 页。
② 〔美〕爱德华·萨义德：《文化与帝国主义》，李现译，北京：生活·读书·新知三联书店，2003 年，第 108 页。

目　录

绪　论

雷蒙·威廉斯（Raymond Williams，1921—1988）的《关键词：社会与文化的词汇》（*Keywords: A Vocabulary of Culture and Society*）在"城市"这一词条中提到，英语中"城市"的概念在 13 世纪就已经存在，但直到 16 世纪现代观念中的城市才初步形成，并区别于乡村地区，这些特定的区域人口相对集中，商业活动相对繁荣，城市生活开始发展；直到 19 世纪，英国人的城市概念总是和这个国家的都城——伦敦联系在一起的。[①] 根据威廉斯的考证，英语中的"city"一词来自法语中的"cité"，而这个词又来源于拉丁语的"civitas"，由"civis"（拉丁语中的"市民"）衍生而来；拉丁文中的"civis"和现代英语词汇中的"national"意思接近，也就是说"civitas"在当时的社会文化中表达的是一个市民集体的概念而并非指代一个特殊的居住空间和居住方式。[②] 城市作为"市民集体"的最初意义源于古希腊城邦国家中市民身份的观念：古希腊城邦（polis）建立在市民的公众权力基础上，而拥有市民身份的人必须是自由且拥有土地的成年男子，这样的成年男性群体参与的权力体系及其运作机制是城邦概念的基本内涵，西方文化中城市的概念也是在这个基础上衍生的。所以，城市最初指的是拥有财产的、自由的民众集体，而不是直接指这样的集体所生活的空间。但亚里士多德的城市观念在空间上更加宽泛，他把城市、市镇、乡村和其他的蛮荒地区看作一个整体，并未从空间和社会生活的角度把它们区分开来。后来的罗马帝国延续了亚里士多德把城邦及所有周边地区视为一体（一个自治共同体）的观念，他们甚至把高卢人的部落也称为城市。[③]

[①] Raymond Williams. *Keywords: A Vocabulary of Culture and Society*. New York: Oxford University Press, 1985, p. 55.

[②] Raymond Williams. *Keywords: A Vocabulary of Culture and Society*. New York: Oxford University Press, p. 56.

[③] R. J. Holton. *Cities, Capital and Civilization*. London: Allen & Unwin, 1986, p. 3.

从概念的起源来看，由于市民身份和政治、权力、道德以及文化品位等因素相关，所以与市民密切相关的城市概念中也包含着相应的"高雅"意义，折射出城市在政治参与、特殊权力、自由意识等方面的空间优势。根据威廉斯的考证，早期英语语言本土词汇中表示城市概念的词是"burh"（相当于现代英语中的"borough"）和"tun"（相当于现代英语中的"town"）。"town"最初指一片圈起来的区域、房屋或者建筑物，而"borough"则经常和"city"互换使用。"burg""burgh""borough"① 衍生于古日耳曼语，基本意思是堡垒或者庇护场所；而在这些词根的基础上后来又衍生出了更多与市民相关的词，如"burgher""bourgeoisie""bourgeois"，② 其中所表达的城市和市民（中产阶级）之间的关系显而易见。到了 19 世纪，由于城市在地域和人口规模上的巨大发展，才使得城市（city）和市镇（town）明确地区别开来，而"borough"则逐渐专门用来表达城市与市镇等地方性政府及其行政管理相关的概念。城市（city）比市镇（town）在词的文化概念上更加文雅和精致，经常用来指代理想的或充满精神生活的居民社区，例如尊奉圣经的地区。而且，甚至到 16 世纪"城市"一词普遍被认为是专指伦敦。③ 17 世纪的英国社会城市和乡村的差异进一步扩大，而到了 18 世纪早期，城市已经直接成为经济和商业中心的代称，这一时期的城市出现了资本主义的早期发展。19 世纪中期，在工业革命的推动下，城市和城市生活得以迅速发展，英国因此也造就了历史上第一个城市人口超过乡村人口的社会。在这一时期，城市内部开始出现了市区和郊区的分化，后来的发展促使市区成为商业和各种事务的运营场所以及人群的集中场所，而郊区则是"有闲阶层"的居住空间，城市的基本格局就此形成。

和文化是一种整体生活方式的观念一样，威廉斯认为城市也是一种有序的生活空间，呈现着一种完全不同于乡村的全新生活体系，作为一种人类文明的形式，这种体系的制度化在 19 世纪初期正式确立。城市总是和人类文明进程密切相关，威廉斯认为文明是一种有组织的社会生活状态，文明（civilization）一词出现在 17 世纪早期，其词根"civil"衍生于拉丁语中的

---

① burg：城堡、堡垒、要塞、设防的城镇；burgh：城镇、城堡、自治市；borough：享有自治特权的市镇、自治市、（中世纪）大于村庄并筑堡垒设防的城镇。

② burgher：市民（最先主要指欧洲某些国家中产阶级的市民或镇民）、公民；bourgeois：具有资产阶级信念、态度、习俗的人；法国城市的公民；（中世纪村镇的）自由民；bourgeoisie：资产阶级、中产阶级。

③ R. J. Holton. *Cities, Capital and Civilization*. London: Allen & Unwin, 1986, p. 7.

"civilis"，可以看作是"市民"（civis 即英语中的 citizen）一词的形容词。[①]
可见，文明和城市在概念上是息息相关的，并通过市民的形象联系了起来，
这在现代英语词汇中仍可找到线索，例如上文中提到的"burg""burgh"
"borough"（作为堡垒或者庇护场所）与"burgher""bourgeoisie"
"bourgeois"（城市和市民）之间的关联。如果说文明是体现某种思想与获
得一种生活状态相结合的产物，那么这种思想和生活方式的实现主要是在城
市空间中进行的，推进文明思想的传播和社会实践都是通过城市和城市生活
的不断发展和更新而展开的，就像"文艺复兴""启蒙运动"以及 19 世纪的
"现代性"都主要是在城市中兴起并拓展的。

　　城市通过对文明成果的不断积淀逐渐形成了一种"有序的生活空间"，
一种完全有别于乡村的全新的生活体系。在工业革命的推动下，经济快速增
长，迅速商业化，19 世纪欧洲的城市已经有了长足的发展，城市的规模和
类型已产生一个庞大而丰富的体系。威廉斯在《城市与乡村》（*The Country
and the City*）中列举了这些功能和文化各异的城市类别：作为国家首府的
城市、发挥行政管理功能的城市、宗教文化盛行的城市、市场繁荣的城镇、
商业和贸易的港口城市、军事驻扎和防卫的城市、工业发展的城市。[②] 但
是，在文明的发展进程中，城市的兴起也有其负面的效应，相比封闭和团结
的乡村，城市的发展逐渐使人的自由精神衰退、使人的思维倾向机械化、使
人的生活趋于单调和空洞，同时又刺激了人们物质欲望的盲目增长，并最终
导致资产阶级群体性的过度消费行为。此外，19 世纪的城市发展也加剧了
阶级之间的不平等，造成了城市无产阶级的极度贫困，这一现象在伦敦表现
得十分突出，查尔斯·狄更斯（Charles Dickens，1812—1870）的小说和弗
里德里希·恩格斯（Friedrich Engels，1820—1895）对英国工人阶级生存
状况的社会调查中都有详细描写和全面呈现。

　　城市的出现是人类历史中的革命性变革，意味着人类社会文明的不断发
展，或者说城市是人类文明的象征和载体。罗伯特·雷德菲尔德（Robert
Redfield，1897—1958）说过文明的故事就是城市的故事，美国人眼中的城

----

① Raymond Williams. *Keywords: A Vocabulary of Culture and Society* (Revised edition).
New York：Oxford University Press. 1985. p. 57.

② Raymond Williams. *The Country and the City*. New York：Oxford University Press, 1973,
p. 1.

市是商业和生产的中心，法国人则把城市看作文化的中心。[①] 文化和商业是城市的两个基本角色，作为文化或宗教中心，城市又是信仰和各种文化知识的灯塔，这里有权威和信条，各种习惯和风俗融合为一种文化传统；而作为商业的空间，城市的概念显然是以市场、交易、商品消费为关键词。城市的现代研究者侧重从经济功能的角度把城市看作一个与大规模生产相适应的集体消费的空间，这个空间也是与资本主义生产相关联的各种社会运动组织和爆发的场所。资本主义商品生产、商品消费和工人运动是观察和分析欧洲现代城市的重要角度。19 世纪三位代表性的社会思想家——卡尔·马克思（Karl Marx，1818—1883）、马克斯·韦伯（Max Weber，1864—1920）、埃米尔·涂尔干（Émile Durkheim，1858—1917）都不主张脱离社会关系孤立地把城市作为一种社会现实加以分析。根据他们的思想，城市研究并非社会结构的空泛理论建构，应该把城市和各种社会关系联系起来，通过这些社会关系来理解和认知城市。对这种社会关系的分析，马克思的角度是私有财产，韦伯的角度是权力支配，而涂尔干的角度则是劳动分工。

城市和社会经济之间的关系蕴藏在两个相互交织的动态过程中，并且涉及两个基本因素：第一，社会经济活动越来越趋向于一种具有自足和动态特征的社会生活，而且与政府官僚体系逐渐产生了鲜明的区分；第二，物质基础在人类的生存中日益变得强大和突出。这两个因素结合起来突出一种思想观念，即经济和各种社会机构结合起来共同决定社会历史的发展进程，这其中的两个基本社会机构就是城市和国家。[②] 经济和商业活动在城市中的发展和繁荣、土地占有在身份维持方面的日趋衰落让人们对城市以及城市生活产生新观念，资本概念就此在城市中崛起并不断地攀向巅峰。随着经济的不断发展和壮大，城市空间的秩序化、安全化、景观化成为城市新贵——资产阶级的重要空间构建任务和工程。资产阶级关注城市空间的一个主要方面是秩序和安全，这是早期还处于"内向化"生活状态的资产阶级从私人空间集体转向公共空间的一个基本前提和条件，城市空间的秩序和安全是资产阶级群体安全和自由的保障，法国第二帝国皇帝重臣乔治－欧仁·豪斯曼（Georges-Eugène Haussmann，1809—1891）计划并实施的巴黎城市新建就是满足资产阶级这一需求的具体举措。除了经济和政治的视角之外，涂尔干

[①] Richard Brandeis. ed. *Classic Essays on the Culture of Cities*. New York：Merdith Corporation，1969，p. 206.

[②] R. J. Holton. *Cities，Capital and Civilization*. London：Allen & Unwin，1986，p. 33.

还主张关注城市中社会关系的状态和变革，他对城市中生机勃勃的大众向"孤独的人群"蜕变的过程进行了理性的剖析，让我们清晰地看到在社会分工的基础上，传统的"有机"社会空间和社会关系在商业化、文化和生活方式多元化、个人主义意识演进过程中不断受到冲击，并逐渐趋于衰落。涂尔干指出了这种城市空间变革所引发的问题和危机，即社会"失范"状态的出现和传统社会文化秩序的瓦解，他所撰写的《自杀论》（*Le Suicide*）就是对 19 世纪欧洲社会这些病灶的实证性调查研究和报道。

现代城市研究的主要视角是理性主义和实证主义，宗教与社会生活的关系也是重要方面，但从 19 世纪后期开始一直延续到 20 世纪初期，城市研究有了新的方式和角度——文化研究和美学研究。新的研究范式强调对城市的空间体验和哲学思辨，把城市空间作为一种文本加以解读和分析，这一空间思想的代表性人物有法国的夏尔·波埃尔·波德莱尔（Charles Pierre Baudelaire，1821—1867）、马塞尔·普鲁斯特（Marcel Proust，1871—1922），德国的格奥尔格·齐美尔（Georg Simmel，1858—1918）、齐格弗里德·克拉考尔（Siegfried Kracauer，1889—1966）、沃尔特·本雅明（Walter Benjamin，1892—1940）。他们更加关注城市空间与现代人心理和情感体验之间的关联性，强调在现代城市生活中个体感受到的城市空间的商业、景观化以及由此带来的空间真实性的模糊，而且生存空间的变革也导致了现代人身份体验的困惑、自我意识的异化。作为一个完全被物质和商业法则主导的空间，19 世纪的城市是现代性个体人格和心理孕育、成长的社会及文化母体。资本主义市场经济的理性和逻辑抹杀了商品之间的差异，因为它用交换价值压抑了使用价值，资本主义商业化城市也以商品的观念看待城市空间中生存的社会个体，因此，资本主义的社会文化以同样的方式抹杀了现代人作为个体之间的差异，因为它积极灌输和培养现代人作为消费者的身份，并以此不断压制他们的所有身份。

雷德菲尔德和密尔顿·辛格（Milton Singer，1919—2003）在他们合写的文章中从文化角色的角度把城市分为系统演化型（orthogenetic）和偶发型（heterogenetic）两种。系统演化型城市重视继承传统的文化、道德和秩序。前现代社会的城市文化大都属于系统演化型，它把政治权力、行政管控和文化功能结合为一体，三者之所以能结合成一个体系，是因为城市里道德和宗教规范不仅在社会生活中盛行和有主导地位，而且在城市文人阶层的思想中被进一步宣扬和强化，同时这些规范也渗透到了统治者及其法律对城市和民众进行控制的措施当中。而在偶发型城市则以技术秩序为主导，传统文化逐渐解体，社会和思想整合成新的文化形态。偶发型城市关注市场、商品生产的理性组织、买卖双方之间的临时和权宜关系，偶发型城市中的主导群体是商业化群体和行政管理团体，社会的管理者往往与被管理者之间关系疏离而充满矛盾，城市空间中涌现出各种其他群体——反叛者、改革者、规划者、密谋暴动者——彼此独立，坚持各自主张。经济增长和权力扩张为偶发型城市的首要任务。[①] 现代城市体现了偶发型城市的基本特征，城市生活也基本遵循商品和商品生产的法则。"在偶发型城市空间生活的人总是面向和期待未来，但他们得到的未来却往往是他们过去生活的重复，要么是一成不变地继续他们的过去，要么是从头开始重复过去，两种功能完全相同的轨迹：即要么是直线式的持续，要么是圆周式的重复。"[②] 虽然未来不过是过去或现在的重复，但是生活在偶发型城市空间的人却固执地信仰未来，坚持认为未来完全不同于过去或现在，这种循环反复最突出的表现就是现代性城市中的商品生产和消费以及城市的时尚，也就是说偶发型城市空间中的个体生活在一种"永恒轮回"当中，但却是尼采所说的"小矮人"的永恒轮回，而不是"超人"的永恒轮回，即一种纯粹的重复，而非一种不断的发展和升华。

[①] Richard Brandeis. ed. *Classic Essays on the Culture of Cities*. New York: Merdith Corporation, 1969, pp. 214—215.

[②] Richard Brandeis. ed. *Classic Essays on the Culture of Cities*. New York: Merdith Corporation, 1969, p. 222.

第一章　欧洲现代城市文化思想及理论

　　欧洲现代城市研究理论和城市空间体验相互支撑、不可分割，两者都是现代城市文化研究的基础和资源，积累了大量的理论和文献。在欧洲现代城市的研究过程中，理论总结和经验书写之间的相关性以及两者对于彼此的价值和意义在许多欧洲城市思想家的著作中都有鲜明的体现。从 20 世纪早期奠定现代城市研究理论基础的社会学家马克斯·韦伯、格奥尔格·齐美尔、沃尔特·本雅明、亨利·列斐伏尔（Henry Lefebvre，1901—1991）到当代城市空间研究的翘楚大卫·哈维（David Harvey，1935—）、曼纽尔·卡斯特（Manuel Castells，1942—），以及当代城市文化研究的学术团体——洛杉矶学派，他们的著作清晰地展现了近一个世纪以来现代城市空间研究的脉络，这条脉络的形成就是城市和城市生活体验基础上的空间理论建构。西方现代城市研究关注大都会城市，把观察和分析的视角从早期城市的工业化空间转向更具人文气息、更加生活化的城市公共空间，例如，20 世纪早期在英国崛起的"花园城市运动"和"新城市主义"思想，在这个转变及其研究中涌现出来的代表人物有查尔斯·布斯（Charles Booth，1840—1916）、威廉·J. 威尔逊（William J. Wilson，1945—）。

　　欧洲现代城市空间研究关注和思考的另外一个重要方面是新信息和通信技术快速发展带来的深远影响，例如，在人口不断增加、节奏日益繁忙的城市生活中，媒体和通信技术不仅没有能够促进有效的社会交流，反而使大众人际关系变得疏远，这也是欧洲城市生活中人与人主体间性衰落的表现，而且这种疏远和衰落矛盾地伴随着城市居住空间不断集中而趋于恶化。这一切由时代变革导致的空间变革都对城市空间和城市生活的传统观念产生冲击，19 世纪甚至更早期的欧洲社会思想对城市的理解和界定在现代性社会背景下是否仍然准确、完整、实用？欧洲城市作为现代性空间在物质环境和社会功能上经历了怎样的转型？城市空间和城市生活在当下又处于何种状态？这都是诸多领域的研究者需要关注和思考的问题。此外，现代城市研究得出一个新主张：如果要激发现代城市空间和城市生活的丰富潜力，就必须在理论和实践上对城市问题采取更全面和综合的研究范式，进而得出更合理、更全面、更有效、更具针对性的城市空间建构策略，而且这种城市建构显然不仅是双重的——物质环境和精神文化建构，而且是双层的——表层景象和深层的机制。

20 世纪的欧洲思想家在社会文化研究中提出的理论和观点存在诸多差异，有些甚至大相径庭，但他们都把现代城市空间、城市生活、城市人群三者作为观察和反思的既定对象，并且把追求现代城市空间和文化建构的合理性作为他们的共同目标；他们都把现代城市空间视为社会的缩影，欧洲现代社会的种种病灶总是在城市空间和城市生活中最集中、最直接、最全面地体现出来。另一方面，这些在观点上彼此争鸣的城市观察者、思辨者、批评家在其理论的基础和根源上都一致地体现出马克思主义社会学和哲学思想的深刻影响。然而，他们却并非完全是正统马克思主义思想的传承者，因为他们都在某些方面坚持了自己的观念和学说，并没有像匈牙利无产阶级思想家格奥尔格·卢卡奇（Georg Lukacs, 1885—1971）那样坚持把马克思主义理论中的阶级思想作为他们在欧洲现代城市研究中最为关键与核心的视角。例如，本雅明就试图在历史唯物主义和犹太神秘主义之间调和嫁接，他游走在历史唯物主义和唯心主义之间的理论"阈限"空间；而列斐伏尔对现代城市空间的关注和反思则流露出来自梅洛-庞蒂（Merleau-Ponty, 1908—1961）、弗里德里希·威廉·尼采（Friedrich Wilhelm Nietzsche, 1844—1900）以及马丁·海德格尔（Martin Heidegger, 1889—1976）哲学思想的影响。事实上，正是由于这诸多思想因素的综合影响，才使得像列斐伏尔这样的城市思想家的理论显得独特而深邃。

欧洲现代城市空间和城市生活研究的理论家当中，很多都是跨学科的思想家，这些学科包括社会学、地理学、政治学、哲学、文学等。德国思想家韦伯、西美尔、本雅明、克拉考尔，法国思想家列斐伏尔，英国思想家哈维等都是城市空间跨学科研究的著名人物。以西美尔和本雅明为例，他们既是对欧洲现代性城市空间展开哲学探究的思辨者，又对其进行美学和艺术"深描"。尽管不能把西美尔和本雅明在纯粹意义上归类为社会学家，但他们完全可以被视为 20 世纪社会学研究的先驱，尤其是西美尔，虽然在欧洲学术界他未能获得像马克斯·韦伯、费迪南·托尼斯（Ferdinand Tönnies, 1855—1936）或涂尔干那样广泛的认可，但他从心理体验维度对欧洲现代大都市及大都市生活的精神分析在欧洲学者中独树一帜。而本雅明更是代表了在欧洲学术界"边缘"地带思想家的形象，他处于边缘并不是因为其思想缺乏光芒，而是因为其思想"不合群"的禀赋，就像他所塑造的城市游荡者（flâneur）和城市人群保持着不可消除的距离，本雅明也坚持着他和欧洲主流思想团体之间的距离，似乎只有这样，他和他塑造的城市游荡者一样，才能在不断淹没个性的现代城市人群中为自己找到一个"转身的空间"、一种身份的标记。

西美尔在欧洲现代城市和城市生活的关注中透视现代人的精神状态和心理特征，他的研究中结合了哲学与经济学思想，他撰写的名篇《大都市与精神生活》（*Metropolis and Mental Life*）及名著《金钱哲学》（*The Philosophy of Money*）就是对欧洲现代城市空间和城市生活深入探究的成果，也是现代城市研究中的经典文献。欧洲现代城市在西美尔的思想中是一个不断加速逃逸的空间——从传统的、有稳定结构和文化体制的状态中不断逃逸，也就是不断逃离托尼斯所说的"礼俗"社会文化，并不断奔向更加多变的、不稳定的、以工具理性为主导的"法理"社会文化。此外，西美尔把现代人对现代城市空间的心理体验和现代人的自我意识联系在一起，这种以现代性空间为背景的城市研究深深地吸引了他的同胞本雅明。从社会学的标准衡量，本雅明比西美尔更加"离经叛道"，从某种意义上说，他的城市空间研究是针对哲学和社会学传统的研究范式在方法论上的彻底反叛，他把文学和诗歌创作中的超现实主义、现代美学甚至宗教神学同社会学和哲学结合在一起，对现代城市进行多视角探索和研究、批判和救赎。对城市现代性空间的迷恋使本雅明成为20世纪文人当中最典型、最坚定的城市"游荡者"。列斐伏尔是和本雅明同时代的法国著名城市思想家，他和本雅明一样都深受马克思主义思想理论的影响，他们的城市理论一方面从马克思、恩格斯的阶级和历史唯物主义研究思想中借鉴，另一方面又向海德格尔、尼采等哲学家提倡的反历史主义和超验理性借鉴，从而形成一种特殊而新颖的研究方式。本雅明和列斐伏尔都打破了西方城市理论中阶级视角的单一性，把超现实主义和情景主义引入欧洲现代城市空间和城市生活的体验和书写当中，这极大地丰富了城市空间体验和思辨的方式。

以当代欧洲社会学理论的差异为依据，思想家群体可以被划分为两个阵营，一个阵营以米歇尔·福柯（Michel Foucault，1926—1984）、雅克·德里达（Jacques Derrida，1930—2004）和欧内斯托·拉克劳（Ernesto Laclau，1935—）等理论家为代表，另一个阵营则以尤根·哈贝马斯（Jürgen Habermas，1929—）和克劳斯·奥菲（Claus Offe，1940—）为代表，两个阵营里的思想家同样也都深受马克思主义思想的深刻影响。但是，他们也提出了新观念，认为传统的马克思主义城市理论在整体上表现出"本质主义"（essentialism）、"功能主义"（functionalism）和"男性中心主义"（androcentrism）的特征，[1] 因此，借鉴传统马克思主义城市理论也需要同时注重新理论的建构，同时向其他理论借鉴，例如，解构主义理论和女性主义思想，从中可以展开对马克思主义城市理论的反思和补充。这也是欧洲城市文化研究理念向多元视角和话语协商的转变；然而，在现代城市空间的文化批评研究中，一个显然需要坚持的前提是马克思主义思想所设定的经济因素的首要地位。20 世纪的社会思想家提出，应该对马克思主义理论体系中的经济决定论加以补充，但这并不是要降低经济因素在现代城市空间研究中的作用，经济对现代城市和城市生活发挥的决定性影响从未改变，这是几乎所有现代城市研究遵循的原则。然而，需要强调的是，在重视经济主导地位的同时，城市空间的混杂性、城市空间区隔及其边界的流动性等现象也是现代性空间不可忽视的现实，这些因素综合起来深刻影响现代城市空间体制、规划及建构等诸多方面，同时也制约着城市日常生活。

第一节　现代城市空间研究概述

现代城市是由诸多功能相异的场所集结而成的空间，与这个集成空间交织在一起的是一个由陌生人群体及其行为构成的社会空间。城市现代性空间的不停拓展、城市生活中人际关系的持续疏离，以及城市公共空间不断技术化、体制化导致现代城市生活中人文气息和传统文化氛围的衰落，时代和空间的变革在欧洲社会的人群尤其是文人群体的心理中滋生出对现代城市生活的焦虑、迷失和恐惧体验。正如后现代主义思想普遍认同的那样，现代性空间没有确定而清晰的边界，现代城市的空间制图和现代人的身份制图一样变动不居，繁多的变量使人们对现代性空间的认知困难重重。与西方正统马克思主义的空间理论相比较，后现代主义理论完全放弃了以批判意识对现代性空间进行整体解读和认知的尝试，但是，它所推崇的极端否定和解构思想并未能给现代人的空间实践带来有效的指引。以哈维和弗雷德里克·詹姆逊（Fredric Jameson，1934—）为代表的当代西方马克思主义者试图建构一种

---

① Kian Tajbakhsh. *The Promise of the City: Space, Identity, and Politics in Contemporary Social Thought*. Berkeley, Los Angeles, London: University of California Press, 2001, p. 32.

现代城市空间实践的理论工具，并把它作为引领人们在现代性空间的迷宫中穿行的指南。詹姆逊和哈维都是正统马克思主义理论的继承者，但在继承的基础上都对马克思主义城市理论有所发展，他们都敏锐地观察并生动地书写了西方城市现代性空间在美学上的新特征，深入探究了城市现代性空间与当下西方社会中资本和权力体制之间复杂而密切的联系。尤其是哈维，他在后期的研究著作中进一步拓展关注和思维的视域，在其理论体系中纳入空间的生态环境这一新主题，丰富了以城市化和资本主义为基本框架的研究构式。

20世纪后期欧洲城市空间的文化研究更加深入和抽象，研究的视域也更加宽广，从现象学、诠释学、符号学等诸多领域广泛借鉴理论和方法，除了马克思主义城市理论外，本雅明、福柯、列斐伏尔、米歇尔·德赛都（Michel De Certeau，1925—1986）等思想家的著作和理论也备受关注。然而，传统的城市空间研究方式仍发挥影响，但其突出的问题往往在于研究的视角受限制，缺乏对新时代空间变革的综合分析，这种单一性视角深受社会学研究方法的影响，而文学对欧洲现代城市的书写也同样体现出一种单一性。具体而言，社会学研究范式的单一性在于它只关注城市空间的直观物质性和社会体制性方面，例如，城市空间和城市生活中的经济关系、生产和生活资料的分配，以及由此而引起的特定群体在社会权力方面的不平等；而文学文本中的城市空间书写则又单一地侧重于文化研究和批判，例如，空间的意义问题、空间的权力问题、空间的意识形态及其表征等。这两种视角都没有把物质生产空间和文化表征空间整合起来进行全面研究和分析。现代城市空间研究只有把这两个研究领域的所有关注点综合起来才更能体现马克思主义哲学思想中物质和意识之间的辩证关系，也才能更全面、更彻底地把握欧洲现代城市空间和城市生活的实质。

19世纪后期和20世纪初期是现代性在欧洲城市全面到来的时代，以综合的视域研究城市现代性空间，不仅要注重商品消费和日常生活体验，还需要关注城市空间中的政治、经济、权力机制、意识形态以及生态环境等诸多方面的问题。值得指出的是，当代聚焦诸多方面的城市空间研究仍然是从传统马克思主义社会学和哲学理论中汲取思想的指引和启发，而从另一方面，马克思主义思想传统下的城市空间研究被赋予需要完成的新任务：如何将研究所要关注的新领域——日常生活的空间性纳入马克思主义的经济和阶级思想体系，就这个任务而言，居伊·德波（Guy Debord，1930—1994）和德赛都都是杰出的理论贡献者。

20世纪七八十年代，欧洲马克思主义政治经济学在城市理论上已经把关注的重点转移到通常被视为"文化"研究视角下的城市建设,借鉴了文学的书写手法和哲学的思辨方式,例如,在现代城市空间体验和叙述中借用了文学的象征手法,在城市空间的权力和意识形态揭露上则借用了哲学的批判思想。此外,这一时期的城市空间研究同时也兼顾了现代城市生活中涉及的电子技术以及大众传媒的诸多文化新形式,形成了一种新的整体研究方式。新研究方式也秉承马克思主义社会批判的传统,把现代城市空间中社会底层和边缘群体的现实状态和日常生活纳入城市研究的视域。从政治意识形态和空间权力的角度分析欧洲现代城市,就要分析西方社会当中资本的强大力量是如何建构城市、揭示资本主义的城市空间管理体制如何影响和制约不同群体的日常生活方式及其变革。例如,在城市空间的格局上,就城市大众而言,工作空间和社区生活空间是如何被划分和区隔的。此外,以政治意识形态对城市空间展开的研究还关注生活在这些空间及其体制中的个人和群体如何在日常生活中构建身份或进行自我认同。

现代城市空间研究中越来越多的关注被给予文化的维度,尤其是在 19 世纪末期开始,随着欧洲城市人口国际化流动的趋势日益突出,城市文化研究的领域也不断被拓展,种族和族裔以及随之而来的多种形式的身份政治都成了欧洲城市文化研究的新主题。欧洲现代城市中这些群体化的身份政治又引出这些群体对其散居于其中的欧洲城市在文化上的适应和认同、社会资源(包括经济资源和文化资源)在这些群体中的分配等问题的研究。一方面,欧洲城市空间在文化领域的研究不断趋于庞杂和细微,另一个相反的趋势则是欧洲现代城市中各种社会运动的衰落,工人运动的衰落表现得最为突出。而伴随这种衰落的则是大众消费文化在现代城市生活的迅速崛起,大众消费在城市文化研究中已经成了与政治有同样影响力的研究主题。在现代性的时代背景下,城市与其说是一个既定的、科学的研究对象,应当服从可发现的规律,不如说城市是文化、美学、政治和经济等学说相互冲突的场所,这些学说就城市的"意义"展开叙事和话语的争夺。

欧洲现代城市文化研究方法论的转变不仅带来了积极的研究成果,也极大地启发了人们对城市空间的思辨。例如,从现代城市空间的文化批评研究中,社会学家、人文地理学家、政治学家都接纳了来自符号学和文本分析领域的理论和方法,将城市视为一种特殊形式的文本,对城市空间及其表征进行多种形式的解读和批判,这些城市空间的新研究范式依托于传统的社会经济和政治研究,这种理论结合形成了更加强大、更加深刻的研究思想和方法体系。富有批判思想意识的文人不仅反思现代城市空间的权力表征,也反思现代城市空间文本的建构和解构，他们拒绝任何关于城市空间的"宏大叙事"，让现代城市研究保持在一种"杂语"的叙事状态。后现代主义理论从构成主体空间的历史地理学双重视角解读欧洲现代城市，开辟了城市空间研究的新路径，这种多元的解读视角拒绝将城市作为整体，并从一个角度观察和分析的主张，提倡把城市看成主体性的体验空间，而不是把城市完全视为一种客体空间，并对其进行客观、整体、外在的观察和研究。

在现代城市研究中，一个直观而核心的问题是，空间如何被加以概念化，或者空间在我们思辨和理性当中有什么样的作用和功能。此外，研究现代城市空间在政治和文化方面的差异性时，各种空间的文本隐喻和修辞有什么样的内涵和意义，例如，"边缘""边界""裂缝""内部－外部"等，这些隐喻和修辞对深入、恰当地理解现代城市空间在政治和文化上的区隔既新颖又贴切，它们不仅是在空间自身意义上的隐喻和修辞，同时也是城市空间作为文本被解读时的隐喻和修辞。也就是说，应该对作为客观整体的城市空间进行解构式的阅读，可以说有多少个城市解读者就有多少种空间文本叙事。城市的确是一个整体，而作为空间文本，它却是"杂语的""多义的"。城市空间研究的视域是一个多角度的镜头，城市文化研究的杰出著作中，经济结构和资源的物质分配问题并没有被忽视，而且通过文化的视角被重新审视。经济应该被视为现代城市空间中基本的、既具体又抽象的架构，而对欧洲现代城市中的少数族裔、贫民窟及贫困群体的关注和研究也应该以这个架构为基础。在欧洲现代社会的研究者眼中，城市不仅更恰当地被视为一个权力运作的场所，而且被看作显示权力运作客体和运作效果的场所。①

西方马克思主义城市理论出现于 20 世纪 60 年代末，是在一个批判的、规范的框架内对城市研究这一传统领域最具雄心和最重要的思想尝试，也是对传统马克思主义社会思想的推进和丰富。本雅明对欧洲现代城市空间的社会学、美学解读在当代引起众多文化批评研究者的极大兴趣，其中的原因就在于他把马克思主义城市理论和他的超验主义思想或者救赎哲学相结合，是传统马克思主义城市理论的一次特殊更新，并使后者在新时代再次焕发思想魅力，这也足以证明马克思主义社会思想的强大生命力。本雅明的城市研究理论秉持了马克思主义城市文化批判思想的核心观点，并在此基础上阐释了现代人日常生活的体验，剖析了现代城市生活的意义，他把欧洲现代城市空

---

① Christine Boyer. *Dreaming the Rational City: The Myth of American City Planning*. Cambridge, Mass: MIT Press, 1983.

间中最具现代性特征的领域——林荫道、拱廊街、城市公园——作为观察和体验的焦点空间，这些场所是资本主义社会中现代性空间的景观呈现和秩序象征，而这在正统的社会学研究中，似乎显得缺乏"实用性"和"科学性"。

社会学研究范式作为城市研究的正统方法体系更加注重直观性和实证性，在分析城市空间的时代变革方面，西方社会学的视角更加关注诸如不同群体在城市中的空间关系等问题，例如，不同的阶级或族裔群体之间的空间关系；同时也更加注重分析城市空间中经济和政治的功能以及这些功能的不同分布。社会学对城市经济和政治及其功能的分析也是依托于影响城市空间衍变的直观性、实证性因素，例如，人口的流动、商品市场的兴起和变革、新的社会阶级在城市中的崛起及其生活方式、空间权力主张等。与欧洲现代城市空间的文化批评研究相比，社会学的研究方式更加侧重一种平衡性，这种平衡性维持在社会、人口和经济三个领域之间，但却没有像文化批评那样把作为主体的人对其生存的城市的情感体验和精神状态纳入其空间研究的视野，也就是说传统的社会学理论对现代城市的研究在人的情感和心理的微观领域存在盲点，并没有充分关注城市日常生活所塑造的现代人的"情感结构"，以及这些情感结构支撑的空间体验和认知。

19 世纪中期的欧洲社会中，随着城市开始逐渐成为政治和意识形态冲突的对象和领域，马克思主义思想影响下的社会学家和激进文人承担了阐释和批判这些新社会现象的任务。这些激进的社会学家和文人对欧洲现代城市和城市生活展开了全新的观察和思考，并书写了新时代的城市空间思想和理论，德波是其中的著名代表，他的空间书写展现了现代城市中最为华丽的景观，他记录城市空间的文本就像是一幅巨大的画布，展现了欧洲城市作为现代性空间最璀璨的外表。而德波就是通过这些城市景观表达一种全新的空间政治批判，这种空间思想被称为"情境主义"（Situationism），它是德波对资本主义社会意识形态和商业化对城市空间联合占领并进行霸权式装饰和表征的深刻揭露和批判。德波的理论称得上是资本主义社会城市空间和城市生活的"反政治"（anti-political）[①] 叙事。

强调"混杂""复杂""流动"的空间理论对欧洲现代城市和城市生活持乐观态度，因为混杂和复杂就是对空间意识形态领导权或霸权的一种制约，而强调城市中的文化多元性也是对空间研究中经济决定论单一视角的添加和补充。这不仅是对城市空间"民主化"状态的一种营造和维护（至少在城市

---

① Guy Debord. *The Society of the Spectacle*. New York: Zone Books. 1994.

空间的表层），同时也是对现代人身份和城市生活方式多元化的倡导。"混杂性""复杂性""流动性"的空间概念又引出了另外三个现代城市空间研究的关键词："灵活性""多变性""不可确定性"。这种理论主张在马歇尔·伯曼（Marshall Berman，1940—2013）关于西方现代性空间的经典叙事和反思中得到了话语表达。伯曼同时也强调，作为现代性空间的典型代表，只有城市才能带来现代人"灵魂的现代化"。① 所谓"灵魂的现代化"其实是现代人在城市空间里的生存状态和心理体验，在现代性空间中，人们不得不承受和适应震惊、冲突、矛盾的情感体验。伯曼关注的焦点之一就是现代性对人们空间经验的侵蚀以及随之滋生的空洞感。理查德·塞尼特（Richard Sennett，1943—）秉承伯曼的思想，他对20世纪后期城市空间和城市生活对现代人主体性的影响进一步深入研究，② 他也把现代性空间的"杂"和"乱"作为基本特征，突出它给现代社会在文化上带来的巨大变革、产生的巨大冲击。

从欧洲现代城市生活以及人们生活体验的角度分析，现代性带给城市空间"混杂性"、带给现代人身份体验和认同的"多样化"似乎是一种自由和解放。但是，从另一方面考虑，面对现代性城市的多变和庞杂，这种乐观的态度高估了普通人对空间的复杂性、空间体验困惑感的承受力和容忍度，也高估了现代人对其身份不断杂乱、反复协商的认知理性，夸大了他们对自我身份认同时所能驾驭的自由幅度。在注重现代人心理和精神分析的文化理论家看来，对大多数人而言，冒险的自由和确定性之间必须有一个平衡，必须有一个平衡点让人们觉得有足够的安全感，这样人们才能审视、认知、接纳周围的世界，并对其生存的空间产生一种归属感和依赖感，最终通过对空间的认知和体验来解读和反思自我，通过对"我在哪里"的问题来进一步回答"我是谁"的问题。

现代城市经常被比喻为"马赛克"空间、集合和拼凑的空间，这恰好启发思想家反思该如何应对现代人空间经验受冲击和迷失的问题，就是说要借助现代性空间的碎片化来观察和分析现代性空间对人心理产生的各种"效应"、引发的各种"情结"。对美国纽约市的一项社会调查发现，这些身处最具现代性特征城市的人希望能够居住在更小、更安静、更朴素真实的环境当

---

① Marshall Berman. *All That Is Solid Melts into Air: The Experience of Modernity*. New York：Penguin. 1988.

② Richard Sennett. *The Uses of Disorder: Personal Identity and City Life*. New York：Norton. 1970.

中；调查还得出，20 世纪以来，美国大城市的人口不断减少，因为许多家庭都在寻找密度更小、生存挑战更小的环境。[①]

在欧洲现代城市和城市生活中，对自由、平等、民主等因素的关注被认为应当优先于对空间文学和哲学意义的思考，即空间的自由和平等问题比人对空间的意义和价值的终极思辨更现实、更重要，它们是人们面对现代城市空间和城市生活时更加迫切的诉求。欧洲城市研究者中有人提倡，应该把自由、平等、博爱的观念同关于美好社区的建构理念分离开来，因为，好的城市不是一个可以建立在某一个特定"自我"概念或者"身份"之上的城市，即使这个"自我"或"身份"是一个多元和复数的概念。在现代人的观念当中，现代城市尤其是令人向往的国际化大都市应该将诸多族裔或者多元文化的生活社区联系在一起，进而形成一个边界相互重叠的空间，其中不同族裔和身份的群体能够形成一种社会共识，并且尊重彼此个性化的文化和生活空间。[②] 这种理想化的城市观念提出，在现代城市空间中那些经济、社会和生活等方面遭遇困境的群体应该持续被关注和支援，城市制度建设所要支持的是制定更合理的公共政策，继续推动和鼓励更多的人参与到公共空间的主权和维护中，坚持人人平等、自由并享有生存的尊严，这也是对马克思主义阶级平等思想在欧洲现代城市空间和城市生活中的继承和推进。

在欧洲现代城市空间的研究理论和方法上，传统的马克思主义经济决定论被进一步补充，加入文化的视角，城市被视为一种更加复杂的现象：它既可以被当作具体的空间结构，也可以被视为抽象体制意义上的空间结构，当然也可以作为城市居民身份认同的文化背景。于是，欧洲城市空间的研究理论在马克思主义社会经济思想为主的传统基础上增加了空间的文化表征和空间的心理体验两个方面，使得城市研究的方法论更加合理和全面。但是，随着现代城市边缘的不断拓展，以及现代城市中各种"飞地"（enclaves）的不断增加，空间已经不再是一个静态的概念，而完全是一种动态的过程。此外，空间在文化上的"异质"或者"杂合"状态也日趋突出。所以，又有新的城市研究范式被思考和建构，其中的重要概念和关键词就是"动态空间"（spacing），以及把城市空间视为系统空间和生活空间的二分法。

动态空间的概念除了包括地理或物理空间的动态内涵，也囊括了更加广

① Kian Tajbakhsh. *The Promise of the City: Space, Identity, and Politics in Contemporary Social Thought*. Berkeley, Los Angeles, London: University of California Press, 2001, p. 171.

② John Rawls. *Political Liberalism*. New York: Columbia University Press, 1993.

泛和抽象的文化意义，空间的新概念既可以反映出人们居住空间的生动性，同时也关注了空间的多层性和未确定性，既强调了空间对现代人在自我和主体意识上的制约作用，也突出了现代人在这些空间中对意义的主动性、多样化创造，而不仅仅局限于人们在空间中的物质生产活动。现代空间研究中的"边界"概念尤为重要，我们不仅要把城市空间看作是边界之内的东西（例如，邻里、城市或司法管辖区），还要把它看作边界或边界地带，它们本身就是意义，也是意义生产以及社会生活的重要场所。"杂合"的概念则不仅把现代城市空间在物质和文化两个层面的多样性彰显出来，而且把城市空间中生存的人的主体意识或身份的多样性和复杂性纳入理论视野。此外，把现代城市空间视为系统的领域和日常生活领域的二分法不仅对马克思主义城市理论所强调的经济体制和物质生产的重要性给予认同和坚持，而且还增加了关注日常生活领域及其重要性的视角和意识，因为在日常生活中，人们还进行另一种与物质生产同样重要的生产活动，那就是空间符号和意义的生产。

　　欧洲现代学术界所提倡的动态多元视角的城市空间理论从各种思想中广泛借鉴和吸收，并不受限于某一派的观点和主张，其中至少有以下领域内的学术思想深刻影响了欧洲现代城市空间理论：后结构主义、哈贝马斯系统理论、女性主义视角的社会学研究以及历史学研究。尽管动态的、多元的欧洲现代城市空间理论有更加综合的视野和更加强大的解释力，更加关注城市作为现代性空间的混杂性和复杂性，然而我们并不能因此忽略了所有因素中起主导作用的仍然是经济。也就是说，马克思主义思想中的城市理论仍然是这种综合研究视野的核心。

第二节　韦伯、西美尔与城市文化研究

　　马克斯·韦伯的城市文化研究是以历史主义的视角展开的，他把研究的一个重要的关注点放在资本主义方兴未艾时的欧洲城市空间形态和城市生活经验上，他十分注重现代性莅临之前和之后欧洲城市空间和城市生活的对比与差异。此外，韦伯还从宗教对城市的影响方面探究欧洲城市文化的历史变革，西门·帕克（Simon Parker）认为，韦伯以宗教视角对欧洲城市文化的历史对比属于社会学体系中的文化变迁研究，[①] 这种方法在传统城市文化和

---

① Simon Parker. *Urban Theory and the Urban Experience: Encountering the City*. London and New York: Routledge, 2004, p. 5.

现代城市文化的比较中反思现代社会的文化变革及其影响。韦伯对欧洲资本主义体制下的城市文化分析表现出一种目的论的研究思想，在他的观点当中，欧洲城市的发展遵循一条不断延伸的"进化"线索。韦伯受马克思历史唯物主义思想的影响，在城市研究中追根溯源，把欧洲城市的演化回溯到更加久远的时代，从漫长的历史进程中勾勒欧洲社会文化的发展脉络。此外，韦伯的城市文化历史主义研究与传统的城市历史研究比较有一个突出的特点，那就是韦伯从古代和中世纪时代的社会文化中寻找城市研究的论据和例证，并把它们用于现代城市形态的分析和对比，从截然不同的城市空间形态和城市生活的差异中反思、批判、改良欧洲现代社会和社会生活是韦伯城市文化研究的独特方法和价值。

根据韦伯关于城市起源和发展历史的追溯，资本主义社会本身就是由欧洲中世纪自治管理的市镇逐渐衍生而来的，而随着资本主义经济及其制度的发展和壮大，城市在社会生活空间中的主导地位不断加强，城市在变为商业活动中心的同时，也成为资本主义理性意识和思想观念盛行的文化中心。在对比城市和乡村时，韦伯指出，从自治性社会管理方面观察，个体性和区域性参与在乡村地区的发展中体现得更为突出，在他看来这是因为乡村空间范围相对狭小，这种管理形式更易于组织和实现；而在城市，空间范围相对更大、居住格局也更为复杂，商业化的空间组织形式更加有效和盛行，人们对区域性社会自治管理的个体参与表现得并不积极和突出。[①] 韦伯这一观点也体现在礼俗文化在乡村比在城市有更大影响力，同时发挥着更明显的制约作用。韦伯的城市研究给我们呈现出一条清晰的线索，循着这条线索人们可以认知和理解欧洲现代社会发展中的"城市化"现象作为一种历史和文化动力与过程在现代资本主义社会复杂官僚政治和经济体制的衍生中是如何发挥作用的，韦伯的城市文化研究因此必然要涉及经济学和社会学两个领域。

韦伯城市研究的文化历史主义策略是一种历史唯物主义和文化主义相结合的方法，他在注重政治、经济、军事这些传统因素的同时把文化及其影响也作为关键性因素纳入其理论的构建当中。因为，在韦伯的社会思想中，城市一直都是一个复杂的体系，其中政治和经济是该体系的制度框架，文化则是这个体系的意识及观念框架，这个体系只有把各种基本因素有机地结合起来，才能有效地运转，这就要求两种框架形成一种相互的维护和支撑，这也

---

① Max Weber. *Economy and Society: An Outline of Interpretive Sociology Vols 1—3*. New York: Bedminster Press, 1958, p. 82.

就是马克思所说的上层建筑和经济基础之间的共生关系。可见，韦伯深受马克思主义思想的影响，在其城市研究中坚持把这两个系统及其关系作为理论建构的基础，而后来美国社会学家丹尼尔·贝尔则更是直接地指出，西方现代资本主义社会的矛盾恰恰就在于这两个系统发展的不平衡，经济系统的飞速发展与文化系统的衰落不仅造成了西方现代资本主义社会的矛盾，也引发了西方现代城市和城市生活的困境和危机。

与涂尔干和马克思相比，韦伯的欧洲现代城市研究已经算得上是经典的社会学文献，涂尔干和马克思的思想虽然也涉及城市空间和城市生活，但他们都没有把城市作为研究重点和核心，而韦伯则是以城市空间和城市生活的变革为研究焦点，并对其展开全面的文化批评，但是韦伯也是被认定为社会学家而非城市文化学家或城市历史学家。

西美尔对欧洲现代性城市和城市生活的分析与韦伯的观点有相似之处，他们都关注城市中冷漠的人际关系、隐匿的官僚机制、理性的资本主义市场。但是，西美尔认为这些特征是城市空间自身条件产生的结果，在实质上是一种社会心理（socio-psychological）现象，而韦伯则认为欧洲社会的文化病灶是经济和非经济因素相结合的产物——现代资本主义——所引发并不断恶化的。[①] 韦伯眼中的欧洲现代城市空间和城市生活是缺乏精神实质和文化内蕴的，也就是他所说的"祛魅"，西美尔在现代城市生活中体验到的潜在可能性（例如更多自由和个性化的契机）是韦伯城市文化研究中从来都没有发现和提及的。总体而言，韦伯城市研究的文化历史主义范式与几乎和他同时代的西美尔的城市研究方法形成鲜明对比，韦伯面对欧洲现代城市空间和城市生活的所有基本特征，他都在欧洲历史和传统中寻找最初的发端和根苗，而西美尔则忽略这种文化历史的视角，把关注的焦点集中在现代城市空间的状态以及这种状态引发的心理体验和精神状态，并且从经济学和心理学两方面思辨现代城市和城市生活的本质。西美尔坚定地认为，现代城市空间及其体验孕育和培养了现代都市人全新的理性和自我意识。

西美尔的城市研究首先体现在他对现代性概念的独特界定："现代性的本质是心理主义，它是根据我们内在的生活的反应来体验和解释世界，是稳定的事物和现象在易变的心灵中的消解，一切实质性的东西都被心灵过滤

---

① Richard Brandeis. ed. *Classic Essays on the Culture of Cities*. New York: Merdith Corporation，1969，p. 9.

掉，而心灵形式只不过是无尽的流变而已。"① 西美尔把对欧洲城市空间的体验引入了现代人的精神和心灵的深层，把现代城市空间和现代人的精神状态直接联系在一起，城市的外在物质空间不仅影响了而且塑造了人的内在心理空间。与韦伯的社会文化整体视角有所不同，西美尔对欧洲现代城市空间和城市生活的分析是通过观察现代大众和个人行为的途径展开的，如果说韦伯更接近正统社会学的城市空间研究，他采纳的是一种宏观的视角，西美尔对现代都市人行为和心理的分析就是一种微观视角，他的城市文化研究更习惯于把关注的焦点定格在城市空间中作为行为主体的人的意识、精神和个性特征之上，洞察和剖析现代人在这诸多方面是如何受城市现代性空间变革的影响和制约。这使得西美尔的城市研究体现出人类学和心理学相结合的方法论特征。但是，不可否认的是他的方法的确缺乏韦伯社会学研究范式的系统性和直观性。

西美尔的城市文化研究方式与韦伯以及涂尔干典型的社会学研究方式相对比，最大的差异就在于他对欧洲现代城市空间及城市生活本质和特征的研究更多是一种精神分析、一种哲理性思辨，比起后两者，西美尔的城市文化分析显得更加文学化和诗意化，在社会学推崇实证主义的学术氛围中，西美尔的城市思想显得太过倾向于心灵主义，缺乏直观性与具体性，与社会学研究所坚持的实证理念相抵牾。涂尔干的著作使实证主义方法论在欧洲现代社会研究中散发出科学的光芒，而西美尔的城市文化研究则独树一帜，更侧重于一种针对现实的道德批判和精神体验，并试图建构一种新的、可在现代城市空间和城市生活中普遍推行的实用理性和道德。从这个角度判断，西美尔作为社会学家，与作为欧洲现代派诗人的波德莱尔、唯心主义哲学家的尼采在思想上更加契合，反而与以社会学研究著称的韦伯、涂尔干之间的反差更加突出。在分析现代性的到来并推动欧洲城市空间转型时，西美尔的视角体现出鲜明的文学和美学特征，突出的主题是现代都市空间和生活所塑造的现代人的特定精神类型和主体性特征。由于对现代都市人群和个体心灵的关注，西美尔的城市研究中体现出一种见微知著的思想敏锐性和超越性，城市空间和城市生活的微观体验在他的著作中上升为一种形而上学的理性思辨，从对现代城市文化的批判上升为一种对欧洲社会中人的整体生存状态的关注和思考。

---

① 〔英〕大卫·弗利斯比：《现代性的碎片》，卢晖临、周怡、李林艳译，北京：商务印书馆，2003，第 51 页。

　　西美尔对欧洲现代城市空间和城市生活批判的同时，也对某些方面表达出了乐观和希望，或者说在他看来现代性带来的城市空间和城市生活变革中，某些负面、消极的影响被其他方面的进步所补偿，例如，传统时代的礼俗社会文化对城市空间和城市生活的桎梏被现代城市空间和城市生活的自由和丰富所取代。和几乎所有的社会学家一样，西美尔也关注到资本主义现代社会城市生活中货币和金钱的强大影响力，这也是为什么马克思的经济决定论在西方城市文化研究中一直是一个基本范畴的原因。西美尔在他的城市文化思想中，把资本、空间、时间、社会个体等联系在一起，形成了一个异常复杂的集合体，他的城市思想就是建立在这一种系统之上。安东尼·吉登斯（Anthony Giddens，1938—）和大卫·哈维都在西美尔的城市研究思想中看到了这种高度的敏感性和复杂性。在吉登斯看来，后来在 20 世纪空间哲学研究中出现的关键词"时空压缩"（time-space compression）在概念上就出自西美尔的理论话语。[①]

　　在现代城市空间和人群的所有交流方式中，货币是最普遍的媒介和载体，金钱因此成为西美尔城市空间和城市生活研究最重要的主题和关键词。西美尔认为，在西方资本主义社会中，权力通过金钱这一媒介被抽象化了，变成了一种符号性物质并且形成了一种社会价值及其表意体系，主宰这个体系的是交换价值，而在金钱这种抽象化的权力形式中，所有的社会功能即使再复杂，都被以价值交换的方式极大地简化了。在现代城市空间和城市生活中，拥有财富的群体可以确保社会产品及服务资源的获取和占有，他们不必再向社会统治阶级的权力和思想意识表示顺从进而换取社会产品和社会支持，这和传统的城市生活大相径庭。也就是说，现代城市空间和城市生活中，金钱作为抽象权力形式的崛起在很大程度上促进了社会个体的独立，金钱使得个体从社会、阶级、他人的桎梏中更有效、更直接地独立出来，因为金钱成了社会资源获取的普遍途径，金钱把人和人之间基于生活资料上的隶属关系打破了。哈维在解读西美尔的思想时指出，现代都市人群所享受的独立和自由首先在这个意义上讲是积极的，尽管都市人群的生存仍然需要无数的公司、供应商、企业家，而且人群中的个体之间本身就存在种种合作或制约关系，没有这种社会支撑与合作，现代城市生活无从谈起；但是，上述群

---

　　① Antony Giddens. *The Constitution of Society: Outline of the Theory of Structuration*. Cambridge：Polity Press，1984；David Harvey. *The Condition of Postmodernity*. Oxford：Basil Blackwell，1989.

体之间的关系完全是客观性的、基于物质生产和产品交换的，这种客观性关系唯一的象征和载体就是作为货币的金钱。[1]

金钱在现代城市生活中代表了人们的诸多普遍观念。首先，金钱带来的城市生活的自由是直观的，这种直观至少体现在形式和现实性方面，也体现在人与人基于物质交换的社会关系上。此外，除了这些直观、具体的自由之外，西美尔在其货币哲学中更加注重金钱带来的精神和心理效应，尤其欧洲现代城市生活中人际关系在资本主义社会金钱观念影响下的深刻变革。金钱给城市空间和城市群体在观念中带来"统一性"，在趋同的金钱概念中，城市作为现代性空间、城市大众作为商业化群体，两者都体现出了一种范畴和形态上的单一性，即金钱是现代性空间和现代性人群作为同一范畴存在的概念统摄或概念域："西美尔把货币当作一种符号，用来象征：'世界完全动态的特征'、'客体的行为'、'存在的相对性'、'人际关系'、处于永远互动中的社会本身。"[2] 西美尔专注于货币研究，他把货币视为一种纯粹的符号，在他看来，货币是社会关系的一种抽象表达。现代城市空间中，正是由于货币作为权利的普遍形式的存在，才使得来自不同社会背景的城市人群之间的差异在很大程度上被弱化甚至消除。在拥有货币财富的前提下，城市空间中所有的差异性个体，不管他们的差异是哪方面的，都有可能在金钱的范畴下被集合为一个整体，他们之间在金钱的中介下发生"平等的"社会互动和交流。但这种基于货币的社会交流作为一种社会关系模式必然是短暂的。就这种现象而言，货币和商品发挥的效应是完全一致的，货币和商品在城市人群的社会关系中都发挥了一种"幻觉效应"。大卫·弗里斯比（David Frisby，1944—2010）在分析商品对于现代资本主义社会关系的影响时指出："商品世界的'幻觉效应'恰恰是一个运转中、变动中的世界，其中的一切静止都是短暂的，一切关系都是转瞬即逝和无关紧要的。"[3]

西美尔在欧洲现代城市空间研究中，把不断扩张和蔓延的城市化视为一种社会解放的形式，伴随着城市化推进，欧洲社会从各种传统的桎梏中逐渐摆脱。传统社会文化中森严的等级身份限制了人们对独立和自我的主张，而

---

[1] David Harvey. *Consciousness and the Urban Experience*. Oxford：Basil Blackwell，1985，p. 5.

[2] 〔英〕大卫·弗利斯比：《现代性的碎片》，卢晖临、周怡、李林艳译，北京：商务印书馆，2003，第78页。

[3] 〔英〕大卫·弗利斯比：《现代性的碎片》，卢晖临、周怡、李林艳译，北京：商务印书馆，2003，第31页。

这种限制一直持续到 19 世纪工业资本主义兴起的前夕，即直到本雅明称为"发达资本主义时代"全面兴起的前夕。这种伴随着资本主义发展而来的社会解放，在很大程度上打破了城市生活中人与人之间的社会阶级依附关系，促进了人们对个体差异性的诉求意识，集体化的生活方式和身份观念开始衰落，追求独立和个性成了新的社会文化潮流，这是欧洲现代城市多元化生活方式开始兴起并逐步繁荣的标志。但是，面对欧洲现代城市空间和城市生活，西美尔并没有把观察的视角和思辨的范围限定在社会解放和进步方面，他在资本主义发展带来的自由之中看到了社会关系的疏离。资本主义经济的私有化本质使得社会个体之间的关系不断商品化，商品意识形态在现代都市不断向大众发出召唤，对大众的思想意识不断地渗透，把熙攘喧哗的大众变成了匆忙孤独的人群。在欧洲现代城市空间中，商品的景观、飞速的变革、信息和图像的"星丛"，就像不断袭来的电影画面，永不停息地刺激着人们的感官和意识，使生活在现代都市空间的人们在持续而强烈的感官刺激的应激中精神趋于倦怠、麻木。

相对于传统时代，更加自由和民主的社会环境使得单一性生活方式不断地大众化，人的自我意识不断地趋于同质化，现代城市人群在感官和意识上承受着双重疲乏，一种腻烦的精神状态在现代城市人群中滋生并迅速蔓延。[①] 一方面，现代城市个体竭力维护他/她的自我意识和身份；另一方面，他/她却和各种传统纽带割裂联系，被深深地席卷进社会商业化大众和人群，并被禁锢在现代社会的货币经济体制和效应当中，这对于生活在现代城市中的个体尤其是一种无法摆脱的矛盾，这也就是欧洲现代社会个体在"自由的"生活中所面对的现实。西美尔指出，现代城市空间中生活的群体已经无法从心灵中汲取情感去彼此体会和同情，因为，现代城市空间对人们感官和意识的持续强烈冲击使得他们无法把生活的体验上升为稳定而有效的经验。现代人没有像传统时代的社会个体那样稳定而健全的"情感结构"和空间认知，他们也因此无法像传统城市空间中的大众那样成为彼此关联的"有机"人群，现代城市大众在内在关系上发生了断裂，人群中缺乏实际而有效的社会交流。在西美尔看来，现代城市空间和城市生活对人的束缚首先是情感和精神上的束缚，现代人在城市空间中寻找自我心灵解放的努力不断受挫，就像在传统社会中人们寻求身体自由的斗争受压制一样。不同的是，传统社会

---

① Georg Simmel. "The Metropolis and Mental Life" in K. H. Wolff (ed.) *The Sociology of Georg Simmel*. Glencoe, IL: Free Press, 1950, pp. 409−426.

对人身体自由限制的力量主要是来自社会特权和阶级压迫，而欧洲现代城市空间对人们精神自由的压抑则是资本主义文化所推崇的两个基本观念所造成的，一个是科学主义所强调的实证或客观性，另一个是理性的工具化或实用主义意识。

第三节　本雅明与城市文化研究

如果说西美尔对欧洲现代城市空间和城市生活的研究已经很难完全划归在正统社会学的领域内，沃尔特·本雅明则是社会学更激进的"离经叛道者"，他对欧洲现代城市空间的研究很难在方法论上被恰当地定性，他的研究成果和思想也很难被准确地划分至某一个具体学科领域。相应地，本雅明似乎很难被单一地冠以社会学家、文学家或哲学家这样的头衔，而"城市文人"的称呼对他似乎是一个虽然模糊但不失偏颇的称谓。本雅明的城市研究思想中交织着马克思主义、犹太宗教的神秘主义、文学的超现实主义、弗洛伊德的精神分析、法兰克福学派的批判理论等多种理论成分，这也使得其文本让读者感到深邃而晦涩，同时又似乎缺乏可应用性。本雅明的城市空间书写是意象化的，完全不同于枯燥的社会学调查和报告，他把心理学及文学融入了现代城市空间的社会学研究，以一种综合视角展开对欧洲城市的文化批评。探究现代性个体的精神状态和现代性空间经验的本质是激发本雅明城市研究的关键，在这一点上本雅明把波德莱尔和西美尔的思想成果同时加以借鉴和继承。本雅明对现代性空间既迷恋又批判，他陶醉于巴黎拱廊街和商品博览会的盛况，同时也对装饰现代城市空间的资产阶级社会意识拒斥和揭露，他的城市思想把马克思主义和超验理性相结合，显得独特而新颖，是批判欧洲资本主义社会的强大思想武器。

在本雅明现代城市研究中一个关键而特殊的概念是城市建筑"多孔性"（porosity），这个术语出现在本雅明和阿西娅·拉西斯（Asja Lacis, 1891—1979）合写的文章《那不勒斯》（Naples）中，其基本含义是指城市空间的渗透性和边界的流动性。首先，现代城市并不是一种完整而闭合的空间；其次，城市空间的多样态和城市生活的丰富也是空间多孔性概念的内涵，多孔性是城市空间活力的体现。具体而言，"多孔性"既可以指代地理空间里地形崎岖、高低错落形成的孔洞，也可以指代城市空间建筑群交错纵横、穿梭叠加形成的空隙。此外，本雅明的"多孔性"思想还有抽象的内涵和所指，城市生活中的休闲和轻松、意外和惊喜、贫乏生活中忽然闯入的喜庆节日以及城市生活的开放性，这些都被附加在空间"多孔性"的概念当中。

本雅明用"多孔性"思想所要表达的是一种城市空间和城市生活的人文主义理想，一种现代性乌托邦，以此来解放现代人只注重单一物质追求的日常生活，打破欧洲现代性空间对技术和工具理性过分依赖带给城市生活的桎梏。这也就是本雅明对欧洲城市那不勒斯充满赞誉的原因，在这座古老的城市中，空间的舞台或剧场感、空间的节日氛围似乎一直清晰地蔓延在人们日常生活的环境和氛围当中，完全不同于商业化气息极度浓烈的巴黎和伦敦。本雅明以这座意大利的名都为分析对象，在这座老城的空间中领略到一种更为久远的、"史前的"文化特征，他在文中写道："那不勒斯与其他大城市有所区别的一点就在于它与非洲围栏式村庄（kraal）的相通之处：每种关乎私人的态度和行为都浸入公共生活的洪流中。生存在北欧社会来说最为私人的事务，而在那不勒斯和在非洲的'kraal'则是集体事务。"①

"多孔性"启发本雅明在空间的非整体性中领悟到现代社会个体的独立和自我意识不断增强，于是他又写道："住在一个有玻璃的房子里已经成为一种典型的革命美德。它也是我们迫切需要的一种沉醉，一种道德的展示。个人化的独立生活曾经是一种贵族的美德，现在已经越来越成为小资产阶级暴发户的东西了。"② 空间的"开放"和"多孔性"应和了本雅明思想当中现代人逐渐觉醒的自由意识，相比于等级制森严的封建社会，资本主义社会的城市空间是一个更加开放和流动性更强的空间，为现代人摆脱社会制约和束缚提供了更宽的路径。

心理地理学关注人的情感和意识对空间环境的直接感受和体验，而本雅明就是把城市游荡作为获取这种感受和体验的途径和方式，他就像欧洲现代城市的心理地理学"制图师"，在城市空间的各种环境和氛围中穿行和体验、摘要和记录。根据本雅明的观点，作为空间制图和作为文本生产的城市漫游一样都是一种抽象的生产过程，它的产品由于消耗了大量的社会必要劳动时间而价值大得惊人。本雅明的城市游荡者就建立在一种特殊的空间叙事的基础上，现代性空间的特征是这种叙事的背景和语境："城市空间的多孔性既建构了城市的多重叙事，也造就了城市的多时空性，但是，只有某些叙事和

---

① Walter Benjamin. "Naples" in Marcus Paul Bullock et al ed. *Walter Benjamin: Selected Writings*, 1931—1934. Cambridge: Harvard University Press, 2003, p. 419. 转引自桑翠林：《意合空间：那不勒斯的多孔性与奥尔森的投射诗》，载《外国文学评论》，2011 年第 2 期，第 122～132页。

② 陈永国等编：《本雅明文选》，北京：中国社会科学出版社，1999 年，第 200 页。

时空真实地显现，其他的有些变成了城市空间的幽灵，有些变成了梦幻。"①城市空间中直观和抽象的"孔隙"、变动不居的意象、流动不息的城市人群形成了一副宏大而不可分割的画面，这就是本雅明所描绘的现代性空间"景观"，它带给现代人心理体验的效应是美学的震惊。城市空间的景观及其滋生的心理效应使现代城市人群体验到了主体和客体之间界限的模糊，体验到强大而压抑的"非我"给"自我"带来的危机。一切都在混杂中流变，现代人体验到"自我"和城市空间一样具有"易变性""多孔性""流动性"，这就是现代城市生活的新体验，与传统社会中稳定而单调的城市生活体验大相径庭。

在本雅明书写欧洲现代城市的文本中，形形色色的内部空间（如咖啡馆和沙龙）、呈现商业景观的空间（如拱廊街）、储存城市记忆的空间（如巴黎的巨大地下墓穴）、堆积城市废墟的空间（如垃圾场）等诸多形态的空间交织在一起形成现代城市复杂而多场域的空间格局。现代性空间给本雅明这样热衷城市漫游的文人甚至普通的旅游观光者带来视觉愉悦的同时也震撼着他们的心理，他们迷恋现代城市空间的瑰丽和多变。然而，在本雅明的著作中，我们也解读到欧洲城市现代性空间彻底颠覆了人们意识当中空间的稳定性和可认知性，多变和流动导致人们对空间的熟悉感和归属感的失落。现代性空间对人们心理产生的效应是新颖而震惊的，但同时也引发了空间体验的陌生感和迷失感，当人们对生存空间的认知开始紊乱，空间的经验就无法有效形成并不断累积，支撑现代人情感和理性的认知结构也必定出现紊乱并趋于坍塌。

除了巴黎这座被他誉为"19世纪首都"的城市之外，本雅明还把视觉转向同时代其他欧洲城市，他对那不勒斯、莫斯科以及他的故乡德国柏林进行对比分析，呈现三座欧洲城市所折射出来的不同地域特征和文化氛围。在本雅明看来，与柏林相比，莫斯科更像那不勒斯，因为莫斯科的街头文化和群体行为更接近于礼俗或传统社会，并没有散发出"高贵的孤独和荒凉"，而这种高贵的孤独和荒凉几乎笼罩在柏林的所有街头。②巴黎的现代性气息

---

① Gilles Ivan. "Formulary for a New Urbanism" in L. Andreotti and X. Costa (eds.) *Theory of the Dériv and Other Situationalist Writings on the City*. 1996. Barcelona: Museu d'Art Contemporani de Barcelona and ACTAR. pp. 14-15。转引自：Steve Pile. *Real Cities: Modernity, Space and the Phantasmagorias of City Life*. London: Sage Publications, 2005, p. 15.

② Walter Benjamin. *One-Way Street*. ed. Michael W. Jennings. trans. Edmund Jephcott. London: Verso, 1997. p. 180.

让本雅明兴奋和沉溺，那不勒斯和莫斯科的传统气息让他感到温馨和依恋，而作为自己故乡的柏林则让这位城市文人深感孤独和落寞。本雅明观察到在莫斯科和在那不勒斯一样，"货物从房屋里涌出、随处可见，它们挂在篱笆上，靠在栏杆上，或者就摆放在人行道上"，而柏林的街道则到处"就像刚刚扫过一样，连赛马场也是空荡荡的"；莫斯科却处处体现了那不勒斯浓郁的城市生活气息，"鞋油、书写用品、手帕、迷你小雪橇、小孩子玩的秋千、女士的内衣、鸟类的标本、晾晒衣服的架子，所有这些东西就摆放在露天大街上，好像这里不是莫斯科零下二十五摄氏度的大街，而是那不勒斯火热的盛夏"①。

可见，本雅明所热衷游荡的城市仍然是"有故事"的城市、还留有前现代时期文化气息和"有机"群体的空间，正如他在那不勒斯和莫斯科这两座城市空间观察和体验到的一样；本雅明理想和向往的城市空间总是洋溢着生动而鲜活的生活气息，其中萦绕和贯穿着城市空间和城市生活的历史和记忆，这自然与商业化、体制化、系统化的现代性空间带来的体验大相径庭。但整体而言，本雅明对欧洲现代城市空间的体验不仅是多样化的，而且也是矛盾的，他对诸如巴黎这样高度商业理性化、商品景观化的城市空间在批判之余同时也流露出兴奋甚至沉迷其中。

本雅明也关注城市中私人空间与公共空间的边界和过渡地带，这些地带可以称为现代城市的"域限空间"，它不仅是私人和公共领域之间的临界，也是欧洲城市中现代性空间和传统空间的过渡地带。本雅明的游荡者就不断地穿行于这两种空间，在巴黎，他观察到呈现发达资本主义发展盛况的商业化空间与承载着城市历史记忆的旧式空间只隔着一条街道。在本雅明的观念中，只有在19世纪中期以后资产阶级全面新建和装饰下的现代欧洲城市里，私人空间和公共空间才被彻底而清晰地划分和区隔。而在社会下层群体生存的空间中，由于缺乏景观装饰以及这些装饰所表征的权利，私人空间和公共空间往往是交织的，两种空间的边界并不是泾渭分明的，这里的空间并没有被资本主义理性和意识格式化，表征资产阶级空间思想的景观、秩序、规则在19世纪无产阶级生存的城市空间中往往是缺失的，后者所呈现的更多是现实而困窘的生活场面，但同时又存留有诸多传统社会市井生活的痕迹，旧时代的风俗习惯都还呈现在这里的大街小巷。

---

① Walter Benjamin. *One-Way Street*. ed. Michael W. Jennings. trans. Edmund Jephcott. London：Verso，1997，pp. 180—181.

在 19 世纪后期和 20 世纪早期的欧洲城市里，乡村和城市之间的空间对比被呈现在资产阶级理性化、商业化、景观化的空间和无产阶级传统化、生活化、废墟化的空间的两面性当中。这两种被区隔的城市空间是两种文化的隔离，但它们之间也存在着衔接与过渡，因为，正如"多孔性"概念所表达的那样，空间的隔离并非是彻底和绝对的，但这两种空间区隔的衔接和过渡也并非是自然而顺畅的，而是存在着征服和反抗，城市空间和城市文化从没有中断它们与政治和权力的关联。本雅明在描写法国马赛的城市空间区隔及文化冲突时写道："在这里电线杆和龙舌兰之间在进行着徒手搏斗，锐利的铁丝网和多刺的棕榈树在对峙。"① 显然，本雅明清晰而透彻地看到了欧洲现代城市空间中的不同群体之间的权力冲突和斗争，资产阶级在商品经济强大发展的推动下不断向传统旧式空间拓殖，它要以全新的意识形态召唤并驯化这些残存的他者空间，它要以全新的话语、全新的空间宏大叙事把传统空间的旧神话彻底粉碎，这种文化斗争并不比早期帝国主义侵略和征服其殖民地战争的惨烈和暴力逊色。

在城市空间意识形态斗争的观察和思考方面，马克思主义思想对本雅明的影响是显而易见的。本雅明书写欧洲现代城市的文本把读者的注意力引向资本主义意识形态对空间的再叙述和再表征，这个过程中充满不同话语之间的博弈，但这种博弈在本质上仍然是欧洲社会中不同阶级之间争夺城市空间权力的体现，最直观的体现就是城市空间中张贴的各类标语、广告和图像。而即使在资产阶级已经成功实现对现代城市空间的叙事和表征的主导权力的操控之后，那些被压制的话语仍然以各种形式存在，它们并没有彻底"失语"，例如，城市街道上的涂鸦就是对空间主导话语及其权力的游击式对抗，这些城市空间的"杂语"形式和表达也是一类特殊类型的空间符号和文本，坚持表达与主导意识形态完全不同的空间思想和观念。

本雅明把城市空间塑造为一个巨大的文本，而阅读这个巨大文本的方式则是漫游，这个空间文本和文学文本完全是一种恰如其分的呼应，其中有流畅的句子和片段、省略和断裂、修辞和装点、表层的句式和深层的结构。本雅明把阅读城市空间文本的任务交给游荡者，他就像一个空间朝圣者，不过他所追求的不是宗教的神圣境界而是世俗空间的奇观和魅力，而且这个世俗空间被限定在城市。游荡者在现代性空间中寻找"世俗的启迪"，他在被社

---

① Walter Benjamin. *One-Way Street*. ed. Michael W. Jennings. trans. Edmund Jephcott. London: Verso, 1997, p. 213.

会工业烟尘覆盖、被工业产品装饰、被工业生产大军拥堵的现代城市空间中寻找"美"和"新奇"。他是城市所有空间及其区隔的窥探者，他似乎有一种难以遏制的"游荡癖"，他把城市的大街变成自己阅读、思考、研究的没有围墙的书房。游荡者既迷恋现代城市新奇的景观空间，也热衷于城市废旧空间，他在其中找寻那些"已流失时间"的痕迹。本雅明把游荡者比作"永不停息地徘徊在社会荒野中的狼人"①，他既在人群之中，又与人群保持着恒定的距离。

在游荡者眼中，城市人群的无名和陌生就是现代性空间的一个个动态"面罩"，身处其中就像参加一个巨大的假面舞会，这就是游荡者在 19 世纪后期拥挤而凌乱的城市空间中体验到的新奇而独特的美、现代性的美。波德莱尔和本雅明一样，都把巴黎视为一个巨大的内部空间，所有的街区和房子都是这个内部空间的区隔与划分，富有想象力和美学视角的艺术家、诗人就是这个空间的主人，他们在这个空间中漫游，就像在自己的书房踱步，他们在这里汲取灵感、创作诗篇，他们热爱城市空间就像热爱自己的家园。

本雅明对城市现代性空间充满热情的同时，对陈旧的、趋于衰败的城市空间流露出一种怀旧的依恋，这种空间的怀旧情结也是一种对逝去时光的追忆、对城市历史的追溯，但这种情绪又与传统观念中的怀旧迥然不同，与其说本雅明的城市怀旧是一种文人的伤感，不如说它是一种欣喜，因为他在这些空间的衰败中看到了城市曾经的梦想、辉煌和庄严。在这个方面，本雅明认为普鲁斯特就是捕捉这种旧式空间意象的文学和心理学大师，这种对逝去空间的顿悟可以称得上是对"空间灵氛"的感知，本雅明在《拱廊街计划》（*The Arcades Project*）中引用普鲁斯特对这种空间体验的微妙表达：

> 就在某一个瞬间，一个屋顶、一缕照射在石头上的阳光反射、道路散发的一股气息，这一切都会让我突然停住脚步，并深切地体会到一种独特的愉悦，而且，这些瞬间的空间体验似乎在向我揭示某种特殊的意义，这些我双眼目视的场景似乎要把我的视线引向别的事物，我竭力去发现它们，但是，终于未能如愿。②

这里的空间体验被引向一种对空间记忆的追溯，这种空间的记忆往往是

---

① Walter Benjamin. *The Arcades Project*. trans. Howard Eiland and Kevin McLaughlin. Cambridge and London：Harvard University Press，2002，p. 416，p. 418.

② Marcel Proust. "Du Côté de chez Swann" in Benjamin, *The Arcades Project*. Cambridge, MA, and London：Belknap Press/Harvard University Press，1999，p. 420

无意识的记忆，是形成并累积人们空间经验的资源。空间的"无意识记忆"往往能更加稳固地沉淀在人的记忆当中，并且在某个空间体验的瞬间由某种微妙的线索再次唤起，就像普鲁斯特闻到一块玛德琳蛋糕时所触发的对童年生活场景的美好记忆。这种空间体验完全是令人陶醉的，本雅明曾经通过吸食大麻捕捉这种类似幻觉中的意象。但是，这样的空间体验是短暂的、转瞬即逝，就像一种特殊的启迪和灵感，让体验者在刹那间产生一种顿悟，似乎在这一瞬间悟透了生命的真谛，就像是宗教信徒在狂热的虔诚中体验到神的"显灵"。

在本雅明这位城市文人游荡者眼中，欧洲现代城市空间中潜藏着某些意象和画面，它们和普鲁斯特所说的"屋顶""阳光""道路的气息"或者"玛德琳蛋糕"一样，如果在瞬间捕获，就能唤醒沉淀在现代人无意识心理的空间记忆，而只有把记忆中的空间和眼前的空间链接起来才能认知城市空间的整体和真实意义。本雅明和波德莱尔一样，都曾在巴黎的城市空间中长久地驻足和徘徊，他们的城市游荡其实是一种寻找，寻找与城市空间的历史和记忆邂逅的瞬间。从这个意义上来说，本雅明、波德莱尔、普鲁斯特都是城市"土生子"，他们在城市游荡，其实是在探究失落了的空间路径，因为现代性的到来把城市变成了陌生、流变的空间，现代城市不再是这些"土生子"记忆中熟悉的家园，他们在这里体验到的完全是一种陌生和迷失。当陌生、迷失成了空间体验的主要情感，当人们的空间经验完全丧失了效用，瞬间显现的空间记忆成了一种弥足珍贵的情感依附，因为空间的迷失必然引发人们自我意识和身份的迷失。这些城市文人在空间漫游时体现出的心理特征是一种对自我和空间的拼凑式重现和再认知，这其中就蕴含着对生命意义和空间意义再思辨和再建构的渴望。苏珊·桑塔格（Susan Sontag，1933—2004）说过，本雅明不是要发掘他生活记忆中的过去，而是要再认知和再反思已逝去的时间和生活，并且把它们浓缩为其曾经所处的各种空间形式，把它们压缩为种种预言或叙事结构。[①]

面对现代性空间，本雅明和波德莱尔一样体现出一种狂热的迷恋和沉溺，他们都是现代性空间的美学鉴赏家，现代城市空间中变换的景观和影像就像涌动不息的画面愉悦着两位城市文人的感官和心灵。然而，本雅明和波德莱尔都矛盾地流露出对现代城市空间的厌恶和批判，随着视觉愉悦和心灵

---

① 转引自：Simon Parker. *Urban Theory and the Urban Experience: Encountering the City*. London and New York：Routledge，2004，p. 18.

震撼而来的是空间失控感，现代人的空间经验在持续混乱和迷失，城市空间变革的速度与现代人空间体验和认知的节奏之间失去了同步。在工业革命和发达资本主义到来之前，人的内在心理空间和人生活的外在物理空间之间保持着相对稳定的关系，人们因此能够对其所处的空间有一种可认知、可驾驭的安全感。而随着工业革命和资本主义经济推动欧洲社会加速发展，城市空间和城市生活也相应地以前所未有的节奏推进，而且这些变革和更新一直处于加速状态中，这给现代人的身体和心理都施加了新的压力，这种压力不断地累积，使现代人的空间体验和认知无法最终内化为一种有效而稳定的经验。空间经验的空洞和缺失又影响了现代人对自我的体验和认知，空间的迷失和自我的迷失逐渐成为欧洲现代社会中不断蔓延的现象，这在城市生活中体现得尤为突出，作为在城市空间中彻底丧失自我和方向的游荡者，"三明治人"（sandwich man）就是这种双重迷失的化身。

　　面对这种状态的现代性空间和现代性自我，本雅明流露出一种批判和救赎的强烈思想冲动，他从马克思主义思想、犹太神学思想、超现实主义文学思想等理论领域广泛借鉴，试图建构其批判和救赎现代城市空间的思想武器，尤其是以阶级和意识形态理论批判欧洲现代城市空间的虚假装饰，揭露其看似有序和华丽的表层之下所掩饰的贫穷和混乱，借用波德莱尔的修辞来表达，现代欧洲城市"美之花"盛开的景观空间完全隔开了"恶之花"簇拥的废墟空间。面对欧洲现代城市，本雅明不仅表达了政治性的批评，他也探究了对现代性空间展开文化和精神救赎的路线。在这方面，本雅明和普鲁斯特再一次产生了思想共鸣，他们的应对策略注重瞬间的意识觉醒、理性认知和心灵体验，尤其是那些像灵感一样的刹那间浮现的"无意识记忆"。本雅明和普鲁斯特都把人对城市空间的无意识记忆视为一种强大的精神力量，以过去时空的碎片冲破现代性空间对人的心灵束缚，通过拼凑无意识记忆中过去时空的碎片，探索者重新捕获了认知真实空间的线索；那些储存在意识当中不断模糊、逐渐被遗忘的空间体验被重新提取出来，就像在"当下"的空间中发现了蕴含时空真理的历史线索，在令其迷失和困惑的"当下"空间中再次感受到明确的方向，这个超验理性运作的过程不仅激发了一种对空间的顿悟，同时也激发了一种对生命的顿悟。

　　对本雅明和普鲁斯特而言，这种随着无意识记忆而被唤醒的瞬间体验就是对已经碎片化的空间经验的重新拾获，无意识记忆的断片就是真实空间意象的碎片，这些记忆的追溯意味着对真实空间的拼凑、对空间经验的重建，也是对现代人的自我及情感结构的重建。现代性是碎片化的同义词，本雅明塑造的城市游荡者和波德莱尔笔下的垃圾捡拾者一样，都是在现代性空间碎片的废墟中不断发掘和收集，试图重新建构完整状态的生存空间、空间经验和自我意识。波德莱尔、本雅明、普鲁斯特三位杰出的城市文人在他们书写城市空间和城市生活的文本中，都体现出超现实主义艺术思想的深刻影响，他们解决现代城市空间困境的策略因此也都体现出晦涩抽象的特征，缺乏马克思主义城市思想的实践性，缺乏对大众在思想和实践上的具体指导，但他们的著作仍然散发着独特的思想光芒和理论魅力。本雅明通过游荡者形象把波德莱尔、普鲁斯特以及他自己塑造为对抗资本主义体制空间和物化生活的"孤胆英雄"；城市游荡者是超验理性的代言人，也是本雅明现代性空间学术研究、文化批评、哲学救赎的方法论表征。

然而，本雅明似乎并没有十分关注马克思主义思想中的一个基本观念：认知现代城市空间的实质、打破它对现代人思想意识的禁锢显然是一项集体事业，"批判的武器"无法最终取代"武器的批判"，批判的思维终究要依托于革命的实践。从超现实主义的角度分析，本雅明应该被视为一个生活在世俗城市里的神学家。本雅明对现代城市空间的解读是超验的，同时也充满矛盾。在他眼中，现代性空间本身就是矛盾的，并且超越人们的认知能力和经验范畴，所以，他救赎现代城市空间的策略深受犹太宗教神秘主义思想的影响，把以色列人信奉的弥赛亚救赎和现代城市空间的解放联系起来。不仅如此，本雅明还在马克思主义历史唯物主义思想和犹太神学思想之间积极调和，把马克思主义实践哲学和宗教神学救赎进行嫁接和融合。

第四节　哈维、列斐伏尔与城市文化研究

大卫·哈维的城市研究代表了对马克思主义城市理论在更深层次和更广泛视角上的新思考，这种理论再思考的主要成就在于对传统经济决定论的反省和补充，但哈维的思想理论显然仍是在马克思主义典型方法论下的空间分析和思辨，包括他以马克思主义社会理论对欧洲现代城市运动新形式的研究，对于这些新城市运动，威廉斯曾在20世纪后期做出如下的评论："过去三十年所有重大的社会运动都是从有组织的阶级利益和制度之外开始的。但这些问题中，没有一个不把我们引向工业资本主义生产的核心体系……进入

它的阶级体系。"[①] 与威廉斯一样，哈维就是在继承马克思主义社会思想并强调其重要性的基础上对这些新城市运动进行分析和研究的，其中"阶级利益"和"制度"不再是唯一与核心的因素。自从 20 世纪 70 年代初，哈维随着《社会正义与城市》（Social Justice and the City）一书的出版而转向马克思主义思想以来，他一直在构建一种现代性的唯物历史观，同时也直接以马克思 19 世纪 60 年代的著作中的思想分析欧洲当代城市社会。尽管他后来关于社会正义和城市环境的著作反映了对经典马克思主义某些关键思想的发展，但他从 20 世纪 70 年代初至今的著作构成了一股颇具影响力的学术力量，代表了始终如一的正统马克思主义城市理论。

借用本雅明的术语，现代性城市是充斥着"意象星丛"的景观空间，而它所引发的思考和阐释也是丰富而庞杂的，现代城市空间的研究也形成了相应的理论"星丛"，哈维的城市理论是其中一颗耀眼的明星。哈维力图在全新的时间和空间背景下在其研究中继续坚持马克思主义城市理论的基础和主线，这既是一种思想的坚持也是一种挑战，因为，欧洲现代性城市空间和马克思所处时代的城市空间相比已经发生了翻天覆地的变化，其中最鲜明的变化之一就是 20 世纪的城市中工作空间和居住空间相分离的格局与马克思时代的城市空间格局已经大相径庭，城市化的程度也不可同日而语。在 20 世纪的欧洲城市空间中，市场经济的发展呈现出更加复杂的形态和发展模式，哈维站在经典马克思主义的立场上，不仅要维护该思想体系和理论系统的有效性，同时还要解读欧洲现代城市空间与资本主义社会的复杂关系，并且以此验证马克思理论思想的有效性和生命力，在这种理论传承和维护中显然已经包含了一个再创造和再建构的过程。可以说哈维使马克思主义理论得到时代更新，进而继续发挥它作为社会批判武器的功能和效用。

哈维城市理论的一个主要目的是分析西方现代城市的冲突和社会反抗，他对这两方面的分析是从抵制和违反强制性经济体系的各种社会行为切入的，而这些对经济体制的抵制和违反就涌现在现代人的日常生活当中，并且总是由生活在特定社会环境下的市民发动的。重要的是要认识到，哈维这一观点背后的研究路径是从马克思将经济危机与工人阶级身份和集体行动相联系的方式中得出的。对马克思来说，资本主义社会的经济关系和经济发展从

---

① Raymond Williams. *The Year 2000*. New York: Pantheon, 1983，pp. 132－133. 转引自: Kian Tajbakhsh. *The Promise of the City: Space*，*Identity*，*and Politics in Contemporary Social Thought*. Berkeley, Los Angeles, London: University of California Press，2001，p. 81.

某种意义上打乱了人们所熟悉和习惯的城市公共空间结构，它所提倡的"工具理性"同人们日常生活的价值观念是冲突的，进而引发了城市人群有组织的抵制和抗议。在城市空间中，这表现为两种空间价值观念之间的矛盾：一方面，现代城市空间被认为具有内在使用价值，是一种区域性社会关系网络的载体；另一方面，现代城市空间被认为只具有纯粹交换价值，进而不断地被加以商品化。① 由此可见，城市运动是人们的日常生活空间在不断地被拓殖并被划归为资本主义商品及商品交换的过程中逐渐酝酿、发展并最终爆发的。

在对西方现代城市空间变革的阐释中，哈维向我们展示了法国豪斯曼男爵在 19 世纪 50 年代的巴黎城市改建中是如何使之与资本家的利益、当时法国应对宏观经济危机的需求，以及巴黎土地和住房市场的价值增长等一系列内在社会因素紧密联系在一起的。哈维认为，城市空间更新工程的后果之一是巴黎市内的手工业者群体社区的解体，而这些手工业者群体在城市空间中是跨阶级的，他们被迫加入工人阶级群体，这也是现代城市人群多样性衰落的原因之一。因此，豪斯曼的城市改建导致了巴黎市无产阶级在数量上的增多，而这种增多是以城市人群的单一化为代价的。由于反抗凡尔赛政府的主要武装力量集中在这些工人阶级社区，因此哈维的结论是：城市运动主要是工人阶级性质的。当然，伴随着城市工人运动的还有其他形式的群体运动，例如，无政府主义运动、地方主义运动，它们也表达出和工人运动一样的对集体身份的诉求。哈维把这些社会现象解读为大众意识"城市化"带来的结果，换句话说，由于城市空间的碎片化，同一性的集体身份也随之向"碎片化"和"多元化"转变。集体的、稳定的身份体验随着城市空间的裂变而式微，而随着城市生活方式的多元化，集体身份更是成为无本之木，而这种集体身份的衰落又反过来影响了城市工人阶级的团结，也进而直接导致了城市运动的衰落。整体而言，哈维的城市研究理论以典型的马克思主义思维方式将经济结构、空间、工人阶级群体这三个层面联系起来了。

哈维也试图在城市空间小范畴内（例如社区范围内）确认出一种社会逻辑，而且这种逻辑和资本主义市场的功能主义逻辑不仅有差异，而且对其还是一种抵制，然而，哈维对马克思主义的商品生产理论的倚重阻挠了他的这

---

① Kian Tajbakhsh. *The Promise of the City: Space, Identity, and Politics in Contemporary Social Thought*. Berkeley, Los Angeles, London: University of California Press, 2001, p. 74.

一理论尝试。① 针对哈维在研究城市空间和城市人群身份时以经济和阶级为核心视角的理论取向，西方学界的态度是质疑甚至批判的，他们提出哈维的视角应该进一步多元化，例如，就经济决定论而言，应该打破生产方式、市场、工人运动三要素的限制，而把国家权力也考虑在城市空间分析的范畴内。此外，哈维也提倡在研究现代城市空间时，应该拉近工作空间和社区空间在思想上的距离，这也是他以经典马克思主义思想为宗旨的体现。城市社区冲突和创建社区组织方面的困难、工业生产领域的冲突和创建以工作为基础的组织方面的困难，都促使哈维意识到，现代城市研究中对这些对立事物之间的关系缺乏关注和理解。加深关于这些对立面之间关系的分析和研究，就能够促进对大众尤其是工人阶级群体的劳动体验和空间体验的研究，从生活和工作两方面相结合的方式中更加全面地观察和分析。哈维的城市空间研究把具体文化区隔中人的行为倾向和特征也作为一个关注的要点，这些人的主体或身份意识就是在这些文化区隔中培养的，但这些文化区隔必须面对的经济（市场）和政治（国家）环境及其子系统则表现为一种"准自然"状态，似乎脱离了所有的限制和强迫；而哈维想要解释的就是在特定的空间区隔中，城市个体或集体作为行为主体的动机，以及城市特定社区成员达成的共识，都体现出趋同的特征，这是社会主流意识形态召唤的结果，以便使他们的行为符合社会主导阶级的规范和价值观。②

在研究欧洲现代城市生活时，哈维也分析货币的性质，他引用西美尔的思想指出，金钱是一种矛盾而"难以界定的"存在，一方面金钱是衡量商品及其他可交换物的一种手段，而另一方面，金钱似乎又毫无内涵和实质，只是表达了一种占有的观念。③ 金钱以及金钱的概念早在资本主义生产方式和经济体制出现之前的人类社会就已存在，然而，资本及其概念的到来彻底改变了金钱的性质、功能以及它在社会中所灌输的观念，尤其是在城市空间和城市生活当中。所以，哈维强调，把货币经济体制下的金钱和资本经济体制下的金钱区分开来是十分必要的。借鉴这两种经济体制及其差异，可以对欧洲城市空间和城市生活展开差异性的划分。货币经济早在欧洲城市形成之前

---

① Kian Tajbakhsh. *The Promise of the City: Space, Identity, and Politics in Contemporary Social Thought*. Berkeley, Los Angeles, London: University of California Press, 2001, p. 78.

② Kian Tajbakhsh. *The Promise of the City: Space, Identity, and Politics in Contemporary Social Thought*. Berkeley, Los Angeles, London: University of California Press, 2001, p. 82.

③ David Harvey. *Consciousness and the Urban Experience*. Oxford: Basil Blackwell, 1985, p. 2.

就已经存在并运行，而当资本主义及其工业生产体系在欧洲逐渐兴起时，欧洲社会的历史已经推进到了 19 世纪 30 年代，这些资本经济体制下的城市发展迅速，人口也飞快地增长并突破百万大关。人口的增长和流动为劳动力成为生产资料和商品提供了基础，劳动力成为商品为资本主义社会的资本积累提供了最基本和最大的来源，劳动力成为商品也是资本产生利润的前提、剩余价值形成并转换为新的资本的来源。劳动力商品主要在欧洲社会的城市空间中流动，劳动力在城市空间中的存在对资本家而言完全是工具性的，攫取更多的剩余价值是这个庞大工具的唯一目的，于是资本和剩余价值构成了欧洲现代城市空间中的一种轮回和循环模式，而劳动力大军作为人类群体的主体性则完全被压抑和抹杀。在这个前提下，哈维指出，"城市生活方式必然会反映出相应的社会条件"，而且哈维还进一步解释了金钱在现代城市大众的日常生活当中如何反映社会现实："对于金钱的占有使得个人主义生活方式和平等概念之间的关系变得紧张，而且在占有金钱的过程中，社会的阶级关系亦得以凸显。"[1]

显然在欧洲现代城市空间中，资本主义经济体制和生产方式的到来使得空间和金钱之间的关联更加紧密，或者说作为资本的金钱有了一种史无前例的巨大创造力，它在城市空间中建立起了一种强大的社会权力，而且这种强大的社会权力又可以反过来建构和占领城市空间，它所推崇的特殊理性不仅会改变人们的生存环境，也会改变人们对生存环境的意识和观念。哈维的城市研究思想被认为太过于注重功能主义和经济主义以至于忽略了其他的要素，他仍然秉承传统马克思主义理论的基本假设，这在 20 世纪新时代语境下被认为显得过于单一。功能主义和经济主义主导的单一视角否定了欧洲现代城市问题中除阶级和阶级关系之外的因素，它们也可能成为引发城市问题的基础性要素。此外，功能主义和经济主义理论观也没有对城市现代性空间中不断强化的工具理性提供一个明确的研究视角。哈维的著作流露出的内在和核心动机主要表现在两个方面：首先，他要阐明困扰现代城市空间的社区冲突问题、有效组织城市社区的策略问题，同时探究这两者之间的关系；其次，哈维也试图呈现现代城市工业生产领域的冲突，以及研究如何以工人阶级的工作关系为基础建立良好的社区组织的问题。[2] 这些主张仍然反映出，

---

① David Harvey. *Consciousness and the Urban Experience*. Oxford：Basil Blackwell，1985，p. 5.

② David Harvey. *Consciousness and the Urban Experience: Studies in the History and Theory of Capitalist Urbanization*. Baltimore：Johns Hopkins University Press，1985，p. 37.

哈维对现代城市研究的动机和策略都围绕着阶级和阶级关系展开。

哈维对资本主义社会中经济及其子系统的空间表征进行了最系统、最严谨的描述，他的城市理论对于人们把资本主义理解为一种空间的动态发展过程做出了重要贡献。通过关注资本的流通，他强调时间和空间在资本主义再生产整体过程中的重要性。但是，存在争议的是，哈维通过"资本转换"理论将资本主义的经济矛盾与后工业社会不断变化的格局联系起来。该理论的观点认为，过剩的工业资本，由于生产过剩或消费不足的危机而闲置，被投资或转换成房地产和环境建筑，以实现更大的价值；而新的危机又会出现，如过度建设，于是又导致这一进程的停滞或逆转。[①] 哈维的这些理论分析有助于人们理解城市发展不平衡的原因。

列斐伏尔的城市书写更多以充满政治批判的檄文形式出现，篇幅短小精悍，但充满了犀利的话语和思想，他的城市研究结合了马克思主义实践哲学和实证主义思想，对现代城市空间展开了鞭辟入里的反思和批判。在列斐伏尔看来，城市空间的研究是一种哲学思辨，但这种哲学思辨应该建立在实践的基础上，城市研究的目的不应只停留于社会调查，更重要的是通过观察和思考去改造城市空间。可见，列斐伏尔在行动哲学或社会实践的意义上比本雅明更加接近马克思。列斐伏尔是最早从政治学和经济学的双重视角思辨欧洲现代城市空间的哲学家之一，他把城市空间的物理环境同城市生活中的社会关系和经济关系联系起来，全面探究欧洲现代城市和城市生活的本质。列斐伏尔的城市研究是 20 世纪空间哲学思想的重要来源，侧重政治和经济对空间影响的分析，他所书写现代性空间的文本中总是充满强烈的政论批判。列斐伏尔深受马克思主义城市思想的影响，把他的空间哲学视为一种社会实践科学，他的著作不仅仅是对城市空间的直观观察和书写，更是要呼吁城市大众积极行动起来，推动城市空间各方面的变革，这和波德莱尔、普鲁斯特以及本雅明超验理性和美学气息浓厚的城市研究截然不同。

列斐伏尔在马克思主义社会思想的影响下，把现代城市视为一个生产的空间，在这里使用价值和交换价值共存并相互转化，两者结合起来形成了这个空间里起主导作用的系统和体制，或者说这两种价值的结合形成了城市空间的生产关系。具体而言，使用价值与城市的物理空间、劳动力资源、生产资料三要素相关联，而交换价值则与资本主义生产方式中的商品价值相关

---

① Kian Tajbakhsh. *The Promise of the City: Space, Identity, and Politics in Contemporary Social Thought*. Berkeley, Los Angeles, London: University of California Press, 2001, p. 82.

联，这两者在欧洲现代城市空间成了社会关系的主导形式。秉承马克思主义思想的基本观念，经济仍然是列斐伏尔现代城市空间研究中的最基本层面，在 20 世纪的欧洲社会，金融和房地产投机被认为是引发第二轮资本循环的主要因素和动力，而且这种循环资本在与传统生产资本的对抗中越来越占据上风和主导地位，这对现代城市空间在各个方面的影响是不言而喻的。此外，与经济密切相关的社会消费现象是列斐伏尔城市空间研究的另外一个最基本的视角，他把城市物质生产和城市社会消费联系起来，深入观察它们对现代城市空间和城市生活的影响。

19 世纪后期以来，资本主义商品市场以强大的力量把城市空间塑造成一种相对固定的形式：城市空间整体上呈现为星罗棋布的商业区，这些商业区也包括社会富有阶层的活动空间，不同形态的空间区隔逐渐形成并且呈现出清晰的边界，资产阶级和其他特权阶层的"飞地"空间也在现代城市的空间区隔中被鲜明地标注和精心维护。19 世纪后期至 20 世纪早期，相对于"有闲阶级"的"飞地"空间，欧洲现代城市中最大的空间区隔就是环绕商业繁华区域的外围地带，拥挤而杂乱，这里往往是社会底层人群的栖身空间——城市贫民窟，在欧洲所有的现代城市空间中，贫民窟是和商业区一样普遍存在的空间形态。空间的区隔是列斐伏尔认识和研究现代城市时以政治和经济为关键词的主要原因，在他看来，政治管理和生产消费是城市空间和城市生活的制约因素。在列斐伏尔的著作中，城市被界定为一种官僚化体制的社会空间，这个社会空间的生产和消费受到特定体制的操控。[1] 城市在列斐伏尔的观念中就是一种消费社会的空间，但他同时也强调，城市空间提供给现代人更广泛的消费的权利、更便利的消费环境，现代人对城市空间和城市生活有更多需求，除了消费的需求还有创造的需求。

此外，城市空间的产品不仅是以商品和消费物品的形式存在，生活在现代城市里的人们还有各种文化和意义的消费需求。除了产品和消费两个关键词之外，列斐伏尔研究现代城市空间的文本中还有一个反复出现的主题词——作品（oeuvre），它泛指城市空间中方方面面的事物和现象，其中既有持久的事物和现象，也有偶然的事物和现象，欧洲现代城市在列斐伏尔的眼中是一个复杂而多面的空间，并不限于商业化这个单一的维度。[2] 城市首

[1] Henri Lefebvre. *Critique of Everyday Life*. London：Verso，1984.
[2] *Henri Lefebvre: Writings on Cities*. eds. Kofman and Lebas. Oxford：Blackwell，1996，p. 147.

先是一种不断被建构的场所，城市的建构既有物质的也有精神的，这种建构在历史发展中积累，在这个过程中，城市不仅塑造它自身的特殊形态，同时也塑造生活在这里的人的空间经验和情感结构。但在列斐伏尔看来，与传统时代的城市空间形态截然不同，城市现代性空间已经不再是人们日常生活的实在空间，现代空间的景观化和美学化构建已经把城市转变为一个极力迎合、刺激人们进行商品和文化消费的空间，就像本雅明在他的城市思想中所表达的一样，现代性空间不再是城市居民的家园，而是供观光者观赏和浏览的景观世界。空间的景观化是欧洲现代城市新建的普遍形态，但华丽空间的逐渐形成却伴随着韦伯所说的城市空间和城市生活魅力的消退。

列斐伏尔认为即使到了晚期资本主义社会，传统农业社会的文化影响力在现代城市生活中依然存在，并且发挥着一定的限制和阻挠作用。例如，传统农业社会思想中的等级秩序观念、严苛的控制和监管机制、统治阶级为维护和巩固地位在大众中推行的反智主义以及传统农业保守思想的反都市主义，这些都会阻挠现代城市空间和城市生活自由和快捷的发展。对传统农业社会思想意识束缚现代城市空间发展的批判也出现在西美尔的著作中，但与西美尔相比，列斐伏尔对现代城市空间的态度则更加积极和乐观，他建议新时代的建设者以创造新观念应对现代性空间。对于城市空间建设的新策略，列斐伏尔提出的两个重要概念分别是"转换"（transduction）和"实验乌托邦"（experimental utopia）。"转换"所表达的是一种理论建构的方法，列斐伏尔提倡城市空间的建构理论要与城市现实环境密切结合，要兼顾所有空间信息和实际存在的问题，这样相关的应对策略才能在一种不断转换的动态方式中被制定和反复修订。整个策略制定的过程在"假设—调查—改进—实施"这样一条动态链条中推进，最终形成一种更全面、更有效的城市建设方案。[①] 显然，这些空间建设的假设和验证可以无止境地推进下去，城市空间的问题于是也就可以不断地被发现并得以应对。可见，列斐伏尔的确把现代城市空间视为一种理想的实验乌托邦，城市空间和城市生活的问题就像实验室一样被观察、被发现、被研究、被应对和解决。相应地，现代城市空间的策划者和建构者都必须是有乌托邦意识的观察者和思考者，面对现代城市空间，他们首先要能提出不断改善现状的假设，然后在反复调查和实验的进程中创建有效的空间建构方案和策略。列斐伏尔的城市建设者不仅要有文学家

---

① Simon Parker. *Urban Theory and the Urban Experience: Encountering the City*. London and New York: Routledge, 2004, p. 21.

和诗人的想象力，还要有科学家的创造力，更要有工程师的施工和建设能力。另一方面，列斐伏尔提出乌托邦的概念显然是要创建理想化的城市空间，而且他提倡这个理想的实现应该从对日常生活的研究和改进做起，要首先思考如何把现代城市空间中生活的群体转变为安居乐业的城市居民。这就要让人们在现代城市空间中有感到稳定而安全的空间归属感，城市建设者需要广泛创造和维护现代人生活空间的人文气息。如果说韦伯揭示了欧洲现代城市空间和城市生活的"祛魅"的问题，那么，列斐伏尔则试图积极应对病灶，使欧洲现代城市空间和城市生活再"着魅"。

列斐伏尔的城市空间研究试图打破学科之间的界限，把哲学对现代性空间的思辨与批判同城市空间建构和管理的科学、技术方案以及具体措施等诸多方面结合起来，形成更加客观、具体、合理的整体空间思想。面对现代城市空间，列斐伏尔主张的是一种整体论的应对策略，他把空间的历史维度和现实维度结合起来，形成一种现代城市时空研究的综合体系。在《空间的生产》（*The Production of Space*）中，列斐伏尔把空间的哲学思辨和空间的认知联系起来，但他并没有止步于主观思想，而是结合了空间的实践。在他的著作中，城市和都市主义被区分为两个不同的概念，分别对应经验反思和理论建构两个方面。[①] 在经验领域，城市就是物质构筑和事物存在的空间；在理论建构的领域，都市主义则是生活方式的呈现和象征。列斐伏尔的城市研究思想还体现出另外一个特性，那就是他把空间的哲学思辨和人类学也进行了链接，他的空间研究虽然限定在社会学领域之内，但他总在尽量规避社会学研究方式的枯燥和单一，他的城市理论不仅要引起社会科学家的关注，同时也要吸引文学家和艺术家的关注。但是总体而言，与西美尔城市思想的心理主义、本雅明城市思想的美学化相比，列斐伏尔城市研究的社会学方法论很突出，更加注重实证主义的观察和实验。而且，与本雅明对现代性空间的救赎诉求一样，列斐伏尔也强烈地表达了促进改善城市空间的呼吁，但比起本雅明超验理性和弥赛亚神学救赎策略的晦涩和神秘，列斐伏尔的措施更加务实、更具可操作性。

在列斐伏尔的思想意识当中，城市空间不仅仅是一个建筑环境、一种生产的资源和消费的对象，更是政治斗争的领域和对象。因为在现代社会中，城市空间是一种由国家力量控制的强大工具，不仅是直观的物质资料和建设力量的强大来源，也是抽象的意识形态力量潜在和表达的场所。所以，空间

---

① Ira Katznelson. *Marxism and the City*. Oxford: Oxford University Press, 1992, p. 96.

的政治性也是列斐伏尔研究现代城市的关键点。以路易·阿尔都塞（Louis Althusser，1918—1990）意识形态理论的观点分析，国家或统治阶层对城市空间的霸权从来都不是完全和单一的，这种空间的控制权是一种主导和协商的结合，即使在统治阶层内部也有不同利益的纷争，因此，空间的权力在各个层面上都存在多个利益集团的斗争和妥协，列斐伏尔观念中的城市政治同样是多元的、复数的。列斐伏尔认为，空间的政治化是引发社会压制和抵抗的原因之一，城市空间本身并不存在任何形式的社会权力，但它可以被社会赋予某种制度或法规进而拥有某些社会权力，并规约甚至控制城市生活。也就是说，一个阶级在成为社会的统治阶级后，它就会以其自身的意识和观念对城市空间重新进行"格式化"，进而使之为维护、强化自身的统治和利益服务，这也就是现代性空间中充满形式多样的"区隔"的原因。但是，空间的制度化往往只能约束和管制人们的日常生活，它并不能给人们的日常生活带来实质的创造和革新，这也被认为是现代社会矛盾和冲突的一种具体来源和重要形式，这种矛盾和冲突体现在空间的不同层面和领域，是社会生产关系和阶级利益关系的直观呈现。

列斐伏尔在《空间的生产》中以汽车的生产为具体实例来解释和说明资本主义社会商品生产和消费对欧洲现代城市空间产生的深远影响，他指出现代城市中越来越多的空间被汽车和汽车运行所依赖的道路占据，这些道路并没有缓解城市空间的交通问题，但它们加速了城市中尚未被"商品化"空间的迅速缩小。也就是说，空间越来越趋于同资本及资本利润相关联，尤其是现代城市空间正在不断地被转变为"生产的"空间，不断地被商品化。[1] 列斐伏尔继续分析指出，现代城市空间在这方面受两种完全不同现象的影响：一方面，是以高速公路、停车场、汽车修理厂等形式不断推进的空间商业化；另一方面，则是非商业化公共空间如公园、草坪、林荫路等的不断缩小和减少。[2] 这两者之间的矛盾是显然的。城市空间不断被转变为消费的空间，并持续为资本带来利润，商品化与非商品化空间在两个相反的方向中牵引着现代城市空间，它们形成了对现代人城市生活空间的冲突。

在列斐伏尔的眼中，现代城市的空间生产处于两种对立的模式当中，一种是商品生产，以资本的运行为依托、以资本利润为目的，另一种则是现代人生活的愉悦体验的生产，以环境维护为依托，但两种生产都把城市空间视

---

① Henri Lefebvre. *The Production of Space*. Oxford：Basil Blackwell，1991，p. 359.

② Henri Lefebvre. *The Production of Space*. Oxford：Basil Blackwell，1991，p. 359.

为可消费的，不管是物质的消费还是精神的消费。《空间的生产》再次呈现了马克思主义思想在 20 世纪城市文化研究中的深远影响和重大意义，表明马克思主义思想关于西方资本主义社会阶级及权力关系的理论在新时代的城市研究中仍然具有普遍的合理性和科学性。通过列斐伏尔对马克思主义思想的继承和发扬，人们能够更深入地理解在现代西方社会背景下，这些权力关系是如何渗透在现代城市空间和城市生活中并发挥普遍作用的，进而促使人们对现代城市空间制度及其意识形态表征更深刻地认知和反思、批判和抵抗。

第二章　欧洲城市现代性空间的兴起和繁荣

在传统观念中城市空间一直被当作折射整个社会现实的一面镜子，更确切地说，是社会思想的聚会场所。但是，在工业革命兴起和发展的两个世纪里，城市的社会观念逐渐发生了变革，因为城市的空间身份发生了变革。奥斯瓦尔德·斯宾格勒（Oswald Spengler，1880—1936）认为所有的文化早在农业时代就培育了各自的民族精神，这种精神被赋有独特的文化身份，而城市的出现和发展鼓励人的个体意识和彼此独立的分离意识，城市空间和群体的分裂和区隔对民族文化的精神和特征逐渐产生了一种淡化效应。[①] 事实上，城市发展的历史进程中，社会个体的自我意识在民族文化精神的式微中也随之出现困惑甚至迷失。

西美尔发现在现代城市空间形态中孕育着更新、更复杂、更个性化的生活形式。西美尔和韦伯一样，他们都认为各种不同形态城市可以被描述为空间组织的理想和典型形式，但是，这种描述是建立在心理体验而非空间结构的基础上。对于西美尔而言，一个无法逃避的事实是所有形式的城市空间都弥漫着一种无名的力量，给人们带来被淹没、被压制的心理体验。面对现代城市空间和城市空间持续而过度的感官和心理冲击，现代人的意识和精神被囚禁在倦怠的状态当中，人们对周围的空间和人群做出的反应不再是情感的、有意识的，而是机械化的、模式化的，这就意味着生活在城市的个体已经丧失了完整和确定的身份认知和主体意识。现代城市空间中，人们的生活被淹没在一种无名而压抑的力量之中，人们的情感和意识在反复的机械应激中生出了防护的铠甲或者麻木的老茧，以应对内心挥之不去的焦虑和恐惧。因此，西美尔认为，生活在现代城市空间中的个体和大众的思维意识和心理体验都是"非情感性的"（nonemotional）"理性化的"（reasoned）"功能性

---

① Richard Brandeis. ed. *Classic Essays on the Culture of Cities*. New York：Merdith Corporation，1969，p. 11.

的"（functional），① 而城市中人和人之间的关系也处于同样的状态，也就是说城市中个人的主体性、人群中人与人的主体间性都已经失去了情感的支撑而趋于工具化和功能化。西美尔分析的城市和人群是 20 世纪的现代城市和商业化人群，尤其是城市白领阶层的心理状态和自我意识，但是这种心理机制和自我体验的雏形在 19 世纪的城市中就已经形成了，就像埃德加·爱伦·坡（Edgar Allan Poe，1809—1849）和恩格斯的著作中描写的那样，欧洲城市中的现代性空间形态、商业化大众及其物化的"自我"意识在 19 世纪中期已经发展成形。

19 世纪加速推进的城市化不仅意味着人口向城市空间的集合并被整合进社会阶级系统，它还意味着新的生活方式和状态的逐渐孕育和形成，这个过程伴随着城市空间的扩张和变革，而城市中衍生的各种新制度、新规则深刻地影响着生活在这个空间中的所有个体和人群。显然，欧洲现代城市研究者都注意到了现代性空间的兴起和机器、工业技术、批量生产、现代化工厂、雇佣劳动大军等的出现有必然的关联性。此外，随着 19 世纪开始的人口激增，大规模的人口流动异军突起，人群不断从乡村涌入城市，城市空间中很快就聚合了无产阶级的巨大群体，这些群体数量庞大，涉及多种社会角色和职业，但很快就被整合为资产阶级工厂生产的主力军。但是，作为一个社会群体，他们在物质和精神生活的层面都处于被压迫、被剥夺的状态，城市生存给他们的体验完全是贫穷、动荡、苦难，而他们也成为资产阶级观念中城市暴力和威胁的象征。时代的变革使得欧洲传统观念中的静态城市空间被一种动态新观念取代，空间及其中的一切都在不断变化和流动，其中最激烈的洪流除了人群之外还有商品、信息、资本，城市的概念已不再意味着固定的"场所"而是空间的流动和变革，这种流变随着技术和信息在 20 世纪的飞速发展而达到极致，连时间也被以一种特殊的方式呈现为空间，即所谓时间的空间化。城市现代性空间在 19 世纪的兴起首先是由商品和商品消费推动的，商业化的狂澜不仅彻底改变了人们生存的空间，而且彻底改变了人们的生存状态和观念。

---

① Richard Brandeis. ed. *Classic Essays on the Culture of Cities*. New York: Merdith Corporation, 1969, p. 8.

第一节　商品的城市空间

在欧洲现代城市空间和城市生活的变革中，商品、商品交换、商品消费发挥了关键性作用，商品在很早以前的人类社会中就已经存在，但是只有在资本主义生产方式兴起之后，商品才发生了质的改变，并且在欧洲城市中建立起了一种全新模式的宗教：商品拜物教。商品在资本主义社会，尤其是在城市社会中完成了它的华丽转身，并且成为这个社会空间中新的神话和新的权柄。马克思在《资本论》第一卷中这样解释商品所表征的权力机制：

> 最初一看，商品好像是一种很简单很平凡的东西。对商品的分析表明，它却是一种很古怪的东西，充满形而上学的微妙和神学的荒诞。……商品的神秘性质不是来源于商品的使用价值。同样这种神秘性质也不是来源于价值规定的内容……商品形式的奥秘不过在于：商品形式在人们面前把人们本身劳动的社会性质反映成劳动产品本身的物的性质，反映成这些物的天然的社会属性，从而把生产者同总劳动的社会关系反映为存在于生产者之外的物与物之间的社会关系。由于这种转换，劳动产品成了商品，成了可感觉而又超越感觉的物或者社会的物。①

在资本主义社会生产模式当中，商品不一定必然是有形的、物质的东西，商品被抽象化为交换价值，交换价值的崛起使得商品的形式更加多样化，几乎所有的事物都可以在交换价值的基础之上被转化为商品，其中包括土地和空间。在西方现代文明中，城市就是一种典型的商品化空间，城市空间在人们的观念中本应该完全是一种公共的领域，然而在资产阶级的商品意识观念中，空间尤其是城市空间是潜在巨大利润的空间，完全可以和封建社会中土地的价值相媲美，空间和土地一样都可以以各种方式被买卖、被出租。当城市空间作为商品被囊括在资本主义市场当中时，它的交换价值随之迅速崛起，并且在空间的各种装饰和包装下不断增值，正是城市空间的商品化促进了城市空间的景观化，而后者反过来又进一步促进前者的发展，进而形成了一种相互促进的价值循环。在 19 世纪资本主义的全面兴起和发展中，城市不仅为资产阶级的商品提供了实现交换价值的空间，而且通过商品化的方式为资产阶级提供了一种全新形式的资本和生产资料。

---

① 〔德〕卡尔·马克思：《资本论》（第一卷），人民出版社，2004 年，第 86~87 页。

在哈维看来，欧洲现代城市之所以能够被及时地加以商品化改造也得益于全新的空间测量工具和方式，精确的空间地图、细致入微的空间调查报告，都使得空间能够被准确地评估为资产和利润，也就是说商品化空间的准确测量使得空间的权力被恰当地估量和分配。当城市空间被作为商品并且在资本主义社会的市场上自由交易时，空间在概念上就被同质化、客体化了，空间的商品化是资本主义社会的一种普遍现象和制度，从这个角度观察，空间又被抽象化了。[①] 与传统社会中统治阶级（如地主和勋爵等）对空间的整体性、垄断式占有不同，资本主义社会当中，城市空间作为财产和权力被不断地分散和私有化，而且空间是在资本主义社会的法律保障下交易和买卖的。相比农村地区的土地交易和买卖，城市空间作为商品在交易和买卖中实现的利润更加可观，其中最主要的形式是土地投资和租金，与行政中心临近、占有庞大的市场和丰富的通信网络资源是促使城市空间价值增值的主要因素，这些繁华空间的价格或租金日益攀升。因此，就像所有的现代城市一样，建设各种发达的交通、构筑大量可出租的房屋等都成了城市空间资本投资和增值的有效手段。可以说，现代城市的发展在很大程度上得益于城市空间投资者从不断上涨的空间价值中攫取利润的冒险，这同时也是乡村空间不断被城市化的最大和最根本的驱动力，把普通空间转化为能带来更大利润的商业化空间，实现更大的空间资本的增值。

欧洲现代城市空间的商业化在 19 世纪中期全面兴起，而体现这一空间变革和发展的最典型代表莫过于欧洲城市里的拱廊街，尤其是伦敦和巴黎的城市拱廊街。早期的拱廊街并非都是奢华的，几乎没有什么装饰，其中的商品也很单一，这里的商铺和后来的大商店比起来就只是货摊而已，主要有两个行业，一个是女帽商，"她们面朝顾客，就坐在大凳子上做生意，彼此之间并没有窗户隔开；她们生机勃勃的面部表情让来这里的许多顾客觉得这里充满了吸引力"[②]。拱廊街里的另一个行业是书籍的买卖。根据本雅明的考证，在法国旧统治体制的末期，巴黎出现了许多最早形式的杂货铺，这些杂货铺出售定价商品。随着商业活动的日益繁荣，杂货铺的店主开始增加商品的库存，一次储存一星期的货物，为了充分利用空间，杂货铺内部增加了一个夹层作为货仓，这样巴黎的杂货铺逐渐衍化成了新的格局，并且有一个新

---

① David Harvey. *Consciousness and the Urban Experience*. Oxford：Basil Blackwell，1985，p. 13.

② Convolute A in *The Arcade Project*. Walter Benjamin. trans. Howard Eiland and Kevin McLaughlin, Cambridge and London：Harvard University Press，2002, p. 39.

名称——大商店。本雅明在《拱廊街计划》中这样记录：

> 旧式的商铺……在内部增加了一个带窗户的夹层，商铺的每个窗户都有编号，每个商铺都挂着有其相应纹饰的牌子；商铺门的入口往往连着一个过道。过道的末端连着一段通往上面夹层的楼梯。商铺门上的门把经常挂着一个卡片，上面有一段手写的话："隔壁商铺的店员敬请您轻声关门，不胜感激。"[①]

早期商铺的空间格局就像这一时期资产阶级的心理和意识状态一样，是"内向化"的，注重内部空间的实用而不注重空间装饰，内部空间也比较狭窄和紧凑，而商铺的外部空间还没有引起他们的关注，因此完全没有刻意的装饰，这一时期资产阶级的生活也是注重"内修"和家庭的舒适，他们还没有完全走向城市公共空间。但是到了19世纪中期及以后，新型的大商店内部格局设置开始遵循一个新的基本原则：商店内部必须是一个整体空间，尽量直观呈现商品空间的"全景"，要让顾客对这个内部空间一览无余。

本雅明指出，巴黎城里第一批大商店在其装饰风格上模仿东方市场的样式，相关的雕刻和绘画表明，至少在1880年前后，这些商店的时尚仍然是用挂毯铺垫装有栏杆的楼梯，而楼梯则连着整个空间的中庭和正厅。规模更大的新型大商店在巴黎城中涌现是在波旁王朝复辟时期（1815—1830），尤其是在该复辟王朝的末期，这些商店如雨后春笋般涌现，名字五花八门：西西里晚祷（Les Vêpres Siciliennes）、独居者（Le Solitaire）、关不住的女孩（La Fille Mal Gardée）、农夫士兵（Le Soldat Laboureur）、小圣·托马斯（Le Petit Saint-Thomas）、加涅-德尼埃（Le Gagne-Denier）；紧接着路易·菲利普（Louis Philippe）执政期间（1830—1848），巴黎又有更多的大商店涌现，如"跛足魔鬼商店"（Le Diable Boiteux）、双偶商店（Les Deux Magots）、小海员商店（Le Petit Matelot）、皮格马利翁商店（Pygmalion）；到了19世纪中期，又有三家规模更大的商店出现：波马舍大商店（Au Bon Marché）、卢浮宫大商店（Le Louvre）、美丽女园丁大商店（La Belle Jardinière）。[②] 巴黎市政商店（La Ville de Paris）是19世纪大商店的原型，出现在1843年，地址是蒙特马街174号。19世纪60年代，巴黎出现了各

---

① Convolute A in *The Arcade Project*. Walter Benjamin. trans. Howard Eiland and Kevin McLaughlin, Cambridge and London: Harvard University Press, 2002, p. 40.

② Convolute A in *The Arcade Project*. Walter Benjamin. trans. Howard Eiland and Kevin McLaughlin. Cambridge and London: Harvard University Press, 2002, p. 37, p. 41, p. 42.

种规模更为宏大的商店，本雅明引述了这些商店的广告宣传来展现它们之间的竞争：巴黎市政商店（La Ville de Paris）被宣传为在整个首都是最大的，法国城市商店（Les Villes de France）在整个帝国是最大的，昂旦街商店（La Chaussée d'Antin）在整个欧洲是最大的，街角商店（Le Coin de Rue）在世界上是最大的，而卢浮宫的众多商店（Magasins du Louvre）虽没有整体的名称，却被宣传为"全宇宙最大"的。① 更具现代意风格的大商店则在19 世纪 70 年代兴起并迅速发展壮大。但事实上，19 世纪中期的巴黎大商店已经是以史无前例的速度在发展了，这从本雅明在《拱廊街计划》中的相关数据记录中可见一斑：1852 年波马舍大商店的营业总额是 45 万法郎，1863年增长到了 700 万法郎，而短短 6 年之后的 1869 年，这家商店的营业额则已经增长到 2100 万法郎。②

本雅明把 19 世纪法国首都的现代工业比喻为"至高权威，巴黎王后"，在它的支持和推动下，19 世纪中期前后的巴黎城市空间，尤其是巴黎的拱廊街成了展示商品景观的华丽"诗篇"。人们像赞誉上帝那样赞誉拱廊街里的商店。本雅明赞叹道，商业之神墨丘利（Mercury）降临到了现代巴黎城市的新空间，"用他的商神杖三次敲击巴黎股票交易所的门面，并以他喜爱的语言承诺宣誓"③。拱廊街俨然已是供奉资本主义商品的盛大殿堂，这些话语就是资本主义商品经济意识形态的宏大叙事和金钱至高和万能的神话。资本主义商业思想和意识的基本格言是：欢迎所有的人，让他们沉溺于商品的魅惑。这句格言凝练地总结了商品资本的功能，也正是这句商业格言导致了大商店"巴黎春天"在建筑风格上的"堕落"，也彻底地改变了巴黎商店内外空间的风格。本雅明指出，在 19 世纪巴黎的大商店里，禁欲主义的哲学思想被彻底否定，被消解得不留一点痕迹。与城市商铺的转型相对，城市生活和消费的观念也随之发生变革。随着 19 世纪巴黎城市里大商店的出现，城市消费者有史以来第一次意识到他们是一个大众群体，这刺激了商品像马戏团或者剧院舞台一样展示自身的高涨欲望和激情。④

① Convolute A in *The Arcade Project*. Walter Benjamin. trans. Howard Eiland and Kevin McLaughlin. Cambridge and London：Harvard University Press，2002，p. 175.

② Convolute A in *The Arcade Project*. Walter Benjamin. trans. Howard Eiland and Kevin McLaughlin. Cambridge and London：Harvard University Press，2002，p. 46.

③ Convolute A in *The Arcade Project*. Walter Benjamin. trans. Howard Eiland and Kevin McLaughlin. Cambridge and London：Harvard University Press，2002，p. 37.

④ Convolute A in *The Arcade Project*. Walter Benjamin. trans. Howard Eiland and Kevin McLaughlin. Cambridge and London：Harvard University Press，2002，p. 43.

19世纪巴黎大商店的经营者有两个重大发现：商品陈列的艺术和商店雇员的性别。本雅明认为，对于商业而言，这两大发现的意义和15世纪的地理大发现一样有革命意义。早期巴黎城市中传统的旧式商店里，空间暗淡、封闭，要不是外面的招牌，行人很难从外部确定这里是商店，尽管店内的商品陈设和摆放引人注目；但是，新型空间格局的商店迅速兴起，变化首先出现在商品的展示方式上。巴黎的商人开始极力以奢华和炫耀的方式来展示其所经营的商品，这种夸张而诱惑人眼目的商品陈设和展示对消费者产生了极大的视觉和心理冲击。当时的法国文人这样写道："商品的摆放是一种品位、一种学问和研究、一种策略、一种和谐搭配商品颜色的知识。"[1]商品摆放的空间和摆放的方式都开始参与商品的交换价值的构成，对商品陈列艺术的热衷使得19世纪的大商店从地面到天花板整个被装饰，看上去像"披挂着花环的旗舰"。欲望化的商业氛围和戏剧化的商业场景在19世纪巴黎的大商店里表现得鲜明而突出，理查德·D. E. 波顿（Richard D. E. Burton）甚至指出，巴黎新型大商店里漂亮的女售货员几乎就是与女演员和妓女同样的形象，而商业对人的性欲的利用和开发在第二帝国时期更加深化。

此外，在19世纪，除了贵族夫人们，资产阶级名媛淑女已经开始加入现代性城市消费的大军。本雅明研究发现，19世纪大商店经营者用男售货员替换了以前的女售货员，用男人对女人的吸引替代传统观念中女人对男人的吸引，因为大商店的经营者显然注意到了这些资产阶级女性顾客喜好商品和消费的性格特征。商品的诱惑和性别的诱惑被巧妙地结合在一起，或者商品本身就有诱发欲望的特征，19世纪的商品经营者很快就发现了这一强大力量背后的巨大利润。但是，巴黎的售货员并非全都是徒有外表的"花瓶"，他们中不乏巴黎人群中的翘楚，《拱廊街计划》引述的1867年的文本中提到，当时的巴黎至少有两万名售货员，其中有相当数量的售货员都受过很好的教育，他们熟读经典，有些甚至是失业的画家和建筑师，他们用艺术和建筑的专业知识装饰他们受雇工作的大商店，设计商品的陈列和摆放，营造和发起新的时尚和潮流的气氛。总之，各种措施都是为了把大商店营造成一个美妙的空间，这里的气氛"友好、亲切，充满青春的活力，到处都是微笑和

---

① Richard D. E. Burton. *The Flâneur and His City: Patterns of Daily Life in Paris 1815—1851*. Manchester and New York：Manchester University Press，2009，p. 34.

愉快，所有不同的风格和品位都被详细区分并一一迎合"①。

比起传统社会中的"内向化"空间格局的商店，19世纪后期的城市商店从门面的装饰、商品的摆放等方面开始了整体"外向化"转变。对于巴黎的商店给城市人群带来的视觉吸引和诱惑，奥诺雷·德·巴尔扎克（Honoré de Balzac，1799—1850）这样描写："自罗马社会以来，人的感官从未像现在这样处于如此贪婪、如此满足的状态，而且这种欲望变得毫无止境，这就是最优雅的文明进步和发展的结果，这感官就是巴黎人的眼睛。"②城市商店的"外向化"转变要求经营者动用各种策略精心设计商品的展示以吸引尽可能多目光的关注，这首先表现在商店的各种招牌和指示符号上：

> 旧式的商店是内向化的、自我封闭的，如果商店之间彼此难以区分，它们的招牌往往以各种传统名称清晰地表明各自提供的商品和服务……而从19世纪开始，和所有的事物一样，商店的招牌装饰得精美华丽，目的不再是提供商店和商品的信息，而是吸引行人的眼球。……这些招牌从这一时期的戏剧和小说里学到了表现和展示的策略，即仅仅展示单一形象和个体是不够的，必须是一个场景才能展现盛大和辉煌。③

第二帝国时期的巴黎大商店装饰中展现的共同特征是大量运用玻璃、灯光、镜子，商店的门面被装潢得华丽而诱人，下面引文中对19世纪巴黎商店日益奢华装饰的描写可谓栩栩如生：

> 有什么能比一家猪肉商店更令人瞩目的呢！店外面装饰的各种图片以上百种方式表明这个行业的方方面面；商店窗户的大尺寸玻璃或镜子让行人对店里面的所有商品一眼看得清清楚楚；称量猪肉的秤是包银或包金的；打扮得十分干净整洁的女店员看上去漂亮而愉快，她背对着一面镜子，坐在铺垫着乌德勒支天鹅绒的长凳上。……除了在下层人居住的区域还有没有门脸的面包店和酒馆之外，巴黎其他空间的所有街道上，商店耀眼的金属门面都装潢得异常考究，油漆精美：包金的细木

① Richard D. E. Burton. *The Flâneur and His City: Patterns of Daily Life in Paris 1815—1851.* Manchester and New York：Manchester University Press，2009，p. 37.
② 转引自：Richard D. E. Burton. *The Flâneur and His City: Patterns of Daily Life in Paris 1815—1851.* Manchester and New York：Manchester University Press，2009，p. 35.
③ Richard D. E. Burton. *The Flâneur and His City: Patterns of Daily Life in Paris 1815—1851.* Manchester and New York：Manchester University Press，2009，p. 35.

门，漂亮的门锁，许多商店投入装潢的价值都在四百万至二千万之间。[①]

随着19世纪巴黎城市商店的"转型"，与商业和经营者相关的词汇也在发生着变革，巴黎的商人纷纷给他们的职业和店铺换上了新颖的名称，这带来了这些名称在词汇意义上的"升格"，但这些新型的词语在意义上的堆积和叠加完全是一种"语言的膨胀"：

> 以前小卖铺就叫小卖铺，现在叫大商店，店主变成了大商人，柜台变成了办公桌，伙计变成了职员，来买东西的人变成了客户；所有经营药材的商人如今都叫药剂师……理发匠被雅称为美容师，有一个理发师更显独特，在自己的招牌上写的是"发型艺术家"。[②]

此外，商人们的经营理念和方式也发生了根本性的转变，他们的经济观念趋于理性化和市场化，并且开始了大宗商品的经营模式，大商店里的空间往往被划分为不同区域并销售不同的商品。19世纪的商人在销售策略上也有新观念和新方法，追求"高营业额低利润"成为新时代的商业准则，出现了所谓的"策略销售""最大量销售"，这和当时促进商品生产的两股力量——消费的大众化、生产的批量化是相契合的。根据本雅明的考证，商品也开始在这一时期首次被定价销售，旧式商店里的讨价还价不复存在，同样，依照顾客着装而"灵活处理"商品价格的销售方式也被废除；退货制度在这个时期正式确立，顾客可以随意取消他们的订购；广告开始逐渐被大商店用于自身和商品的宣传，一开始只是少量的介绍和说明书，但从19世纪30年代起，印刷广告开始出现并一发而不可收；此外，几乎所有的商店对售货员都实行佣金制度[③]，这些都是19世纪大商店里的新措施。大商店繁荣时代的顾客在这样的商业氛围里意识到他们面对的是商品的海洋，放眼望去一览无余，去商店不再是旧观念中的买东西，而是商品景观欣赏和消费。

本雅明在《拱廊街计划》中收录了1866年的文章中对巴黎商店盛况的描写，这段文字详细地描述了巴黎布满大商店的城市景观空间给人们带来的

---

① Richard D. E. Burton. *The Flâneur and His City: Patterns of Daily Life in Paris 1815—1851.* Manchester and New York：Manchester University Press，2009，p. 35.

② Richard D. E. Burton. *The Flâneur and His City: Patterns of Daily Life in Paris 1815—1851.* Manchester and New York：Manchester University Press，2009，p. 35.

③ Richard D. E. Burton. *The Flâneur and His City: Patterns of Daily Life in Paris 1815—1851.* Manchester and New York：Manchester University Press，2009，p. 36

视觉盛宴和心理体验：

> 巴黎的街道既宽敞又繁华，到处剧院众多……这里所有的建筑物中几乎都开设有商店；每过一分钟、每走一步，商店的魅力迎面袭来……行人的意识被这些美丽的商店深深地迷住，身体就像被什么拽住……商店的门上、窗户顶上到处挂着标注商品名称和店主名字的广告牌，这些牌子从各个方向都可以看到。……布匹的样品像巨幅的画卷一样挂满了墙壁和窗户，各色布匹排列成的长幅从商店的三层一直垂到一层。鞋店的整个外墙上绘制着五颜六色的鞋子，看上去像是队列整齐的军队；锁匠的广告图像是一只六英尺高的镀金钥匙，即使是天堂的门也无需这么巨大的金钥匙；袜店的外墙上画着四英尺高的白色长筒袜，如果是在黑暗中你会以为那是鬼魂而被吓着。但是更能迷住行人眼睛的是另外一些更高贵、更优雅的时尚商店，这些商店的正门上绘制着精美的图画，它们往往都是真正的艺术品，展示在卢浮宫定会招来艺术鉴赏家的喜爱。……假发商店装饰得不那么引人注目，但是，却因其所表达的有趣意义而显得独特，例如，有一幅画面上显示的是大卫王的儿子押沙龙，他的头发被绑在树上，整个人是挂着的，一支敌人的矛刺穿了他的身体，下面写着一句话："你看，押沙龙的希望落空了，如果他带上假发，他就不会死。"装点女帽商店的图画上画的是一位乡村少女，她正跪坐在地上伸手去拿一位骑士递给她的花环，这花环是这淳朴少女美德的象征。①

随着 19 世纪巴黎新型大商店的迅速繁荣，艺术沦为了商业的"婢女"，艺术成了装饰这些大商店招牌、货架、墙壁、门面的服务行业，艺术家成了大商店内部和外部空间的装潢师。如果说媚俗的广告艺术本身就是夸张和粗俗的，从来没有过真正的艺术品质，那么，高雅艺术附庸于商业，成为商品空间的装饰画，就意味着艺术丧失了自身的事业，丧失了意义和生命。艺术本来是对真理的表征和追求，却在 19 世纪资本主义的强大权利和财富的吸引下屈膝，不仅成了商业的附庸，而且和商品一起来装饰和营造虚假的表象空间，为资产阶级的意识形态霸权在城市空间和大众意识中的树立积极效力；艺术背叛了文化精神和信仰，成了资产阶级商品的粉饰，并在商品对空

---

① Convolute A in *The Arcade Project*. Walter Benjamin. trans. Howard Eiland and Kevin McLaughlin. Cambridge and London: Harvard University Press, 2002, p. 61

间的物化、对大众意识的异化中积极效力。而装裱押沙龙画像的假发店广告把更多的文化领域都纳入了商业宣传，资产阶级的商人从艺术、宗教等各个文化领域截取画面来装饰他们的商店，文化成了商业装饰的外衣，商业和商品意识不仅仅要对城市空间展开殖民，而且要攫取和占领人们的思想空间，外在的物质空间和内在的精神空间都是商业化大潮试图吞没、商品意识试图禁锢的领域。不仅艺术被商业招安和雇佣，文学也受到了商业的冲击，当一家新式大商店租用了埃策尔（Hetzel）以前工作的场所时，巴尔扎克讽喻说："《人间喜剧》向开司米羊绒产品屈服了。"①

第二节　休闲的城市空间

19世纪伴随商业化浪潮在欧洲城市空间兴起的还有各种休闲空间和休闲方式的繁荣，这也是与这一时期城市大商店空间格局及空间装饰"外向化"潮流相对应的生活空间和方式的"外转向"趋势，尤其是这一时期城市资产阶级群体的生活空间和方式。在19世纪中期以后的文化转型期，城市人群开始热衷公共空间，公共空间给他们的生活带来了全新的生活内容、全新的休闲和娱乐场所，公共空间不再是城市革命和暴动频发的危机场所，城市空间的景观化、秩序化、体制化都使19世纪中期以后的欧洲城市成为大众趋之若鹜的公共场所。资产阶级更是整体性地转向公共空间，曾经"内敛的"生活全面地展露在公共空间，这种展示甚至成了一种社会身份的标注方式。在数量上迅速增加的城市咖啡馆和餐厅是代表这一时期城市公共空间兴起的标志，与之相伴随的还有日益繁荣的城市娱乐场所，例如，"卡巴来"小酒馆、大众舞场等；此外，还有城市交通方式的进一步便捷化也为人们参与公共空间提供了方便。

一、城市咖啡馆和餐厅

咖啡馆不是19世纪的新事物，但是它在城市普遍兴起和繁荣却发生在19世纪中期前后。根据波顿对相关资料的研究，最早的咖啡馆可以追溯到1686年出现的普罗科普咖啡馆（the Café Procope），他还在弗朗索瓦·弗斯

---

① Convolute A：[A8，4] in *The Arcade Project*. Walter Benjamin. trans. Howard Eiland and Kevin McLaughlin. Cambridge and London：Harvard University Press，2002，pp. 52—53. [皮埃尔·儒勒．C 埃策尔（Pierre-Jules Hetzel；1814—1886）是巴尔扎克《人间喜剧》的出版编辑。]

卡（François Fosca）撰写的《巴黎咖啡馆的历史》（*Histoire des cafés de Paris*）中找到了更多数据：1723 年在这座首都城市共有 380 家咖啡馆，而到了法国大革命前夕，巴黎的咖啡馆已经增加到了 1800 家，到了 19 世纪早期，巴黎咖啡馆多达 4000 家并且成了法国城市文化的基本元素。[①] 19 世纪中期，咖啡馆成了巴黎无处不在的休闲空间，人们发现到处都是咖啡馆，它似乎跟着行人走遍城市各处：小巷、胡同、走廊、过道、舞场、剧院、展览馆、浴室、音乐厅、码头，甚至在大桥上都有咖啡馆的影子，在巴黎没有人能躲开咖啡馆。

咖啡馆在巴黎的飞速增加既是社会政治和经济发展变革引起的，又映射着这些社会变革。革命爆发之前的巴黎，人们对公共事务的兴趣和意识淡漠，商务活动和交际活动稀少，大部分城市资产阶级还没有走出家庭并进入城市公共空间，这些都限制了咖啡馆在数量上的增长和形态上的发展。然而，一切都随着时局的大波动而改变了，根据波顿研究，革命激起了人们对政治的浓厚兴趣，全民防卫的局面把巴黎的大众团结在了同一面旗帜之下，新闻和出版的自由使得各种可供大众阅读的报纸在巴黎大量涌现，人们希望及时了解时事和政治，各种报纸杂志极大地满足了公众的好奇心。巴黎的街头巷尾到处都是渴望了解国家时事和政治状况的大众，人们需要可以阅读报纸杂志和彼此交流观点看法的空间，这为咖啡馆迅速增加提供了契机。[②] 在某种意义上，19 世纪巴黎城里不计其数的咖啡馆是这个首都城市政治和经济状态的风向标，咖啡馆成了巴黎城市社会生活的缩影，这里有政治、有商务、有文学、有新闻、有娱乐和游戏。

波旁王朝复辟时期和资产阶级立宪君主统治时期的巴黎咖啡馆不同于法国革命时期的咖啡馆，也不同于贵族阶层的沙龙。波顿的研究发现，19 世纪早期的巴黎咖啡馆有其独特的格局，大多数咖啡馆没有露天座位，咖啡馆里面也并不显得舒适和安逸，从外面看，整个咖啡馆并不引人注目，其目的似乎只是为了招待老顾客而并不刻意吸引路人，这和 19 世纪后半期及 20 世纪咖啡馆的格局和经营策略大相径庭。19 世纪早期的咖啡馆和商店一样，都注重内部空间的舒适和实用，而并不关注外部空间的装饰，这和早期的资产阶级只注重内部空间装饰的传统观念相适应，人们的生活空间、生活方

---

① Richard D. E. Burton. *The Flâneur and His City: Patterns of Daily Life in Paris 1815—1851.* Manchester and New York: Manchester University Press, 2009, p. 15.

② Richard D. E. Burton. *The Flâneur and His City: Patterns of Daily Life in Paris 1815—1851.* Manchester and New York: Manchester University Press, 2009, p. 15.

式，连同自我意识都是内向化的，这个时期的社会文化推崇内省的思维和理性。但是，这些19世纪早期的城市咖啡馆是一个相对封闭、充满人群交流和观念碰撞的空间，来这里的人们保持着稳固的社会关系，他们对时事持有或相同或相异的观点，他们之间总是能展开有效的交流，这和19世纪后期商业化气息浓厚的咖啡馆里陌生而冷漠的气氛形成鲜明反差。可以说咖啡馆在19世纪的前后变革见证了巴黎旧式城市空间及其中大众社会关系的变革，从一种"结构性的"或"有机的"社会关系向"断裂的""原子化"的碎片化状态蜕变。

这一时期伴随咖啡馆大量涌现的还有现代城市餐厅的兴起和繁荣。城市餐厅最初的造访者是城市的"有闲"阶层——贵族和大资产阶级群体，随着城市商业化的不断推进，中产阶级也开始热衷于外出就餐，到了19世纪中期，小资产阶级也成了餐厅的常客。于是，一种新的意识盛行于欧洲城市生活：在城市里各种餐厅吃喝成了一种优越的社会地位和"有闲"身份的体现，城市餐厅把吃饭的日常行为提升到表现人的社会身份和价值观的高度。对于巴黎城市餐厅在法国大革命之后兴起和繁荣带来的城市变革，19世纪的文人这样描写和分析：

> 稳定而温和的新政局给城市空间带来了秩序和安全，人们不再畏惧把自己的财富显露于公共空间，在众人的目光中展现自己的富有甚至成了一种荣誉。……由于城市空间缺乏更多享受这种荣誉的方式和途径，纵情享受巴黎餐厅里的各种美味佳肴开始成了城市的时尚和风气，巴黎的餐厅纷纷摆上桌子，敞开大门，欢迎前来就餐的客人。[①]

外出就餐的时尚是资产阶级对革命时期城市混乱、暴动空间的恐惧减缓之后出现的社会现象，资产阶级已经初步实现了对城市空间的秩序化和体制化建构，这同时也意味着保守的旧式资产阶级向新型资产阶级的转变，这个阶级在生活方式和理性思想上由"内省"向"外化"转变，而这也是城市资产阶级群体在商品意识主导下开始推崇"物质化"生活方式的开端。

在公共空间就餐是由19世纪资产阶级上层引领的城市新时尚生活方式的一个侧面，对此中下层的资产阶级也热情附和、积极响应。于是，在这一时期的城市生活中掀起了一场享受美食的浪潮。就像西方文学中所描写的，

---

① Richard D. E. Burton. *The Flâneur and His City: Patterns of Daily Life in Paris 1815—1851.* Manchester and New York: Manchester University Press，2009，p. 23.

注重美食佳肴一直是资产阶级的一种生活惯例，但是在 19 世纪，这种对美食的热情从资产阶级家庭内部转向了城市公共空间，个性化的家庭饮食偏好变成了整座城市的普遍追求，而且到了 19 世纪中期，这个早期还被人们奉为时尚而热衷的行为很快就已经成了城市生活的常态。让－保罗·阿伦 (Jean-Paul Aron) 写道："19 世纪的美食是资产阶级的传记，是巴黎城市的主宰。"① 城市餐厅作为饮食空间和方式的转变对资产阶级和巴黎的城市空间都有着深远的心理和文化影响，随着资产阶级权力和地位的日益稳固和提高，他们的信心和勇气也随之大增，他们在外部物质空间和内在心理空间都开始向外转向，开始热衷投身于城市公共空间，并在其中展示自我及财富，这是 19 世纪城市生活的新方式和新状态，并随着资产阶级的壮大不断向一种普遍的方式和状态演化。

二、城市酒馆"卡巴来"

和这一时期资产阶级相对应的社会下层阶级也有自己的休闲和娱乐方式与场所，那就是城市小酒馆、流动的演唱团、街头的大众狂欢。以巴黎为例，城市小酒馆往往并不只是人们聚饮的场所，这里经常有歌唱和舞蹈表演，此类小酒馆因这些表演而被通称为"卡巴来"(cabaret)。这些城市大众娱乐空间有一种社会文化功能，不仅代表着城市下层群体社会交流的一种途径，而且还是他们形成和传播政治意识和社会观念的场所，这里就是波德莱尔所描述的 19 世纪巴黎激进文人密谋的场所。事实上，巴黎的城市空间中不同的阶层都拥有自己的群体活动方式和场所：贵族和上层资产阶级群体的城市沙龙、中下层资产阶级群体的城市咖啡馆、无产阶级社会群体的城市小酒馆。城市小酒馆里容纳了形形色色的人物，发生着各种各样的社会活动，城市激进文人、工人罢工委员会社团成员都在这里留下了他们的身影，工厂老板也经常在这里雇佣劳动力。这些小酒馆的老板也往往是激进社会运动的支持者，在有革命和暴动发生的特殊时期里，城市小酒馆被认为是社会主义者的秘密空间。所以，这里经常处于警察的监视之下，也经常潜藏着间谍和告密者，无所事事、举止懒散的城市游荡者就经常被人们怀疑是巴黎资产阶级市政府的密探。小酒馆和当时巴黎政治激进运动之间的关联如此紧密，以至于在 1851 年政变后不到一个月的时间，法国的君主路易·拿破

---

① 转引自：Richard D. E. Burton. *The Flâneur and His City: Patterns of Daily Life in Paris 1815—1851*. Manchester and New York：Manchester University Press，2009，p. 23.

仑·波拿巴（Louis Napoléon Bonaparte）就下令并授权巴黎的警察查封和关闭所有被怀疑威胁城市公共安全的卡巴来和其他饮酒集会的场所。[①]

巴黎市郊还有一种可供社会下层群体聚会和跳舞的小型咖啡馆（guinguette），多为露天场所，是受城市大众尤其是工人阶级欢迎的休闲和娱乐场所，这里充分展现了社会革命和变革时期城市下层群体生活状态和精神面貌。这种小咖啡馆兴起于波旁王朝复辟时期，到了19世纪20年代已经非常活跃了，当时的文章对这种欢快的大众娱乐空间这样记述：

> 巴黎有众多被称为小咖啡馆的娱乐场所（其中往往有固定的娱乐团体），与其说这些场所中群体是充满激情和欢乐的，不如说它们是纵酒狂欢的，这些经常在露天活动的小团体每一个都有它的头目、各种活动的指挥者、账目的负责人，每个星期一这些团体都会在某一家小酒馆聚会。……这些团体所有的活动方式几乎完全相同：先是以团体头目的祝酒词开场，所有成员随之举杯应和，然后就开始唱歌，每个成员都要轮到，唱到歌曲的副歌部分，所有成员附和并齐声演唱。每唱完一首歌，团体的头目会站起身来大声说出歌曲的作者和演唱者，众人鼓掌欢迎，整个场面洋溢着热情和欢乐；最后，整个聚会又在祝酒词中结束。[②]

除了这些热情而欢乐的人群，还有一类演唱团活跃在这种19世纪早期的下层社会群体的休闲空间里，这种演唱团提供各种随兴的独唱或合唱来娱乐众人。露天小咖啡馆和流动合唱团是19世纪巴黎城市郊区下层群体的重要娱乐场所，这些团体代表着巴黎下层群体尤其是工人群体中一种整体或共同的身份体验和认同，他们的生活似乎散发着一种活力，表现出一种坚韧，他们在欢快的气氛中聚会喝酒和歌唱，就像是沉浸在酒神巴斯克盛典的狂欢当中。这些团体成员之间有强烈的团体意识，他们互相帮助，共同面对所遭遇的困境；他们之间不分行业，彼此频繁联系、相互眷顾，不仅在他们团体内部，而且在他们所生活的区域建立起了密切的社会关系。这种集体意识成为19世纪前半期巴黎城市工人阶级团结和政治意识觉醒的重要推动力，而正是由于这些团体逐渐表现出来的政治化倾向，它们往往会遭受到城市当局政府的监视和控制。这些小酒馆里团结的人群，不管是欢快的聚饮者，还是

---

① Richard D. E. Burton. *The Flâneur and His City: Patterns of Daily Life in Paris 1815—1851.* Manchester and New York：Manchester University Press，2009，p. 29.

② Richard D. E. Burton. *The Flâneur and His City: Patterns of Daily Life in Paris 1815—1851.* Manchester and New York：Manchester University Press，2009，p. 30.

流动的演出团，都可以算得上是 19 世纪的末代"有机"社团，这与 20 世纪主导城市空间的"孤独人群"形成强烈对比。

三、大众舞场和城市狂欢

城市舞场的兴起和繁荣是欧洲现代城市空间和城市生活兴起的另一个具体侧面。尽管公共舞场早在 18 世纪的欧洲城市已经存在，但是它成为城市生活的一种风气却出现在 19 世纪上半期。公众舞场在巴黎城市里的广泛性和多样性从一个侧面折射出城市公众生活的异质性，因为每一个群体都有他们自己的舞会，每一种舞会都有它相应的固定的参与公众。[①] 这些规模逐渐变大的舞场往往是在户外，19 世纪初期它们开始涌现，在资产阶级立宪君主时代达到高潮。这些舞场大都聚集在城市空间的边缘地带，所有的舞会都收取入场费，它们彼此竞争，尽可能吸引更多大众入场参与，而光顾各种舞场的人来自城市各个阶级，但主要是当时的"公民"，这也是 19 世纪早期城市舞会的一个普遍特征。这些舞场对城市生活的影响如此强大，当时的文人不禁感叹好像整个城市空间"沉醉在舞步凌乱的混乱之中而失去了控制、没有了秩序和形态"[②]。但是，这类城市普通大众参与的舞会，显然和资产阶级或贵族群体热衷的上层社会的奢侈舞会完全不同，这里的欢乐更加接近于欧洲城市大街上传统的大众狂欢。

19 世纪早期的城市狂欢仍然带有弗朗索瓦·拉伯雷（Francois Rabelais，1483—1553）小说世界里颠覆社会角色和阶级身份的激情，充满欢愉的氛围，是一种社会大众文化的表达方式，是城市里下层群体在政治和精神上自我解放的瞬间，是城市空间中等级秩序颠倒的瞬间。在这个瞬间，所有角色和身份都是自由漂移的面具，差异消失了，距离消失了，人群中所有的人变得"真正"平等，一个沉浸在嘈杂和欢乐中的大同世界以闪电的意象降临到城市空间，城市在这短暂的时刻变成一个由大众想象和掌控的空间，一个实现了大众理想的空间。19 世纪巴黎民众的街头狂欢是这个世俗和物质日渐淹没精神和心灵的城市空间中最后的勃勃生机，也是现代城市迅速"祛魅"的空间中最后的魅力。城市狂欢的场景是一个生动鲜活的舞台，

---

① Richard D. E. Burton. *The Flâneur and His City: Patterns of Daily Life in Paris 1815—1851.* Manchester and New York: Manchester University Press, 2009, p. 45.

② Richard D. E. Burton. *The Flâneur and His City: Patterns of Daily Life in Paris 1815—1851.* Manchester and New York: Manchester University Press, 2009, p. 48.

但又打破了舞台所有人为的安排和套路，抛弃了舞台的所有策划和逻辑，所有的人都既是演员同时又是观众。在这个大众狂欢的瞬间，城市日常生活中彼此隔离的个体在酒神巴斯克的精神中融为一个整体。

然而，19世纪中期是一个过渡的时代，巴黎街头民众狂欢的形式和实质都在悄然发生着转变。在1848年城市资产阶级再一次发动革命所引起的动荡平息之后，这个每年一度的狂欢场面仍然出现在巴黎的城市街头。但是，它却已经被资产阶级的商业意识"驯化"和装饰为街头的服饰盛会和商业庆典，这也是现代性城市空间的商业化对大众文化的一种消解：大众狂欢演化为商业游行和展示，精神的盛会蜕变为物质和商品的盛宴，身份和心灵的瞬间自由转变为物质和商品的狂欢和丰盈，这是商品对现代人"物化"的最普遍、最强大方式，商品对城市空间占领和装饰的进程从此快速展开并一发不可收拾。1855年，巴黎的文人写道："人们在林荫街上现在看到的所有面具都代表着某一家商行……商行的职员把自己化装成意大利滑稽戏剧里的各种小丑，他们穿的戏服上都写着其受雇商行的地址。……如今的狂欢场面如此散乱，巴黎不再有民众狂欢。"[1] 第二帝国时期巴黎街头的商业狂欢已经丧失了旧式民众狂欢的生命力，而且狂欢不再是一种民众自发的户外活动，它越来越趋于转向室内，在形式上和象征意义上都开始转向内部和封闭，于是，人们很快意识到新型舞厅的兴起就是大街的衰落，巴黎街头自发的狂欢大众逐渐消失了，露天的贫民化娱乐纷纷被更加体现"有闲阶层"品位的娱乐和休闲方式所取代，咖啡馆里挤满了讲究吃喝的人，巴黎的剧院里坐满了拭目以待的观众。

随着城市街头人群纷纷涌入室内娱乐空间，巴黎旧式的市井生活场景趋于式微，昔日形形色色的人物形象和社会角色也逐渐退出了城市的公共空间。在19世纪中期前后的巴黎，各类街头杂耍和街头狂欢一样逐渐衰落和消失，官方的限制、警察的骚扰都使街头民间文娱的生存举步维艰。根据波顿的研究，在第二帝国政府公开和直接的压制和驱赶下，同时在与城市各种新型的商业化大众娱乐的竞争中，民间文娱不仅在数量和形式上锐减，而且被驱赶到了城市空间的边缘和角落，艰难维系。而在此之前，直到波旁王朝复辟期间，除了贵族阶层居住的区域，巴黎街头五花八门的街头杂耍随处可见，巴黎的文人撰写的文章中这样回忆1825年以前的街头场景：

---

① Richard D. E. Burton. *The Flâneur and His City: Patterns of Daily Life in Paris 1815—1851.* Manchester and New York: Manchester University Press, 2009, p. 51.

　　街头卖艺者总是住在帆布帐篷里或者临时搭建的木板屋里，他们有的向围观的人群展示会拍打柜子的兔子，有的上演矮子驾马车，马车被装饰得很华丽，往往由六匹马拉着；还有各式各样的人物和绝技展示：体重达八百斤的女人，表演吞石子、耍蛇或者刀叉的男人，喝下滚烫的油或者在通红的炉条行走的孩子。[①]

　　根据波顿的考证，商业化浪潮席卷之前的巴黎城市空间是生机盎然、丰富多彩的，在街市上，伴随着各类杂耍的还有五花八门的商贩：磨刀匠、擦鞋匠、灭鼠人、木匠，还有兜售鞋带、火柴、彩条、气球、纸风车等的流动小贩，三教九流，熙攘喧嚣。这些群体是城市空间里异彩纷呈的"人间喜剧"，支撑着各种市井行业并提供精湛技艺，人群中的吆喝声、叫卖声，人群里丰富的形象、姿态、服饰，一切都呈现着城市充满勃勃生机的空间场景、散发着社会生活的魅力。然而，在资产阶级对城市空间进行政治体制化和经济商业化的强大攻势中，城市街头场景很快就发生了变革，城市空间变得整洁和优雅，但同时也显得寂静和乏味：

　　　　林荫街上的场景已不同往昔，到处都是商号……到处都是供租赁的店铺或作坊，它们外面都高高竖起了木栅栏或铁栅栏，还有安装了宽大房廊的歌剧院，房廊由一排廊柱支撑着，从外观看上去既干净又优雅，歌剧院门前的街面是铺砌过的，这一切都是以前没有过的街头景观。……巴黎的街上再也没有了杂耍和卖艺者的身影，再也没有滑稽表演……以前的嘈杂和喧闹消失了，现在这里很安静，甚至显得有些乏味和单调。[②]

　　法国著名作家古斯塔夫·福楼拜（Gustave Flaubert，1821—1880）在他的文学作品中回忆了巴黎城市公共空间变革之前的场景，他回忆的文字细腻而深沉，从而更深刻地抒发了对城市旧式空间既批判又眷恋的矛盾情感：

　　　　从前，人们散步时总是有机会遇见孤僻的人、街头卖艺的人、巴斯克鼓手，也有机会看到穿着红色衣服的猴子在单峰骆驼背上跳跃，而这一切都已经消失了，被驱逐了并被禁止再回到街上。断头台被放置到了

---

　　① Richard D. E. Burton. *The Flâneur and His City: Patterns of Daily Life in Paris 1815—1851.* Manchester and New York: Manchester University Press, 2009, p. 55.

　　② Richard D. E. Burton. *The Flâneur and His City: Patterns of Daily Life in Paris 1815—1851.* Manchester and New York: Manchester University Press, 2009, p. 55.

围墙之外，前去处决的犯人被关在车里，由押解的队伍护送，行刑再也不是一个公众可以目睹的场景。……民间杂耍艺人也将从巴黎的街头消失，因为他们必须给城市新的盛会腾出场所，同样将要离我们而去的还有那身着华丽的闪光衣裙、手持平衡杆在高空绳子上跳舞的女郎……这个多彩的世界，就像有声的神奇空间，如此忧郁又如此浮夸，如此苦涩又如此快乐，这里笼罩着亲切的哀婉和醒目的嘲弄，这个空间里的悲惨是浓重的，从来都是浓重的，恩典在这里是暗淡的，一个迷失的时代在这里发出了最后的吼声……①

19世纪王权和资产阶级联合推进的空间"规范化"治理给城市大街带来的变革在当时的文人眼中和情感体验中大同小异，巴黎街道的"景观化"和"秩序化"总是映射着一种无可名状的乏味和单调，例如巴黎的文人在1846年的文章中感叹道："圣殿街在不断的装饰、整洁和净化中丧失了它所有的面相，失去了它所有的群体、风俗和氛围；政府已经把街道修建得通畅笔直，巡逻在这里的警察举止得体而彬彬有礼。"②

随着街头以民间杂艺为代表的各种大众文娱活动纷纷被驱逐和压制，巴黎城市大众中那些有自发意识和参与行动的社会群体也逐渐从城市空间中消失了，这是城市空间衰落的具体表现，传统民间文化不断地从城市空间中撤出和消失，城市大众和公共娱乐活动不断地转向室内。这和前面所说的资产阶级生活方式和理性意识的"外向化"并不矛盾，资产阶级群体从私人的家庭空间走向城市的景观空间，然而，城市的景观空间往往是一个被装饰和人为设置边界的"阶级封闭空间"，如拱廊街、歌剧院、城市舞会等。而传统的民间杂艺和大众狂欢是在露天空间，各个阶级是混杂的，至少在直观的现实空间中他们是混杂的，没有清晰的边界和区隔。随着现代城市空间日趋体制化、秩序化、商业化、景观化，城市人群也开始发生相应的变化，它们在整体上由旧时的异质人群向同质大众转变，"众像"的人群成了"单面人"的群体，它们和城市的新式街道一样，散发着单调和压抑的气息，城市市井生活场景和市井人群的消散是一种空间在内涵和意义上的贫困化。资产阶级维护其统治的政治诉求同工具理性、商品意识形态联合起来对传统城市空间

①　Richard D. E. Burton. *The Flâneur and His City: Patterns of Daily Life in Paris 1815—1851.* Manchester and New York：Manchester University Press，2009，pp. 56—57.

②　Richard D. E. Burton. *The Flâneur and His City: Patterns of Daily Life in Paris 1815—1851.* Manchester and New York：Manchester University Press，2009，p. 56.

及其文化进行治理和改写，这实质上就是资产阶级政治话语对城市空间进行的宏大叙事。

这一切背后有一股强大的推动力量，那就是资本和商品的力量，资本和商品不仅要殖民城市空间，而且要以一套新的意识观念召唤城市大众，这个社会改造工程在两个人物形象的分析中得以微观呈现——豪斯曼和城市妓女。"巴黎的杂艺表演团体首先是从林荫街上被驱逐至偏僻的后街和小巷，后来又被驱逐至城市的外围，直至最终的彻底消失。这些民间艺人曾经谋生的城市空间——大街和广场于是被城市妓女占领。"① 巴黎市井商贩、杂耍艺人等被驱逐似乎为妓女拓殖城市市井生活空间提供了契机和方便，她们对街头商贩和民间艺人在空间上的取代应和了资产阶级对旧式城市空间的改头换面——豪斯曼的巴黎新建。而本雅明就把妓女作为第二帝国以后的巴黎城市空间的暗喻和象征，这个装饰化和商业化的空间就像妓女的身体一样，成了可交易和买卖的了。"豪斯曼营造的城市景观和巴黎随处可见的妓女象征着城市空间中所有的价值和意义的萎缩，所有的价值都被压缩为市场的价格，而人自身也被转化为抽象系统中一种可交换的单位，人因此被去人格化了。"② 豪斯曼营建的城市新空间与出现在这个新空间中数量与日俱增的妓女一样，都采取了商品展示的策略，用精心装饰的外表来取代内在的实质，用表层的华丽的虚饰来掩盖内在深层的物化和僵死，巴黎及其新空间里的一切——街道、建筑、人群、人造的公园、广场等，都成了陈列在橱窗里的景观。

第三节　城市印刷和图像空间

报纸和杂志与欧洲现代城市空间及其叙事之间关系密切，这些纸质文本是城市空间文本的重要形式，它们见证并促进了欧洲现代城市商业化的进程。作为大众阅读文本的报纸杂志同现代城市空间之间存在一种共生的相关性，这种共生关系在19世纪以来的城市化进程和城市大众思想意识的演进中体现得直观而清晰。可以说大众印刷传播是欧洲现代城市外在物质建设伴

---

① Richard D. E. Burton. *The Flâneur and His City: Patterns of Daily Life in Paris 1815—1851.* Manchester and New York: Manchester University Press, 2009, p. 58

② Richard D. E. Burton. *The Flâneur and His City: Patterns of Daily Life in Paris 1815—1851.* Manchester and New York: Manchester University Press, 2009, p. 60.

随的内在观念，城市印刷是提供大众阅读文本的最主要来源，这些廉价的出版物也是大众所能获得的最普遍的文本。尤其是 19 世纪早期的城市"生理学"文本和专栏文章以各种场所和空间的记录和叙事营造了一种新的城市文化氛围，在其中更直接、更深入地受这些文本影响的也是城市公共空间和大众。在 19 世纪社会文化剧烈变革的时代，大量出现在报纸版面上的标题和口号不仅给城市大众灌输新的思想意识，也深刻影响他们的行动。廉价报纸和杂志作为城市印刷文本的典型文本，不管在发行方式上还是在阅读方式上，基本上都和城市里的大众交流保持着一种协同性，它们很契合城市大众的认知和阅读方式。

充斥城市大街小巷的报纸杂志生动呈现了城市空间中庞杂纷繁的意象和场景，它们是人们视觉和意识当中的另一种景观，数量众多、篇幅短小、内容杂乱的篇章本身就是现代城市碎片化空间的直观呈现。街头叫卖的报童以各种各样的奇闻逸事刺激人群在听觉和心理上的好奇，它们就像商品一样吸引人们的视觉，这些廉价印刷品热衷于展示现代城市和城市生活的新奇、变化和速度，它们以海量的文字和图像捕捉现代城市空间和城市生活迅速流变的瞬间画面，飞速运转的印刷机就是城市生活节奏的一种象征，纷扰忙乱的报纸编辑部就是城市工厂生产场景的缩影。廉价报纸和杂志连同这一时期崛起并迅速占领城市公共空间的印刷广告共同汇集成欧洲现代城市空间中图像和文字的"星丛"，这些印刷文本的"星丛"与现代性空间碎片的"星丛"形成一种照应。可见，19 世纪的城市印刷文本既是现代性的象征，也是现代性抽象概念的具象。

19 世纪 30 年代开始，以英国伦敦为代表，欧洲城市中文化和思想的传播方式、传播内容已经处于全面世俗化的状态。在传统时代里，西方社会大众意义上的文化传播是由教会来主持的，而到了 17 世纪，随着教会的文化权利及社会影响力逐渐衰退，关注世俗政治和时事的大众媒体开始崛起，这就是大众文化意义上的现代印刷传播、现代意义上的"新闻传播"。[①] 这种印刷传播的世俗化起源于欧洲城市中不同党派和利益集团之间的博弈，代表各个党派利益的报纸取代了教堂的讲坛，向城市大众极力开展各自的政治布道。与传统时代受政府支持并由教会主持的大众传播不同的是，这些党派的政治布道背后往往有不同财团的资助，它们党同伐异，完全是不同利益集团

---

① Rolf Lindner. *The Reportage of Urban Culture: Robert Park and the Chicago School*. trans. Adrian Morris. New York: Cambridge University Press, 1996, p. 7.

的喉舌。而这种世俗化在 19 世纪中期现代性兴起之后，又被巨大而迅猛的商业化浪潮加入并大力推动，报纸上五花八门的商品信息、广告和大街上叫卖这些报纸的报童一样喧闹和聒噪，版面上充斥着各种各样令读者眼花缭乱，但又吸引和刺激读者的逸闻趣事和奇闻怪谈，这种全新的大众化文本和城市生活报道，完全以吸引大众眼球进而促进销量并最终实现经济效益为目的。

17、18 世纪，在现代性浪潮连带着商业化全面入侵城市空间之前，印刷媒体往往以刊登政治和社会时事为主，尤其是呈现不同党派就社会时事在观念上出现的分歧和冲突，约瑟夫·艾迪生（Joseph Addison，1672—1719）创办的《观察者》（*Spectator*）是此类印刷媒体的典型代表。而到了 19 世纪 30 年代，随着印刷媒体尤其是报纸在发行种类和数量上的增多，以及城市生活商业化气息和城市大众商业化意识的日益浓厚，报纸作为呈现城市大众文化的基本形式，在内容和发行形式上以前所未有的速度向"世俗化"状态推进，关注的事件往往乏味琐碎。但是，这种印刷媒体在内容上和品味上降格的背后完全有时代和文化上的依据。19 世纪中期前后，现代性空间在欧洲城市中全面兴起，大众化的印刷机构和出版商把城市变成了一个巨大的文本空间，这个过程中，商品广告是以大众化印刷文本形式占领城市空间的先遣军，成为城市中最显眼的文本类型，迅速占领了所有的公共空间，并且开始向各种内部空间蔓延。

商业化模式下的批量印刷在城市大众阅读中最典型的代表就是被称为"便士报业"的廉价报纸，这类大众阅读文本完全不顾党派的观点，有些甚至是与某些社会舆论相对立的，因为它们所遵从的是另一套价值观念——市场和经济的价值观念。报纸作为引领城市大众观念的传统角色已经在这些廉价报纸中被商品信息宣传彻底取代。在市场和商品的逻辑启发下，廉价报纸更是以颠覆性的销售方式把大众印刷的传播推进到了一个崭新的阶段，城市日常生活中不再是大众去指定场所订阅或购买报纸，而是报纸被送到城市街头并主动寻找和争取大众阅读。传播方式的大众化和商业化带来了城市印刷文化阅读在形式上的民主化，尽管这种民主化并没有改变当时大众阅读在思想意识上仍然被刻意导向甚至被禁锢的实质。

19 世纪早期的廉价报纸在内容上也有其自身的鲜明特征。作为党派喉舌的报纸在内容上以政治主张为主，纯粹的商业性报纸则以经济信息和广告为主，而廉价报纸则是以城市生活及城市空间中的各种人物和故事为主题，恰恰就是这种发行量最大的报纸拼凑和呈现了这一时期欧洲城市空间和城市生活的剪贴画，记录并存留了这一特定时代欧洲城市市井生活画面的碎片。也正是这种廉价报纸，仍然保留了报纸作为文本的叙事性，还能够记录城市空间和城市生活的故事片段，还能够把叙事的视角同具体的生活场景和人物联系起来，还没有把叙事的视角完全限定在政治和商品的范畴，这也在某种程度上保留了城市空间文本叙事丰富和个性化的基本特征，也是对资产阶级叙事霸权在一定范围内的拒绝和抵制。廉价报纸上的新闻往往聚焦其所叙述的事件本身，并没有过多地关注与该事件相关的社会、政治和经济背景，它就是要抓住大众阅读的兴趣和好奇心，更像是提供给城市大众消遣的谈资。也正因为这一特征，才使得廉价报纸部分地继承了传统时代大众文化中的故事和传奇的娱乐功能，也就是说廉价报纸在某种意义上延续了作为"小传统"的城市下层社会群体所热衷的大众文化。

报纸上庞杂的内容、充斥的广告、拥挤的版面乃至发行的方式等诸多方面呼应了现代城市空间和城市生活的体验，不仅折射出过渡时代里人们在生活方式上的变革，也体现出在精神和思想上的变革；同样地，报纸的生产过程和阅读方式也记录和呈现出现代城市人群不断趋于繁忙和焦躁的日常生活状态。印刷文本在 19 世纪中期前后的城市空间中开始泛滥，人们的城市生活经验在无休止并且不断强化的视觉洪流和趋利意识的双重作用下趋于凌乱和麻痹。这一时期的欧洲城市中，报纸的种类和名目繁多——晨报、晚报、周末报，还有特刊，报纸所刊登的内容和图像更是五花八门，编辑和发行商似乎要把城市空间所有的事物和活动都投射在报纸版面上，这让读者应接不暇；而廉价报纸则更是给城市大众在感官和心理中注入了热衷轰动事件的"毒品"，城市大众对崭新的商品和具有轰动效应的事件都表现得趋之若鹜。在现代性兴起的时代，报纸作为城市空间的突出文本形态成了现代人城市生活的文化隐喻，不管在形式上还是在内容上，都是一种生动而形象的隐喻，而这一切背后的最强大推手则是商业化浪潮和商品意识。

现代城市的大众阅读作为一种新的文化产业，是在以市场经济为主导、商业化全面渗透的社会背景下迅速发展起来的，这种集体阅读是城市文化工业化产品及其消费崛起的具体表现。19 世纪末期兴起的"文化工业"——文化领域的批量生产——对现代城市大众的生活方式和思维意识都产生了普遍而深远的影响。文化工业与城市大众文化在形式上相适应，文化工业以产品生产的批量化、以文化产品内容的世俗化和娱乐化来满足并不断刺激现代城市大众的文化消费需求，因为文化工业的产品完全是"在总体上按照计划生产出来的产品，生产是为大众消费设计和制定的，生产方式在很大程度上决定了产品消费的性质"①。广告和廉价报纸作为 19 世纪城市空间最典型的文本，是一种新的大众文化形式，与传统的大众文化存在本质的差异。传统时代的大众文化以大众群体自身为目的，而工业化时代的大众文化则受社会主导意识的操控，在很大程度上被利用来实现和保障统治阶级的社会利益。文化工业实际上使资产阶级通过工业化的标准和图式全面影响进而操纵大众的思想意识，最终达到巩固其社会地位和阶级特权的目的。此外，文化工业的产品具有所有工业产品的性质和特征，都是标准化的产品，这些产品按照严格而程序化的工序被生产出来，这种生产方式导致的结果就是产品的同质化，传统文化的魅力在文化工业产品中是缺失的。

就像现代城市空间的变革一样，大众阅读文本不断地追求变化和新奇，这和商品产品的生产逻辑也是完全一致的，为变化而变化成了产品生产的宗旨。这种新的大众阅读形式和内容逐渐塑造了新的大众心理状态和特征，追求流动和变化的心理机制触发了现代城市大众的匆忙和焦躁，就像工业商品被迅速生产、作为商品进入市场，速度和流通至关重要，实现产品的交换价值是最终的目的，而产品的使用价值则不被关注。在本雅明看来，这就是现代性的本质特征，这也是文化工业产品（包括作为文化产品消费的大众阅读）的基本特征。然而，大众在文化工业产品消费中对变化的不懈追求本身却是矛盾的，因为，这些变化对文化工业的产品自身只是表层和形式的，作为其深层的实质的思想和意识是霸权的，拒绝任何变化，牢牢地遏制了所有其他形式的话语和理性。于是，消费此类文化产品的大众总体上被抹杀了作为消费者的自主性和自发性，现代城市大众整体在思想观念上开始趋同。

19 世纪不仅出现了城市人口的密集化，不断拓展的城市化空间也日益变得陌生，导致人们对生活空间的解读受阻，在图像和景观的表层之下，城市空间在理性化的同时也被抽象化了，于是，空间逐渐衍变成了符号和图像的文本，其中最直观的是各种印刷广告和图像，它们像潮水一样淹没了城市公共空间。19 世纪上半期的巴黎城到处都展现出工业和技术迅猛发展的迹象，城市各种公共场所涌现出了大量承载各种信息的文字和图像，在日益庞大和复杂的城市空间中，人们的日常生活日益仰仗这些文字和图像获取信息。19 世纪上半期的巴黎俨然已是现代性气息浓厚的空间，文字担负起前所未有的信息功能：从街道名称、汽车站点、招租公寓、服装店地址，到城

---

① Tim O'Sullivan, John Hartley, Martin Montgomery, John Fisk. *Key Concepts in Communication and Cultural Studies*. London and New York: Routledge, 1994, p. 75.

市暴动及对暴动的时事分析，或者个人财产的交易信息等都可以在这些街头的文字和印刷文本中找到。① 现代城市空间和城市生活中，信息不再像传统时代那样可以通过人际关系网络在狭小的生活圈内以口头的方式传播，在社会关系日渐生疏、城市空间庞大而复杂的新巴黎，印刷文本成为信息传播的主要载体。于是，与城市信息相关的印刷文本迅速繁荣起来，这大大地推进了城市空间的文本化，现代意义上的城市广告业从此滥觞，并迅速占领和主宰了城市空间，并形成泛滥之势。尼古拉斯·达利（Nicholas Daly）这样分析在张贴满广告的巴黎街头行走时的体验：

> 在巴黎商业区的大街上行走就意味着浏览无穷无尽的广告文本，它们甚至会被直接呈现在你眼前。在分析城市空间的浏览策略时，米歇尔·德塞都对比了两种视角：高空的全景视角和低处的局部视角，并以此来说明日常生活中行人的空间实践是对作为官方文本表征的城市空间的无数局部误读。但是，对于19世纪的行人而言，在城市中穿行是一个更加局部和具体的路径，这条路径也是一个穿越一系列令人困惑的真实空间文本的过程。②

显然，对于生活在现代城市生活中的个体而言，阅读成为越来越重要的生活基本技能，此外，城市生活对人们的理性和智力也提出了越来越高的要求。例如，在文字和图像全面覆盖生活空间的城市中，他们要能够判断哪些文字表达的是真实有效的信息，哪些只是商品销售的夸张宣传。根据德赛都的思想，城市空间文本在更加思辨的层面上可以被分为抽象的、意识形态化的文本以及具体的、直观信息的文本，而对于城市人群而言，前者是制约他们观念的文本，后者是辅助他们日常生活的信息，城市空间中的文本和图像在物质和意识两方面都全面地渗入现代城市大众的日常生活。在欧洲现代城市印刷业的快速发展中，廉价报纸、户外广告很快就为城市制造了一个印刷文本的海洋，浸泡着人们的视觉和意识。

伴随城市廉价报纸潮水一样涌现的还有广告海报和广告传单。它们被张贴在街头、公共汽车上，甚至悬挂在人的身体上，城市的商业化派生出空间的文本化和图像化。街道上的行人脚下经常会踩到被丢弃的广告，人们常常

---

① Nicholas Daly. *The Demographic Imagination and the Nineteenth-Century City: Paris，London，New York*. Cambridge：University Printing House，2015，p. 107.

② Nicholas Daly. *The Demographic Imagination and the Nineteenth-Century City: Paris，London，New York*. Cambridge：University Printing House，2015，p. 107.

要绕过挂着的广告牌"三明治人"（游荡的广告），或者匆忙避让拉着大广告牌迎面驶来的马车。被印刷文本和图像占领和包装是 19 世纪城市大街的新面貌，于是公共空间中心不在焉的大众阅读成了室内聚精会神的个人阅读的陪衬和补充："行人随意地浏览着街上五花八门的广告，宣传娱乐的广告、承诺永恒救赎的广告经常被塞给他们。……街道和公共汽车给行人和乘客提供各种各样不计其数的信息广告，它们争先恐后地吸引人们的目光，但对于任何一张广告人们只读它的一半或者四分之一。"① 如果说阅读意味着休闲和对文本的理解和思考，那么，大众的广告阅读就是对阅读在概念上的误解和行为上的误导。因为，空间文本和图像并没有文学文本中的故事情节，也没有艺术图画的象征，除了冗余的信息，它们不能带给阅读者任何启发和引导，甚至不能使阅读者感到片刻的轻松和愉悦；恰恰相反，这些文字和图像带给人们的是在商业化城市中商品日益强大和人日益渺小的挫败感和焦虑感。

19 世纪的城市大众没有太多机会直接观赏艺术作品，真正的艺术所表征和蕴含的思想无法触及他们，而且由于现代性兴起的时代的欧洲城市中还不存在普及的大众化教育，大众对真正艺术的理解能力是缺乏的。但是，随处可见的商业印刷文本似乎以一种反讽的方式填补了大众教育的缺失，这些铺天盖地的文本和图像除了让人们感官体验感到震撼和陌生之外，没有给他们带来任何愉快的情感、任何有意义的思想观念。不管印刷得多么精美，19世纪的商业广告"艺术"是完全平面化而毫无深层内涵的，只呈现信息而并不表达任何意义，所以，它所造就的和造就它的都是"平面化的"意识和观念。

印刷占领欧洲现代城市空间的有效途径之一是通过大众化文本的批量发行和迅速流通。19 世纪兴起的批量印刷是城市空间变革的一种写照，从大众印刷的发行方式观察，经济成本的大幅度下降、印刷技术的发展、运输方式的革新都是关键性因素，报纸在大众阅读中的普及就是其中最直观的例证，而报纸在这些因素的推动下在欧洲社会经历了从可以重复出售的奢侈品到随处可见的一次性廉价消费品的过渡：

> 早期一份价值六便士的报纸几乎是所有大众眼中不可企及的奢侈之物，当时他们能负担得起的是一便士的报纸和后来的半个便士的报

---

① Nicholas Daly. *The Demographic Imagination and the Nineteenth-Century City: Paris, London, New York*. Cambridge: University Printing House, 2015, p. 108.

纸。……而报纸最终却成为几乎人人都可获得的大众化读物……1851年英国共有十七份日报，而到了 1864 年仅在伦敦就有十八份日报、九十六份地方性日报，全国的年总发行量达到五千四百六十万份，19 世纪 30 年代随着印花税的取消，报纸开始在工人阶级群体中传阅。……报纸的批量发行在 1863 年就已经由一份名为《小日报》①的报纸实现了……价格只有五生丁，或者一个苏，这份报纸的发行量也达到了二十五万份。②

19 世纪中期以后的很多报纸都关注时事和政治，而《小日报》的主办商莫伊斯－波利多尔·米约（Moïse-Polydore Millaud，1813—1871）却敦促他的记者追踪和关注城市大街上的人物和事件，他告诫记者去发现街上的人群在想些什么，让他们来引导报纸的新闻报道。街头巷尾的人群似乎总是热衷于轰动性的谣言、捏造的新闻和虚假的消息，这是米约从那些廉价而受大众欢迎的宽幅插图报纸里得出的经验，米约的独特策略为后来的现代报业尤其是以商业利润为追求目标的报纸开了先河。根据达利的研究统计，通过深入而详细地报道令巴黎人着迷的各种谋杀案和凶手，米约成功地使《小日报》的发行量在 1869 年至 1870 年期间增加了一倍，达到了 59.4 万份；其他的流行报纸也开始纷纷效仿米约的策略，如《小巴黎人报》（Le Petit Parisien）、《晨报》（Le Matin）、《日报》（Le Journal），其中，《小巴黎人报》在 19 世纪 60 年代雇用了一支 1200 人的团队沿街叫卖这份报纸。③

报纸除了靠销量来盈利外，还从刊登广告中挣得收入，而广告在 19 世纪 40 年代就已经是一个相当职业化的行业了，当时专业化的广告代理商已经出现。广告业的迅猛发展受益于火车和铁路，它们大大拓展了广告可"入侵"的空间，达利提到伦敦 1851 年举办的世界博览会上，广告商为英国的商品展览提供了巨大的橱窗，这无疑极大地激励了当时的广告业，随着商品种类和各种商业文化活动的增多，广告所宣传的领域也得以拓展，突破了以

---

① *Le Petit Journal*（《小日报》）：1863 至 1944 年在法国发行，和《小巴黎人报》《晨报》《日报》成为法国的四大日报；在 1890 年布朗热主义危机期间，发行量达到 100 万份，5 年之后发行量增加到 200 万份，成为当时世界发行量最大的报纸。［https://en. wikipedia. org/wiki/Le _ Petit _ Journal _ （newspaper）访问日期：2018－09－19］

② Nicholas Daly. *The Demographic Imagination and the Nineteenth-Century City: Paris，London，New York*. Cambridge：University Printing House，2015，pp. 110—111

③ Nicholas Daly. *The Demographic Imagination and the Nineteenth-Century City: Paris，London，New York*. Cambridge：University Printing House，2015，p. 113.

各种演出和彩票为主的传统宣传领域。

早在乔治时代（1714—1830）的英国，城市广告就已经不是新鲜事物了，而在维多利亚时代（1837—1901）的英国，城市广告已经摒弃了那种蓄意吹捧和张贴海报的模式，出现了更多的新形式，广告被做成宣传牌，或者被印制在公共汽车的车票上。1847 年《笨拙》周刊（Punch，英国中产阶级的幽默讽刺杂志）上刊登文章抱怨英国已经变成了一个广告客户的国家，这篇文章还配了三幅插图，其中一幅插图上画的是填满各种广告的圣保罗大教堂，另一幅插图上画的是拉车的马，它身上披着的也是广告。① 此外，还有一种特殊的"游荡广告"，其实是一些被雇佣来展示商品信息的"广告人"，他们身上挂着各种商品的广告牌，在城市街道和人群中漫无目的地游荡，这些城市游荡的广告人可以规避政府对报纸广告的征税，但是，这些充当人体广告牌的人往往衣着破旧，并不能增加他们所宣传商品的魅力。这些"人体广告牌"就是后来所谓的"三明治人"，他们成了 19 世纪现代城市空间的一个标志和符号。"三明治人"身上往往不仅挂着商品的广告牌，有时也挂某种商品的大模型，如沃伦的鞋油罐。这些"广告人"事实上已经成了商品的货架和附庸，在商品的负重下丧失了作为人的身份与尊严，他们甚至成了自己所宣传商品的"耻辱"，因为和摆放在装饰华丽的大商店里的商品比起来，他们的褴褛衣衫无形中贬低了其所推销的商品，现代商品交换价值或象征价值的一个重要表征是它们所摆放的空间和摆放的方式。

19 世纪大街上的行人频繁受到广告的困扰，街道上散发广告传单的人、成千上万的商品和服务的广告传单，还有宣扬宗教的传单，这一切都让行人避之不及。此外，广告传单也通过"一便士邮件"（Penny Post）被寄送，《笨拙》周刊一再抨击广告困扰了英国人的生活空间，它们形式繁多，并且无孔不入。根据达利从《维多利亚时代的英格兰广告》（Advertising in Victorian England）一书中的引用，1859 年 11 月，为了宣传《死亡的心》（The Dead Heart），500 万份传单被散发了出去，其中包括 100 万张桃心形状的卡片，以及展示剧本场景的各种图片。达利认为这些数字在当时的社会显得过高，可能是宣传者的夸张，但他完全确定的是为促销狄更斯的小说《董贝父子》（Dombey and Son）而散发的广告传单多达 22 万份，此外，还

---

① Nicholas Daly. *The Demographic Imagination and the Nineteenth-Century City: Paris, London, New York.* Cambridge: University Printing House, 2015, p. 114.

有一万份张贴广告。① 达利引述的文献中还提到，广告传单不是 19 世纪城市唯一免费散发的印刷物，还有药品促销商向市民散发印刷的活页乐谱（sheet music），杂货商和制衣商给他们的老客户散发的各种杂志和街道地图册，例如，《面包师入门》（*Baker's A. B. C.*）、《伦敦指南》（*Guide to London*）等。

伦敦大街上的广告花样繁多，可称得上蔚为壮观，例如，1850 年伦敦大街上就有由马车拉着驶过大街的各式各样高大的广告牌，其中有各种展览、演出以及娱乐活动的广告，如杜莎夫人（Marie Tussauds，1761—1850）的"恐怖屋"（Chamber of Horrors）②，还有一个是宣传一场名叫"怪物音乐会"（Monster Concert）的广告，③ 这些场面可以称得上是商业广告的街头狂欢了。19 世纪广告宣传的主要方式就是在大街上不断地流动展示，1826 年英国政府不得不下令禁止了在大街上游行的彩票广告，而且于1853 年颁布实施了《出租马车和公共马车法》（"Hackney and Stage Carriage Act"），伦敦街道上这种给行人带来困扰和混乱的局面最终得以遏制，可就在 1853 年法律禁止马车装载的广告时，广告商已经找到了更好的替代空间，公共汽车的车身以及窗户成了广告展示的新平面。

只要有公共汽车以及后来的有轨电车出现，它们都被贴满了各类产品的广告，例如，伊诺盐酵粉、撒尼塔消毒剂、日光牌香皂、桂格燕麦片，偶尔还有促销报纸的广告。托马斯·斯密（当时公共汽车广告的主要承包商之一）向客户承诺说只需要十二先令六便士就可以在公共汽车上为他们展示一幅八英尺乘二十英寸规格的广告。④

19 世纪的社会评论家意识到广告已经彻底入侵并占领了城市空间，他们对广告在城市里的肆虐发出了批判的声音。广告成为大众在现代城市空间中被强加的文字和图像，连公共汽车和火车上都没能得以幸免；汽车的外部

---

① Nicholas Daly. *The Demographic Imagination and the Nineteenth-Century City: Paris, London, New York*. Cambridge：University Printing House, 2015, p. 115.

② 杜莎夫人（Marie Tussauds, 1761—1850）是 1802 年后旅居英国伦敦的法国雕塑家，她制作了很多法国革命期间遇难者的死亡面具和蜡像，并把它们随身带到了伦敦；1835 年她在伦敦创建了自己的蜡像展览馆。（https://en.wikipedia.org/wiki/Marie_Tussaud，访问日期：2018/09/20）

③ Nicholas Daly. *The Demographic Imagination and the Nineteenth-Century City: Paris, London, New York*. Cambridge：University Printing House, 2015, p. 115.

④ Nicholas Daly. *The Demographic Imagination and the Nineteenth-Century City: Paris, London, New York*. Cambridge：University Printing House, 2015, p. 116.

车身不用说早被广告覆盖了，汽车内部也被广告占领，两个毗邻窗户之间的面板上也贴满了广告，甚至连玻璃窗户也贴上了广告，再后来车顶上也贴满了广告。[①] 汽车和火车里的广告给拥挤而冷漠的城市的商业化人群在社会关系上的疏离和尴尬带来了某种微妙而便宜的回避：不同于传统社会公共空间中的交流礼仪，现代城市乘车出行的人们在公共空间里选择了沉默和目光回避，但是，盯着别人看而没有交流和问候显然是粗鲁而令人尴尬的，于是，乘客从公共汽车里和火车上张贴的广告那里找到了转移目光的地方，找到了摆脱尴尬的途径。

现代城市公共空间中充斥着广告，广告的"众声喧哗"与现代城市的"万花筒"空间以及人群的嘈杂形成了恰当的搭配。但是，从另一个角度观察，印刷广告其实造就了现代城市空间中的废墟以及废墟的反复堆积，它们是宣传商品的无声喉舌，和商品有着一样的本质，充满了虚假的意识和观念。广告在城市公共空间中如此无孔不入，甚至在 1892 年《泰晤士报》上的文章有人把它们称为城市空间的"瘟疫"，而我们也可以从 19 世纪英国政府一再通过立法对城市广告试图加以控制的措施中感觉到印刷广告给这个国际大都市带来的困扰。

在本雅明看来，广告是一种策略，资本主义现代工业生产和商品用它来把自己装饰成梦幻和景观，并且在此过程中极尽夸张，例如，1836 年法国《喧闹报》(Le Charivari) 上刊登的图片上面显示的巨幅广告竟然遮住了一所房子正面的整整一半的面积。[②] 19 世纪早期的张贴广告就已经表现出一种倾向，即广告和制作广告的艺术之间毫无关系，广告制作得很有艺术气息，但这并不代表广告本身的品质，而广告的艺术又和道德毫无关系，这就是 19 世纪广告的普遍特征。也就是说现代社会的广告从一开始就不具有道德的维度，它作为商品的宣传，和商品一样具有伪饰的本质和催眠的效应。在广告和商品联合营造的景观和梦幻中，在它们共同承诺和宣扬的观念中，现代城市大众的精神和意识逐渐开始习惯屈就于商品的力量和权柄，他们被商品所表征的思想意识所召唤，人的精神开始逐渐习惯于接受物的役使。

从广告的角度来看，19 世纪现代性空间兴起的时代完全称得上是一个纸张和印刷的时代。资本主义作为一种经济和思想意识的体系，隐含着一种

---

① Nicholas Daly. *The Demographic Imagination and the Nineteenth-Century City: Paris, London, New York*. Cambridge: University Printing House, 2015, p. 119.

② Walter Benjamin. *The Arcade Project*. trans. Howard Eiland and Kevin McLaughlin. Cambridge and London: Harvard University Press, 2002, p. 178.

深刻的矛盾，它用物质和商品的海洋建构了一个新奇的世界，用商品的广告和图像包装了城市的公共空间，囚禁了城市大众。但是，这个资本主义的物质世界却只关注商品及其交换价值，并没有把商品和广告作为方便人们生活的使用物及其信息，资本主义只关注作为物质的商品，而无视人类自身，除了以广告吸引人群的视觉关注以外，它对人的情感体验和思想意识表现得冷漠而毫不在乎。而且即使是对商品本身也只关注其虚假的交换价值，无视对于消费者而言更重要的使用价值。资产阶级为不断地提高这个价值而绞尽脑汁、用尽手段，而以商品广告占领城市公共空间是他们的重要策略之一。

资本主义商品经济的强大崛起彻底地改变了欧洲城市空间的格局和状态，作为印刷文本的广告和图像塑造了资本主义商品意识形态的城市新空间。然而，传统的旧式空间在欧洲现代城市并没有彻底消失。现代城市不同空间之间的张力体现在两种空间叙事的风格上，一种是现实主义，另一种是超现实主义。对马歇尔·伯曼来说，这种张力反映了现代城市在空间上相邻但精神上截然不同的两个领域：

> 在彼得堡人日常生活的城市街道上，时间和空间、喜剧和悲剧都仍然维持着稳定的结构和连贯性，一切都处在常态中。然而，在涅夫斯基（Nevsky）的公共空间，这些规则却被悬置了，空间经验的常态、空间的边界都被打破，人们进入了一种全新的空间和时间的架构，全新的可能性潜在于时间和空间的变化当中。[①]

这种对欧洲现代城市空间和城市日常生活从更深刻视角的分析和批判成了后来 20 世纪的社会学家和哲学家更重要的空间关注点。例如，列斐伏尔对欧洲现代城市空间的研究就体现出对日常生活过程以及制约日常生活的社会机制的观察和分析，他对城市和城市生活的研究是现代社会中普遍存在的抽象结构和系统入手而展开的，这使得列斐伏尔的城市文化研究和西方现代社会中的政治、意识形态、技术理性等因素密切相关。

对马克斯·韦伯来说，从古希腊和古罗马、美索不达米亚和亚洲的古城到欧洲中世纪的城市，都是特定形式的建筑环境，这些建筑环境形成了其各自特定的系统文化。这些城市作为环境建筑及文化体系的形态，虽然彼此之间存在个性的差异，但它们发展历史中的一个关键因素是普遍的，即所有的

---

① Marshall Berman. *All That Is Solid Melts into Air: The Experience of Modernity*. New York: Penguin, 1988, p. 203.

城市发展总是伴随着商业和商品消费活动，商业和商品消费可以说为衡量城市和城市生活提供了基本标准和依据。从人类社会进化和发展来看，城市最初就是一个商业空间，或者城市就是包含物质交换的空间，这是它在人类社会文化中的首要意义。现代城市研究的著名思想家都把城市和商业、商品消费及商业化城市生活体验及其所引发的外在空间和内在心理的影响作为关注的焦点，而且把商业和商品消费视为影响城市空间中的重要因素。西美尔对大都市和都市生活体验的研究显然把商业和商品消费作为城市空间的基本设定，虽然他更加突出个体在城市空间中体验到的心理效应。

从某种程度上说，欧洲城市现代性空间的兴起和繁荣其实是资本主义商品经济和商品意识形态的兴起和繁荣，而随着商品经济高度发展并逐渐向市场经济过渡，尤其是到了 20 世纪中期以后，欧洲城市空间现代性转向的进程彻底完成，城市空间的现实性与超现实性并置，而欧洲文人对城市现代性空间的书写也呈现出更多的方式，《拱廊街计划》就是其中个性独特的篇章。本雅明采纳的城市空间书写方法是一种文学的蒙太奇、空间景观及意象的拼凑与缝合，文本的建构模式是收录和罗列大量的引文片段，以此来应和现代性城市空间意象的碎片化、杂乱、流动和拼贴。正是这些类似日志和新闻体的随笔和小品文，才能更准确、更完整、更多侧面地展现欧洲 19 世纪中期以来的城市现代性空间，呈现其碎裂的特殊形态及本质特征。本雅明的城市空间研究是在社会学、文学和哲学三种视角相结合的模式下展开的，《拱廊街计划》是本雅明短暂一生的后半期的主要学术任务和成就。这本超过一千页的鸿篇巨制是以大量的摘录、引文、评论等形式编纂而成的，这些文本碎片来自不同的领域，有历史的、文学的、科学的、新闻的，等等，本雅明把这些文本碎片借助电影艺术中的蒙太奇手法呈现给读者，让人们体验现代城市的万花筒空间，现代性空间的意象就是充斥在万花筒内部色彩斑斓、彼此割裂的碎片，本雅明把这些意象的洪流称为现代性空间的"星丛"。

欧洲城市现代性空间在本雅明的文本中首先是景观化的，其次它也是废墟的空间，但是本雅明城市空间思想的新颖之处就在于，他眼中的废墟并非毫无价值，恰恰相反，这些废墟化空间，往往是一个城市灵魂和梦想的固态记忆。19 世纪曾经辉煌一时的城市拱廊街在 20 世纪的城市空间中已经是历史遗迹了，显得破败而深沉，这些空间及其中的建筑就是西方社会中人们对城市空间和城市生活梦想设计和构筑的记录，它们是城市文化、历史发展的线索与痕迹，步入这些废墟空间，就走进了城市的历史和曾经的理想。本雅明和他推崇的游荡者一样，都是孜孜不倦地徜徉在这些空间中的探究者、体验者、思辨者。超现实主义的视角、美学化的情感体验、哲学化的思辨和批判、神学化的救赎夙愿，这些都是本雅明城市空间思想的特殊内涵与成分，都表达在他对城市拱廊街的描绘和书写当中。

第三章　拱廊街与城市景观空间建构

　　美国著名的城市学家刘易斯·芒福德（Lewis Mumford，1895—1990）在思考并界定城市的概念时，曾经把西方社会历史中出现的城市大规模新建和扩张也考虑在内，尤其是从中世纪后半期开始的城市空间拓展，这个漫长的历史时期中西方城市的发展是相对缓慢的，西方城市的规模也相对稳定。这种稳定的状态随着工业革命的到来而被迅速打破，芒福德关注的 20 世纪早期西方社会中，城市规模已经有了突飞猛进的发展，伦敦和纽约作为当时人口规模最大的两座西方城市，人口接近 800 万。而且，随着时代的推进，发展更为迅速、人口突破千万的西方城市在短暂时间内就增加到了 22 座，这些城市被称为"特大都市"。西方城市在规模上的这种剧变在 20 世纪后期至 21 世纪初期这短短 50 年的时间内表现得最为突出，发展的规模和成果超过了西方城市在其他历史时期变革的总和。[①] 但是，从社会经济、政治、文化等综合视角来观察，西方城市空间的变革伴随着现代技术的兴起和发展，这段西方社会变革的时间大约有 150 年的时间，西方社会文化学家把这段历史命名为现代性时期。但是，要回顾西方国家城市空间在现代性意义上的全面兴起，就得回到 19 世纪的欧洲城市，尤其是 19 世纪的巴黎，而巴黎城市里现代性空间最典型的代表和缩影则是作为商品景观和圣殿的拱廊街。

第一节　19 世纪的城市拱廊街

　　拱廊街是工业化时代奢侈的空间建筑，法国的拱廊街的繁荣时期是 19 世纪 20 至 40 年代，它们是在欧洲现代城市新建之前的建筑，拱廊街的建造工具也是前现代的旧式简单工具，建筑施工中还没有现代技术和设备的辅

---

① Lewis Mumford. *The Culture of Cities*. London: Secker and Warburg, 1938, pp. 10—11.

助。钢铁的大量生产使拱廊街成为划时代的建筑形态，古希腊建筑的石头橡顶、中世纪的石头拱顶都被这一时期的钢架拱顶替代。拱廊街是欧洲城市建筑的革命，这场革命建立在两种建筑材料的基础上——钢铁和玻璃，在拱廊街建筑中最易碎的物质和最坚固的物质结合在了一起。拱廊是在 19 世纪上半期的城市空间里最华丽、最优雅的建筑，玻璃的拱顶，大理石镶嵌的走廊穿越整个街区，因为拱廊街里的商户把彼此的空间连接了起来。玻璃拱顶为封闭的拱廊街带来光照，拱廊两侧是装潢最为优雅的商店，可以说这里就是一个微型世界，"光顾拱廊街的人们能在这里找到他们需要的一切东西。……拱廊街为所有光顾者提供了一个安全而封闭的观光空间"①。本雅明指出直到 1870 年，马车一直统治着巴黎的街道，这使得两侧人行道十分拥挤，所以拱廊街成了人们闲逛的首选空间，在这里不用顾忌坏天气，也不必提防街上横冲直撞的马车，直到 20 世纪初期人们还在感叹："我们今天宽阔的大街和人行道是散步的好场所，但是对于我们的父辈们而言，只有在拱廊街里他们才能散步。"② 拱廊街不仅是商品的"大观园"，也是本雅明后来在城市文化批评中所分析的城市游荡者的天堂，游荡者在这里把闲逛变成了一种行走艺术和美学享受。

　　巴黎城里的拱廊街数量众多，形态、名称各异，不同的拱廊街呈现出不同的个性特征，《拱廊街计划》中对此有详细记录：全景拱廊街（Passage des Panoramas）、维侯－多达拱廊街（Passage Véro－Dodat）、欲望拱廊街（Passage du Désir）（这条拱廊街通向巴黎城早期名声不雅的场所）、科尔伯特拱廊街（Passage Collbert）、薇薇安拱廊街（Passage Vivienne）、新桥拱廊街（Passage du Pont－Neuf）、开罗拱廊街（Passage du Caire）、集会拱廊街（Passage de la Réunion）、剧院拱廊街（Passage de L'Opéra）、三一拱廊街（Passage de la Trinité）、白马拱廊街（Passage du Cheval－Blanc）、布莱西埃尔拱廊街（Passage Pressière）、布罗格树林拱廊街（Passage du Bois de Boulogne）、大脑袋拱廊街（Passage Grosse－Tête）等。③

　　拱廊街的风格精致高雅，光线不好天气里或天黑后，拱廊街里点亮灯，

① Convolute A：[A1，1] in *The Arcade Project*. Walter Benjamin. trans. Howard Eiland and Kevin McLaughlin. Cambridge and London：Harvard University Press，2002，p. 31.

② Convolute A：[A1a，1] in *The Arcade Project*. Walter Benjamin. trans. Howard Eiland and Kevin McLaughlin. Cambridge and London：Harvard University Press，2002，p. 32.

③ Convolute A：[A1a，2] in *The Arcade Project*. Walter Benjamin. trans. Howard Eiland and Kevin McLaughlin. Cambridge and London：Harvard University Press，2002，p. 32.

明亮如白昼，琳琅满目的商铺在拱廊街两侧延伸而去，把这里点缀为商品景观的华丽殿堂。根据本雅明的考证，维侯一多达拱廊街的名字来源于两个富有的猪肉商：维侯（Véro）和多达（Dodat），他们两人在1823年把他们店铺所在的街道和毗邻的街道连接了起来，这条拱廊街的地面是大理石铺设的，在当时算得上大工程，被当时的人们赞誉为"连接街道的建筑艺术"；全景拱廊街的出现可以追溯到1800年，之所以命名为"全景"是因为在这条拱廊街的两端分别有一幅全景画（这两幅画消失于1831年），它是19世纪早期最繁华的城市拱廊街，在1823年到1831年间长盛不衰，在巴黎一直享有盛誉；薇薇安拱廊街是一条更"实在的"拱廊街，这里没有奢华的商店；巴黎最新的拱廊街出现在香榭丽舍大街，是由财力雄厚的美国珍珠商人投资兴建的。① 开罗拱廊街上的主要商务是平面印刷，根据本雅明的记述，在拿破仑三世（Napoleon Bonaparte III, 1808—1873）废除商品流通印花税之后，这里的店铺被里里外外装饰得灯火通明，宽容的商业政策让拱廊街更加富庶和繁华，充分展示了资产阶级商人对昂贵而奢华的商业环境的青睐。拱廊街的兴起是城市空间持续衍化和发展的过程、不断被装饰和逐渐景观化的过程，它们在整体上体现出了不同的时代和文化特点。本雅明的研究中记录到，开罗拱廊街是在拿破仑从埃及返回之后建起的，这条拱廊街的浮雕上显示的是许多关于埃及社会的场景，拱廊街的入口处雕刻着斯芬克斯的头像，铺设时所用的是墓葬里的石头，上面还留有哥特式的铭刻，这些纹饰并没有被磨掉。②

但巴黎也有更早时代遗留下来的旧式拱廊街，显得凋敝灰败、阴郁暗淡，旧式拱廊街并不是人们趋之若鹜的场所。城市空间的景观化是伴随着新式拱廊街的繁荣而逐渐被营造的。根据文献记载，巴黎较早期的拱廊街建造主要集中在1822年至1834年期间，拱廊街里各行业也兴旺起来，有餐馆、图书阅览室、乐器商店、酒店、袜店、男装服饰店、裁缝店、图书店、漫画店，还有各种类型的剧场，③ 光顾这里的行人可以买到所需的一切，享受到城市生活的各种舒适和愉快。随着城市商业日益繁荣壮大，拱廊街里的空间

---

① Convolute A：[A2, 3] in *The Arcade Project*. Walter Benjamin. trans. Howard Eiland and Kevin McLaughlin. Cambridge and London：Harvard University Press, 2002, p. 37

② Convolute A：[A10] in *The Arcade Project*. Walter Benjamin. trans. Howard Eiland and Kevin McLaughlin. Cambridge and London：Harvard University Press, 2002, p. 55, p. 56

③ Convolute A：[A7, 5] in *The Arcade Project*. Walter Benjamin. trans. Howard Eiland and Kevin McLaughlin. Cambridge and London：Harvard University Press, 2002, p. 48

装饰也随之趋于奢华。

城市街道的基本功能是日常交通，在这个意义上讲，19 世纪巴黎的拱廊街已不是纯粹的街道，交通功能在拱廊街里已经彻底退化，这个空间里的行走方式是一种最原始的游荡。游荡者的"龟步"颠覆了拱廊街的交通，使之陷于瘫痪，游荡者是商品的鉴赏者，他的游荡与其说是行走不如说是驻足。拱廊街内的人群中还有被商品及其景观惊得目瞪口呆的张望者，他们陶醉在商品的景观魅力当中，知觉往往处于忘我的无意识状态，和驻足的游荡者一样，这里的人群也是几乎停滞的，在拱廊街视觉的景观里滞留了脚步。拱廊街是近乎完美的空间，人们在此不畏惧冬天的寒冷，没有风吹日晒："这些用钢架搭建并用玻璃遮蔽着的温暖而又通风的拱廊街带给城市生活的便宜和舒适是多么令人赞赏和向往。"①

出现在拱廊街的人群大体上属于资产阶级大众，对他们而言，拱廊街是理想的集体村庄，像夏尔·傅立叶（Charles Fourier，1772—1837）所设想的共产主义村庄、一个微型城市乌托邦，对于该阶级而言，拱廊街是欧洲现代城市生活的王宫，一个完全被钢铁结构支撑、用玻璃罩护着的温室，事实上它胜过王宫："法国国王的杜丽宫都没有这样能遮蔽风雨的长廊，王室成员雨天乘马车出行时仍然要和城市的普通大众一样弄湿衣服，尽管有随从为他们撑伞。"②

拱廊街里的空间高大宽敞，空间上层和下层都有走廊联通，这个空间是一个完整的体系，四通八达；有的拱廊街有三层之高，通往上层的走廊下面都有柱子支撑着，这些柱子排列成行，形成了美丽的柱廊，拱廊街中安装了通风和加热设备，更增添了这里的舒适和惬意。在本雅明看来，巴黎的城市大众和游荡者完全可以想象和盼望拱廊街布满巴黎所有的城市街区，这样巴黎就成了拱廊街织就的大网，四通八达；所有的大街、广场、桥梁上也覆盖了长长的拱廊街，甚至可以在塞纳河上也筑起拱廊街，让拱廊街就像生长旺盛的藤蔓覆盖整座城市，"把巴黎所有的街道都搭上玻璃屋顶、建成走廊，这样巴黎就成了一个温室，我们都成了生长在里面的甜瓜"③。于是，巴黎

---

① Convolute A：［A4a，4］in *The Arcade Project*. Walter Benjamin. trans. Howard Eiland and Kevin McLaughlin. Cambridge and London：Harvard University Press，2002，p. 44.

② Convolute A：［A5］in *The Arcade Project*. Walter Benjamin. trans. Howard Eiland and Kevin McLaughlin. Cambridge and London：Harvard University Press，2002，p. 44.

③ Convolute A：［A10，3］in *The Arcade Project*. Walter Benjamin. trans. Howard Eiland and Kevin McLaughlin. Cambridge and London：Harvard University Press，2002，p. 56.

的市民再也不会被雨淋着、被风吹着、被太阳晒着了，因为拱廊街的钢架和玻璃把人生活的空间和自然完全隔离了，人们完全生活和行走在一个人造的空间，陶醉于人造的景观之中，完全忘却外面那个阴晴变化、冷热交替的、丑陋而裸露的现实空间，甚至把对那个空间所有的记忆统统抹去，这样拱廊街覆盖下的城市空间就成了一个巨大的商品橱窗，一个人造景观的花园，里面长满了"忘忧草"，盛开着"美之花"。与其说拱廊街是对内部空间的装饰和聚焦，倒不如说是对外部空间的抗拒，它是早期资产阶级空间理想的具体表达，这里俨然已是一个梦幻的空间，商品、灯光、镜像共同辉映形成浮华和光彩，这个空间里的一切都成了景致和童话。

拱廊街景观和梦幻氛围的营造依赖于两种物质的使用：氢气和铸铁。拱廊街里的照明除了来自各商铺的灯光之外，主要由氢气喷灯来提供，这些喷灯所需的氢气由输气的蜗形管导出并在喷嘴处被点亮，蜗形输气管就嵌在铸铁的壁柱里。[①] 大玻璃窗里的商品在煤气灯光和镜子的照射中交相辉映，在拱廊街里物质展示了它最辉煌、最迷人的魅力，这里是马克思所说的商品拜物教的殿堂，而把这个殿堂的气氛装点到极致的要算这里的大沙龙，一个不折不扣的童话世界、一个景致优雅的"黄金屋"，它是城市空间装饰中最浓墨重彩的手笔。拱廊街里的沙龙是 19 世纪城市贵族和资产阶级热衷的休闲场所，是"有闲"阶层理想空间的浓缩或空间理想的具象。

人们走进拱廊街就如同进入到一个纯粹安逸和快乐的空间、无忧的乐园，商店、沙龙、咖啡店、剧院随处可见，这里是体面和优雅的空间，城市肮脏的大街和污浊的贫民窟被彻底地隔离了。但是，巴黎的拱廊街并没有让所有的城市资产阶级满意，和后来 19 世纪中期以后豪斯曼城市新建工程一样，拱廊街也曾经引起资产阶级内部的争论，引发这场争论的是普通大街上的商人和拱廊街里的商人在经济利益上的不均衡。反对拱廊街并捍卫城市普通大街的一方抱怨：

> 一百四十条拱廊街张开巨口吞噬了我们的顾客，把街上涌动的人群像吸果汁一样吸空了，不管是那些匆忙的行人，还是那些无所事事的游荡者，拥有人群是大街自古以来的权利，难道你们对这种权利的侵犯视而不见吗？不！我们要求封锁这一百四十个敌人，而且我们要求得到一

---

① Convolute F: [F1, 4] in *The Arcade Project*. Walter Benjamin. trans. Howard Eiland and Kevin McLaughlin. Cambridge and London: Harvard University Press, 2002, p. 151.

千五百万零五千法郎作为它们给我们造成的损失及利息。①

对于 19 世纪早期还未被新建和装饰的城市旧大街，拱廊街的强劲势头显然是难以抵御的，拱廊街像蜜糖吸引蚂蚁一样吸引着巴黎市民，拱廊街里的商人自然是这种魅力的受益者，所以，支持和赞美拱廊街的商人们以拟人的修辞和第一人称的指代来表达对拱廊街的钟爱和维护，他们的辩词更是以诗歌的优雅形式来表达：

> 我们是他们一心想要驱逐和清除的，但我们对于巴黎才是更有用的。
>
> 难道不是我们，以我们欢快的容貌，
>
> 给整个巴黎带来了时尚，让东方繁华富庶的市场在巴黎也兴盛起来？
>
> ……
>
> 人群感叹这些墙壁为什么如此令人喜爱？
>
> 还有这些纪念碑，这些廊柱，
>
> 步入其中，你会以为你置身雅典。
>
> 这巴黎的圣殿散发着高雅的品位。②

促使拱廊街的内部景观蔓延向城市更大的公共空间并最终导致城市空间几乎整体景观化的，除了 19 世纪中期的豪斯曼城市新建工程之外，还有 19 世纪著名的城市工业和商品展览会。这些盛会是工业大资产阶级崛起的空间表达，他们营造的城市景观更加恢宏和盛大，使拱廊街显得相形见绌并逐渐被废弃。19 世纪城市革命的浪潮平息后，工业资产阶级和大商人群体成为欧洲社会的新贵和城市的主宰者，他们雇佣的劳动大军比旧时代贵族打仗的军队更加庞大和壮观；现代工业的"光辉"让封建贵族所有的丰功伟绩都黯然失色；工业生产带来的财富篡夺了贵族纹章对人社会身份和地位表征的权力；支撑着传统社会精神信仰和文化体系的"宗教基督"在 19 世纪的城市现代性空间中被新的"世俗基督"——城市工业——权力颠覆篡权了；这一时期的工业技术和产品及其盛大的展览会就是这个新主宰者强大力量的展示。根据《拱廊街计划》的记述，从 19 世纪初开始，新型工业产品开始在

---

① Convolute A：[A9a，1] in *The Arcade Project*. Walter Benjamin. trans Howard Eiland, Kevin McLaughlin. Cambridge and London：Harvard University Press，2002，pp. 55—56.

② Walter Benjamin. *The Arcade Project*. trans Howard Eiland, Kevin McLaughlin. Cambridge and London：Harvard University Press，pp. 55—56.

卢浮宫的庭院中展出，并成了定期举办的城市盛典，每五年在广场或其他场所举行一次，例如，1834、1839、1844 年都有工业产品展览会，这些展览盛会罗列在一起就是法国工业发展的历史缩影，从法国的工业发展速度和规模来看，巴黎被誉为"19 世纪的首都"是完全有根据的。《拱廊街计划》中这样描写巴黎1855 年世界博览会的工业宫：

> 这里四面的墙壁是由六个亭子合围起来的，在宫殿的低层空间中穿梭着三百零五条拱廊和通道，宫殿巨大的屋顶是玻璃构造的，光线可以直接射入宫殿的内部空间。宫殿总造价高达一千一百万法郎。宫殿大厅东西两端的巨幅画作尤为引人注目，上面的人物栩栩如生，高度不小于6 米，这些人物形象象征着工业化的法国和公正的精神。[1]

巴黎的工业宫和英国世界博览会的水晶宫可以说是 19 世纪中期城市工业最壮观、最辉煌的展览，可当之无愧地被称为资产阶级用工业技术建构和装饰出来的"大观空间"，空间的梦幻效应在这里达到了巅峰，19 世纪的文人描述伦敦的水晶宫时写道："它就像是我们在古老神话中听到的神奇世界，这里是晶莹剔透的水晶空间，神话的世界变成了眼前的现实，我带着敬畏和纯粹愉悦的心情目睹这一切。"[2] 有人把 19 世纪的城市工业产品博览会和古希腊的城市盛会进行对比，如奥林匹克运动会、泛阿西娜女神节[3]，它们可以说盛况相当，但又指出 19 世纪的资产阶级商品博览会缺乏古代希腊城市盛会的诗歌气质，没有古希腊城市文化的光晕，[4] 工业博览会闪耀着商品的光芒，却没有散发出欢乐的灵氛。本雅明指出，世界博览会是资产阶级大众商品鉴赏的"培训学校"，这里虽然不销售商品，但是却让大众深刻领略了商品的辉煌及其价值象征，在这里商品的使用价值被彻底冷落和遗忘，这样令人震惊的景观体验灌输了工业技术和商品的新观念，带来了大众思想意识的大变革，工业艺术和商品所表征的意义颠覆了传统观念对商品的认知和理解。商品和商品生产再也不仅仅是拿来使用和满足生活需要的物质，它是现

---

① Convolute G：[G11，1] in *The Arcades Project*. Walter Benjamin. trans. Howard Eiland and Kevin McLaughlin. Cambridge and London：Harvard University Press，2002，p. 192.

② Convolute G：[G6a，1] in *The Arcades Project*. Walter Benjamin. trans. Howard Eiland and Kevin McLaughlin. Cambridge and London：Harvard University Press，2002，p. 184.

③ 泛阿西娜女神节 (Panathenaia)，一年一度的祭祀雅典城的保护神阿西娜生日的节庆，为古代雅典人最盛大的节日，也是古代希腊最著名的节日。

④ Convolute G：[13a，3] in *The Arcades Project*. Walter Benjamin. trans. Howard Eiland and Kevin McLaughlin. Cambridge and London：Harvard University Press，2002，p. 197.

代科学和技术理性的象征，是物质文明进步和发展的硕果，是城市空间中璀璨的"星丛"，它的光芒照亮了人间"最幸福""最美好""最富足"的生活，商品就是上帝的"圣杯"、阿拉丁的"神灯"，它赋予拥有者世间的"极乐"。

第二节　19世纪的城市景观空间

拱廊街为19世纪的巴黎实实在在地营造了一个异彩纷呈的梦幻空间，这不是文学的修辞和夸张，烘托这个空间梦幻气氛的除了精美商品的"星丛"，还有无数熠熠生辉的镜子及其所投射的"镜像"。琳琅满目的镜子以映射的方式拓展了拱廊街的空间，开阔的外部空间和大街被镜子挪进拱廊街里的咖啡馆和沙龙。镜像和投影是拱廊街装饰的重要部分，是游荡者视觉中不可或缺的景观。白天这些镜子的视觉影像还算"冷静""清醒"，并稍显暗淡；一旦到了晚上，镜像就会产生幻觉效应，在煤气灯光晕的映照下，镜子把这里的空间一下子渲染得"快活"起来，梦幻的氛围达到极致："白天最不起眼的酒馆也散发着迷人的魅力，人们似乎看到一个全新的空间；镜子映射拱廊街两侧形形色色的商品，营造出如梦的繁华，这一切由于沐浴在昏黄的灯光中而愈发显得新奇和美好。"① 镜子把拱廊街装饰成了一个绚丽的舞台，舞台的门和墙壁都有镜面覆盖，空间的内部和外部融合了，并整个地变成了影像。

游荡者在想象中把空间的镜像甚至拓展到整个城市，巴黎的柏油路面像镜子一样平整，巴黎所有店铺都有玻璃做的门面，咖啡馆更是到处装有玻璃和镜面，镜像似乎要把所有的空间细节、每一个角落和空间"褶皱"都完全呈现出来。在游荡者的视觉体验中，甚至是每个行人的眼睛都成了映射城市空间的镜子，而覆盖着塞纳河和整个巴黎的天空也成了一面绵延的巨幅镜面，巴黎成了一个空间的镜像并"展现出镜像透视景观的盛况，凯旋门、圣心大教堂、先贤祠远远望去就像是矗立在地面上的镜像，一个海市蜃楼的幻景"②。本雅明透过游荡者的视角，把缀满镜像的城市空间超现实化了，镜像有一种魔幻效应，拱廊街里无数的镜子让虚假的形象和意识在相互映射中

① Convolute R：[R1, 1] in *The Arcades Project*. Walter Benjamin. trans. Howard Eiland and Kevin McLaughlin. Cambridge and London：Harvard University Press，2002, p. 537.

② Convolute R：[R1, 6] in *The Arcades Project*. Walter Benjamin. trans. Howard Eiland and Kevin McLaughlin. Cambridge and London：Harvard University Press，2002, p. 538.

无穷地衍生下去，就像语言符号的能指链条，产生无限的"延异"。镜子也让城市大众的自我形象日益凸显和强化，而巴黎人尤其是女人们热衷镜像里的自我，咖啡馆、商店、发廊、各种沙龙到处都有镜子的映照，在巴黎街头每走一步，行人都能看到镜子里的自我，对外在自我形象的反复投射和浏览让人的自我关注一直处于流动和外在的状态，对内在"自我"的关注和体验不断地被忽视和遗忘，现代城市大众于是开始把镜像的自我认定为全部的自我。拱廊街的镜像化代表着现代性城市空间的镜像化、现代人自我意识的镜像化。

除了镜子，带有光泽的金属板也被用来营造空间的光辉，19世纪铁艺技术的进步和发展为这种装饰提供了物质和技术基础，本雅明指出对空间光辉的营造很早就出现在迈锡尼人的拱顶厅室，光晕逐渐成了欧洲室内装饰的传统，建筑的整个内部都要融入光晕。但他指出，这样的装饰也破坏了空间结构的基本特征：差异和对比。[①] 而且空间的整体装饰使空间单一化、模式化，剥夺了空间意义的丰富性。拱廊街的装饰不仅是影像化的也是整体性的，所以拱廊街是一个现实和意义都模糊化的空间，步入其中就是置身梦境，让人体验到新奇的同时，感受到陌生和迷失。无数熠熠生辉的镜子就像闪耀的群星，它们打开了众多的空间和门廊，分不清哪个是真实的、哪个是镜像的；或者可以说，拱廊街中根本就没有方向、位置的划分和界定，这是商品和景观的伊甸园，人在这里只是纯粹的游荡和观赏，不需要目的和方向。这个镜像簇拥的空间让人们失去对真实的感知，也无力再把握真实：

> 这个空间在虚无中不断地变换着自己。……镜像中事物的形象（就像是遵循魔鬼的法则）懂得如何让事物和其镜像的虚无串通起来，拱廊街中充盈着目光凝视的窃窃私语，这里的一切都吸引着匆忙游离的眼睛……拱廊街的空间回应着这些窃窃私语的目光。……它似乎忽然向游荡者发问"在我这里有什么？"游荡者顿觉木然，于是问题又被反弹了回去："在你这里有什么？"[②]

19世纪城市景观和梦幻空间出现的背景是城市生活的商业化，商业化日常生活使商品意识深深渗入现代人的思想当中，这使得他们的理性趋于工

---

① Convolute R：［R2a, 1］in *The Arcade Project*. Walter Benjamin. trans. Howard Eiland and Kevin McLaughlin. Cambridge and London：Harvard University Press，2002，p. 541.

② Convolute R：［R2a, 3］in *The Arcades Project*. Walter Benjamin. trans. Howard Eiland and Kevin McLaughlin. Cambridge and London：Harvard University Press，2002，p. 542.

具性和实用化。新的理性推动现代人的自我不断中心化、原子化，由这样的个体构成的人群在集体意识上是缺失的，现代人个体强烈的自我意识汇聚出城市人群的"集体无意识"。不仅如此，城市景观和梦幻空间对人群产生了巨大的"催眠"效应，使他们的意识陷入"深度睡眠"，19 世纪的建筑被本雅明这位巴黎最坚定的城市游荡者视为人潜意识的物质形态。所以，城市游荡者所表征的意义之一就是一种"批判的武器"——对城市虚假空间和人群虚假意识的批判，这个"批判的武器"所要呈现和剖析的就是商品经济和政治意识形态联合对现实的颠覆、对人群的禁锢。但本雅明的游荡者表征的是一种城市文人的社会救赎方案，他没有把"批判的武器"推进到马克思所说的"武器的批判"，他呼吁的是一种思想的醒悟，用梦的猛醒打破梦的禁锢，以一种"梦的辩证法"解放现实：

> 我们在梦的语境中探索哲学目的论的时刻（teleological moment），这个时刻是期待的时刻，梦在期待着猛醒时刻的到来，沉睡者只是暂时地把自己交付给了死亡和无意识，当他等候的那个时刻到来时，他将从梦和无意识的枷锁中挣脱出来；同样，沉睡和无意识的集体也将在其新生代等到从梦中猛醒的快乐时刻。①

作为典型的城市文人，本雅明对这种文化救赎发出了乐观的预言："19 世纪的大众和城市空间的猛醒已经蓄势待发，就像特洛伊人要从对希腊人的木马想象和幻觉中醒来一样。"② 他期待一切虚假和表象都被打破、被撕去，所有虚假空间和虚假意识被消解，让城市和人群都得到解放和救赎。

虚饰和表象是 19 世纪城市空间的外衣，是城市大众"集体无意识"最突出的特征，本雅明认为 19 世纪文化批评的对象并不是机械主义或机器崇拜，而是历史主义对人意识的麻醉，对外表、虚饰的热衷和推崇，这种批评是对历史的新思考和再建构，他认为超现实主义者是这一文化批评的发起者。③ 资本主义作为一种真实的存在却给欧洲带来了梦幻和沉睡，资本主义的商品和商品意识以梦幻的形式谱写了新的神话，商品经济的神话和启蒙运动确立的理性神话密切结合，构筑了 19 世纪城市文化的宏大叙事，以意识

---

① Convolute K：[K1a，2] in *The Arcades Project*. Walter Benjamin. trans. Howard Eiland and Kevin McLaughlin. Cambridge and London：Harvard University Press，2002，p. 390.

② Convolute K：[K2，4] in *The Arcades Project*. Walter Benjamin. trans. Howard Eiland and Kevin McLaughlin. Cambridge and London：Harvard University Press，2002，p. 392.

③ Convolute K：[K1a，6] in *The Arcades Project*. Walter Benjamin. trans. Howard Eiland and Kevin McLaughlin. Cambridge and London：Harvard University Press，2002，p. 391.

形态的方式稳稳地建立起其在欧洲社会文化领域的领导权，并以商品景观和梦幻的形式加以表征。但是，游荡者敏感地体验到在城市空间表层的景观之下掩藏着单调、乏味和空虚："小小的流浪者在这个昏睡的城市感到难以言喻的沮丧和压抑，这里的一切都悄无声息，就像一个瘫痪的蚁穴，这个空间让人感到眩晕，这个嗜睡的空间似乎正纠缠在梦魇当中，人群和空间一起陷入了沉睡。"①

拱廊街是19世纪上半期资产阶级还未能在城市空间确立稳定统治和霸权时就已经着手营造的封闭而安全的景观空间，而在资产阶级统治地位日益牢固，并确立意识形态领导权之后，这个封闭的空间无法容纳或禁锢商品景观的疯狂生长和扩张，这个封闭空间最终发生了"爆破"，压缩在拱廊街里的商品及其景观的"星丛"散布到整个城市空间，资产阶级生产的商品、建构的景观终于冲破了"潘多拉之盒"，到城市的所有空间撒欢去了。19世纪的城市于是展现出全新的面貌，城市旧街区被大量拆毁，下层群体被驱赶到了城市外围和边缘，城市在主体上被建造为"有闲阶层"美好而舒适的生活空间：

> 所有精致的东西都被用来营造城市的广场。这些东西都是政府部门事先订购的，早已制作好了的：树木是用彩色纸板制作的，各种花卉是用塔夫绸制作的，它们把广场装饰得像一个沙漠中的绿洲；细心的营造者甚至在树叶丛中放置了人工制作的并且能整日鸣唱的鸟儿。建造者就这样把自然界一切美好的东西都留在了城市广场，把自然界一切不怡人的、无价值的东西消灭得干干净净。②

值得一提的是，和19世纪城市空间的装饰形成照应的是现代人的形象装饰，这突出体现在城市贵妇帽子的装饰上，女帽的装饰在19世纪后期的欧洲形成了一种时尚，并给大自然的鸟类带来一场残忍的浩劫，这一时期"有闲阶层"女士的头被比作鸟类的坟墓："珍禽的羽毛对制帽业价值非凡，它们在增加帽子高度的同时又没有加重帽子的重量；19世纪80年代开始，来自世界各地的珍奇鸟类的羽毛开始充斥英国的制帽业市场。"③ 19世纪后

---

① Convolute K：[K5a，5] in *The Arcades Project*. Walter Benjamin. trans. Howard Eiland and Kevin McLaughlin. Cambridge and London：Harvard University Press，2002，p. 399.

② Convolute K：[K6，5] in *The Arcades Project*. Walter Benjamin. trans. Howard Eiland and Kevin McLaughlin. Cambridge and London：Harvard University Press，2002，p. 400.

③ Nicholas Daly. *The Demographic Imagination and the Nineteenth-Century City: Paris，London，New York*. Cambridge and London：Cambridge：University Printing House. 2015. p. 169.

期兴盛于伦敦的女帽生产被称作"谋杀的制帽业"（murderous millinery），相关文献的数据记录为这个称呼做了中肯的"正名"：

> 仅白鹭的羽毛和鸟皮就数量来看，就有九千七百只被捕杀；从蜂鸟鸟皮的数量估算，有一万五千只被捕杀……1884 年至 1885 年间的五个月内，有六千八百二十八只天堂鸟、四千九百七十四只棕尾红雉、四十万零四千四百六十四只来自西印度地区的鸟，以及三十五万六千三百八十九只来自东印度地区的鸟被交易。……W. H. 哈德森① 1894 年 10 月 17 日写给《泰晤士报》的信中提到，仅 1894 这一年，被输送给时尚制造业的鸟的数量达到二千万只。②

鸟类不是大自然提供给 19 世纪城市空间和"有闲阶层"的唯一时尚装饰物，"拱廊街里个性鲜明而独特的店铺招牌表现出愉快风趣的时尚气息，有的上面装饰着各种动物，如鹬、雉鸡、兔子、鹿角、鱼类，等等"③。就像工厂工人把自己变成了机器的一部分并以繁重和乏味的劳动提供了建构城市景观的材料和商品一样，大自然不计其数的鸟类以生命装饰了城市空间和"有闲阶层"的生活。19 世纪的城市装饰，不管是哪一种，不管多么绚丽夺目，背后都有令人惊愕的丑陋和残酷。尽管装饰得如梦如画，但 19 世纪的城市从来都是两面性的"亚努斯"（Janus）空间，"巴黎的城市空间就像是古巴比伦国王的塑像，一半是黄金，一半是污秽"④。这装饰绚丽的领域的建筑和景致都散发着如画的魅力，而一切的景观都仅仅取决于观赏的视角，城市的"伊甸园"预设着城市"魔域"的存在，就像任何一个个体的"自我"存在必然默认并依赖于"他者"或"非我"的存在一样。

---

① 威廉·亨利·哈德森（William Henry Hudson，1841—1922），美国作家、博物学家、鸟类学家。

② Walter Benjamin. *The Arcades Project*. trans. Howard Eiland and Kevin McLaughlin. Cambridge and London：Harvard University Press，2002，p. 170.

③ Convolute A：[A1，2] in *The Arcades Project*. Walter Benjamin. trans. Howard Eiland and Kevin McLaughlin. Cambridge and London：Harvard University Press，2002，p. 32.

④ Priscilla Ferguson. *Paris as Revolution: Writing the Nineteenth-Century City*. Berkeley，Los Angeles，Oxford：University of California Press，2015. p. 134.

第三节　城市空间的文化表征：从命名到新建

　　19 世纪城市现代性空间中潜藏着一个深层的结构、一个抽象的系统，这个系统在法律、权力、经济的操作和控制中严格而绝对地标注了社会差异。于是，在现代城市中出现了一个普遍的矛盾：表层空间的任意性掩盖着深层的制约系统和机制。系统性和任意性、实在和潜在的矛盾结合才是现代城市空间的完整体系，城市空间的表层之下是资本主义生产和社会制度的深层结构，城市空间受生产关系和意识形态的制约。政治的动荡、城市化的加剧、人口的猛增、社会新旧思想意识的更替，这一切使 19 世纪的城市在形式和内涵上都呈现出全新面貌，无数的城市"生理学"文本一时成为人群了解和认识新空间的重要文本、城市生活空间认知和心理体验的"指南"，这些文本是 19 世纪城市书写的重要文类，是城市小说的原型，是对巴黎城市变革的回应，是对城市新空间进行命名、界定、探究的尝试和努力。但是，由于空间的不断变革，这种城市空间表征的文化书写变得困难重重，这些文本的叙事和所描写的城市图景，很快就变得偏颇和过时。

一、城市空间的命名

　　19 世纪上半期，巴黎的城市空间中王权痕迹仍然随处可见——纪念碑、宫殿、教堂，可以说整个城市空间仍被禁锢在王权秩序中。但是，新的时代和空间也在不断迫近，频发的城市革命和暴动试图颠覆这个旧式的空间及其秩序，将其从人们的视觉和记忆中抹去，资产阶级要借助革命来重新建构城市空间。巴黎爆发的每一次革命，都带来了城市空间相应的变革，每一次政治的动荡都会重新对城市进行与新出现的权力关系相应和的空间再表征，城市文人、建筑师、规划家、政府官僚都参与到城市空间的表征中。空间和场所的名称及名称的变更往往就是城市变革的缩影，尤其是在巴黎这样历史悠久和文化深厚的城市里，文字、符号、图像都参与表达空间的意义，从中能勾勒出空间文化、权力及其变革的线索。此外，这些文字和符号，例如街道的名称，除了标记场所的名称，还是一种空间社会化和文化认同的方式："它们书写和记录过去，同时，又在时间的进程中把'当下'历史化，延续一种文化传统"①。它们既有政治的功能，也有意识形态的力量，城市街道上的文字和符号构成了一个解读城市的特殊语义场。19 世纪的巴黎就是一个文字和符号的海洋，文人游荡者在城市中阅读、分析这些文字和符号，想象它们叙述的故事和传说，正是这些符号和文字把平凡的城市变成传奇的文化空间，它们是讲述城市历史、神话、故事的"复调"和"众声喧哗"。

圣经中亚当为万事万物命名的故事在西方文化中树立了一种思想观念：命名即是拥有权力，命名作为一种权力的象征在人类社会的最初就已经被认可，并被赋予神圣性，亚当对万物的命名权力是上帝的神圣赐予。同样，城市街道的名称也是权力和权力合法性的表征。空间的命名和空间意义的表征中充满冲突和斗争，这在城市街道的命名和名称的更迭中可以被直观解读。和所有的古老城市一样，旧巴黎有很多"乡土"气息的名称，这些名称往往是描述性的，也就是说场所的名称和场所之间有某种关联性，它们是对城市所进行的形象而生动的空间叙事，其中有表达场所位置的，有表达地理形态的，有涉及空间领域归属者、居住者身份或场所中行业和店铺名称的，② 诸如此类的空间名称和市井生活的场面一样生动和丰富。城市里街道等公共场所的旧式名称充分体现了民间语言的特征，充满生活气息，表达出空间的特点和个性，名称和场所之间存在一种符号能指和所指之间的"像似性"。

城市空间的传统命名在概念上并没有太多负荷，听上去简单直接，名称发音自然而熟悉，体现出语音的纯粹性，名称所表达的意义熟悉而亲切，往往给人留下想象的空间，这些街道名称庞杂多样，表现着生活的多姿和有趣：

> 我走进小十字场街，穿过胜利广场，又走入盔甲街，再拐进小神父街，最终到达平等宫。这串名称真是一盘大杂烩！第一个名称让人回味教堂祭祀用具和乡村田园的气息，第二个名称纪念军事凯旋，第三个名称让人联想到一场伏击战，第四个名称记录着对僧侣阶层的昵称，最后一个名称则让人反思那些无知的阴谋家和野心家对"平等"一词的滥用。③

---

① Priscilla Ferguson. *Paris as Revolution: Writing the Nineteenth-Century City*. Berkeley, Los Angeles, Oxford: University of California Press, 1994, p. 16.

② Priscilla Ferguson. *Paris as Revolution: Writing the Nineteenth-Century City*. Berkeley, Los Angeles, Oxford: University of California Press, 1994, p. 18.

③ Convolute P: [P2a, 3] in *The Arcades Project*. Walter Benjamin. trans. Howard Eiland and Kevin McLaughlin. Cambridge and London: Harvard University Press, 2002, p. 521.

《拱廊街计划》的摘录提到，位于圣昂图万省（杜省）的巴士底狱广场虽然算坐落在郊区，却离巴黎仅咫尺之遥，但是，这里的居民还是会说他们要去巴黎，而这个郊区却展现了它不同于巴黎市区的社会道德和风俗特征，甚至在这里的街道名称中也有所体现：

> 和巴黎其他区域一样，政府已经对这个地区的房屋进行了系统的数字编号，但这里的居民似乎更喜欢它们的旧名称；如果你询问某个人的房屋地址，你听到的不是冷冰冰的数字号码，而是更有生气的奇怪名称："暹罗国王""金色星星""两姐妹的院落""耶稣之名""花篮""圣徒精神""清新空气""猎人屋""好种子"，等等。①

这些旧时代的名称既有对生活空间独特个性的描述，又彼此相互关联，不是数字的机械关联而是有机生活的联系，这些名称连起来形成一个生动的文本，把市井生活的空间呈现得栩栩如生。传统城市空间的命名者不是文学家、语言学家、社会学家、城市规划家或建筑师，而是生活中的普通民众，他们对空间的命名既没有文学的晦涩，也没有数字编号的枯燥，所使用的语言也都是朴实生动的大白话，有时甚至有些粗俗。

19世纪早期到巴黎观光的外国游客也许会对巴黎某些杂乱而平庸的街道名称印象深刻，并主观臆测这些街道上的居民也一样的平庸、品位不佳，因为有些街名听上去粗俗不雅："坏家伙街"（Rue des Mauvais-Garçons）、"猪血腊肠街"（Rue Tire-Boudin）、"脏话街"（Rue Mauvaises-Paroles）、"钓鱼猫街"（Rue du Chat qui Peche）、"无头女人街"（Rue Femme-sans-Tête），② 这些街道的"污名"冒犯了"理性"而"文明"的有闲阶级。19世纪中期以后的巴黎开始经历豪斯曼工程的大翻新，城市空间不仅重新被营造，而且被重新命名，街道和各种公共场所的新名称中市井俗语的生动气息荡然无存，最典型的表现是数字编号在城市空间命名中的出现，新的名称体系折射出一种新的理性和意识，侧重系统性、工具性和实用性，传统空间名称的叙事性和故事性被清除，街道名称的演变呈现出城市空间名称的所指意义不断地被改写，直至最初的名称及相关意义彻底消失：

> 巴黎大街"Gît-le-Coeur"最初名为"Gilles-Queux"，这个名称来

---

① Convolute P：[P2a, 4] in *The Arcades Project*. Walter Benjamin. trans. Howard Eiland and Kevin McLaughlin. Cambridge and London：Harvard University Press，2002，p. 521.

② Convolute P：[P3, 2] in *The Arcades Project*. Walter Benjamin. trans. Howard Eiland and Kevin McLaughlin. Cambridge and London：Harvard University Press，2002，p. 522.

自居住在这条街上的一个重要人物吉尔厨师（Guile-Queux①），随着厨师被遗忘，这条街的名字由"Gui-le-Queux"先演变为"Gille-le-Cueur"，随后又变为"Gilles-Coeur"，最后变为现在的"Gît-le-Coeur"（心之所在），这个名称也就杜撰了许多故事出来，主题是亨利四世所谓的情妇曾住在这里，所以这里就是亨利的"心之所在"。……最令人愉快的名称变化是巴黎第四区的"Pute-y-muse"街（妓女街）演变为"Petit-Musc"街（小麝香街）。②

这两个街道名称的变革折射出民众对统治阶级及其生活自下而上的好奇、统治阶级对民众自上而下的"教化"，但都表现出一种幻想和强加，都抹去了这些名称所表达的城市生活场景的真实性。

城市空间命名的变革折射出社会思想和观念的变革，城市空间命名的新词汇形成了一个新的文本系统，体现了19世纪资产阶级对城市空间进行理性化、秩序化、系统化再构建的诉求。这个文本系统的形成历经了一个漫长而多变的过程，例如门牌在城市公共空间和市民居住区域中的出现和推广。根据《拱廊街计划》的记录，巴黎真正意义上的街道牌最早出现在1643年，当时多明我教会获准标注其所在的街道，而"圣·多明我街"之前名字叫"奶牛街"；随后直到1728年，巴黎的警长才下令在街道首尾的两幢房屋上标注街道的名称；1729年，巴黎的街道名称和街区编号被凿在了墙壁的石头上；到了1823年，印着黑色背景和白色字母的金属街牌代替了石刻的街名；1844年出现了第二代蓝色背景白色字母的金属街牌，而且还上了釉；③1800年11月3日法国统治者颁布法令，勒令全面修改巴黎街道的名称，法国大革命期间涌现的大量新词语被摈弃，街道名字里的政治人物的名字被军事将领的名字所取代；1805年，根据皇帝的法令，巴黎城里的房屋首次被编号，但市民只接受在其房屋的侧门上编号，拒绝在大门上编号；资产阶级革命把城市街道和房屋的编号制度带进了巴黎的各个区，有的编号数目达到

---

① Gui-le-Queux的变形，相当于英语中的"Guy the Cook"意思是名叫"居伊"的厨师，queux在古法语中的意思是"厨师"。

② Priscilla Ferguson. *Paris as Revolution: Writing the Nineteenth-Century City*. Berkeley, Los Angeles, Oxford：University of California Press，1994，p. 19.

③ Priscilla Ferguson. *Paris as Revolution: Writing the Nineteenth-Century City*. Berkeley, Los Angeles, Oxford：University of California Press，1994，p. 23.

了 1500 至 2000 个之多。① 主持这次编号的是时任塞纳省行政长官的尼古拉·弗绍（Nicolas Frochot），编号以塞纳河为参照，有规定的方向和序列：塞纳河自东向西贯穿巴黎，街道要么平行于塞纳河，要么垂直、倾斜于塞纳河。若与塞纳河平行，则顺着塞纳河的流向，编号是右侧偶数，左侧奇数；如果与塞纳河垂直或倾斜，编号则是逆塞纳河流向，右侧双数，左侧单数。编号的数字被印在一块方形的小铁盘上，红底白字。② 形式统一的街牌和系统化的房屋编号给巴黎大街的民间命名最后的致命一击。

在 19 世纪巴黎的革命暴动中，街道的名称和命名已经成了一种意识形态斗争的手段和武器，革命对巴黎大街重命名的目的是要灌输新的政治和社会思想，于是，街道上以前那些王室成员和圣徒的名字纷纷被革命英雄的名字所取代，例如，"Montmartre" 改为 "Montmarat"，"Hôtel Dieu" 改为 "Mirabeau-le-Patriote"，"Sainte-Anne" 改为 "Helvétius"；一些旧式的街名被新时期所推崇的社会美德的名称所取代，例如，"Princesse" 改为 "Justice"，"Richelieu" 改为 "La Loi"。③ 改革派倡导的街道命名方案中提出，应该把法国城市和各个地方的名称作为街道命名的选择对象，根据这些城市和地方的地理位置，兼顾这些区域的河流和山川来命名巴黎的大街和小巷，行人在大街上就可以学习法国的地理知识，而且这样就把法国融进了巴黎，也把巴黎融进了法国。法国大革命时期还有建议提出让巴黎的大街小巷冠以各种美德和慷慨情感的名称，这个方案还很注重这些美德和情感在空间中的逻辑性："公正街（Rue de la Justice）或人道街（Rue de l'Humanité）势必要通向幸福街（Rue du Bonheur）……而廉洁街（Rue de la Probité）

---

① Convolute P：[P1，4] in *The Arcades Project*. Walter Benjamin. trans. Howard Eiland and Kevin McLaughlin. Cambridge and London：Harvard University Press，2002，p. 517.

② Convolute P：[P1，4] in *The Arcades Project*. Walter Benjamin. trans. Howard Eiland and Kevin McLaughlin. Cambridge and London：Harvard University Press，2002，p. 520.

③ Priscilla Ferguson. *Paris as Revolution：Writing the Nineteenth-Century City*. Berkeley，Los Angeles，Oxford：University of California Press，1994，p. 27.（Montmartre：意为"战神的山丘"，这个名称在基督化后变成蒙马特，象征烈士之山。Montarat 衍生自人名 "Jean Marat"：——法国资产阶级大革命中被暗杀的革命者；"Hôtel Dieu" 字面意思是"主之宫殿"，"Mirabeau-le-Patriote" 意为"爱国者米拉博"，米拉博是 1789 年大革命中代表巴黎民众之声的贵族，被誉为民族英雄，他提倡法国仿效英国的君主立宪制；"Sainte-Anne" 意为"圣徒安妮"，"Helvétius"（爱尔维修），法国 18 世纪的哲学家，他提倡自由、平等和个人主义；"Princesse" 和 "Justice" 的字面意思分别为"公主"和"正义"；"Richelieu"，法国 17 世纪天主教会大主教"黎塞留"，"La Loi" 法语词，意思是"法律"。

则要穿越整个巴黎并通向最美好的空间。"①

革命时期的城市空间命名是一项所有人都踊跃参与的集体事务,巴黎的普通市民和有影响力的人物都积极建议、各抒己见,但基本的观念是把公共空间和人的内在心灵联系起来,把空间的表征和人的生存、社会理想联系起来,在注重空间命名系统性的同时兼顾人的情感和道德:

> 1791 年巴黎的一位名叫阿乌西的公民建议,巴黎街道的命名应该和革命中的大人物联系起来;这样革命就能被永远纪念下去;1792 年另一位公民夏姆洛更加激进地建议用美德的词汇命名城市的所有街道:巴黎圣母院改称为共和国"人道广场",两边的大街分别改名为"慷慨街"和"情感街",弗莱西奈大厅改为共和国"节俭广场",这样人们就把美德挂在了嘴边……渐渐地美德就会驻留在他们的心里。②

1794 年巴黎神父格雷古瓦在城市公共空间命名方面提议,每一个名称都应该是一个思想载体,唤起公民的高尚情感和责任心。让这些名称形成一个体系,让人们带着思想和情感行走在城市空间:"从革命广场穿过宪法大街走向幸福大道难道不是最自然的吗?"③

七月王朝时期,大部分与法国革命相关的街道名称都被废弃,新的街道名称却在纪念另一个阶级、另外一场革命,如"the Rue de 29 Juillet"(7 月 29 日街)。④ 城市空间的命名是意识形态斗争的突出领域,表达不同社会阶层的政治和文化诉求,但法国大革命并没有真正实现资产阶级把城市空间理性化的愿望和理想,这个任务在半个世纪之后的豪斯曼城市新建工程中才得以全面的展开和推进。资产阶级城市空间的理念中有连贯性和系统性表征的诉求,但是,他们事实上所书写的城市公共空间名称的文本并不具有真正内在而有机的"连贯性",他们的文本遮掩了而不是展现了城市空间的地理特征,名称遮蔽了场所。资产阶级空间命名的理性化和系统化(如数字编号和门牌)剥夺了城市大众对空间自发而"像似性"的命名权力和愿望,资产阶

---

① Convolute P:[P2a, 5] in *The Arcades Project*. Walter Benjamin. trans. Howard Eiland and Kevin McLaughlin. Cambridge and London: Harvard University Press, 2002, p.521.

② Priscilla Ferguson. *Paris as Revolution: Writing the Nineteenth-Century City*. Berkeley, Los Angeles, Oxford: Cambridge and London: University of California Press, 1994, pp.28—29.

③ Priscilla Ferguson. *Paris as Revolution: Writing the Nineteenth-Century City*. Berkeley, Los Angeles, Oxford: University of California Press, 1994, pp.28—29.

④ Convolute P:[P2a, 2] in *The Arcades Project*. Walter Benjamin. trans. Howard Eiland and Kevin McLaughlin. Cambridge and London: Harvard University Press, 2002, p.520.

级要把城市建构成一个符合他们思想的"理想"空间，于是，理性化、秩序化、系统化的现代空间压制和驱逐了杂乱性、自发性、多面性的传统空间，城市现代性空间的"同质化"在此过程中开始滋生和蔓延。

二、城市空间的新建

在 19 世纪上半期的文学书写中，城市经常被比喻为荒芜的丛林，神秘而充满危机，19 世纪早期革命和暴动频发的城市往往被描述为一个混乱的深渊，城市的下层群体在资产阶级眼中就像是丛林中的野蛮人，这引起资产阶级对城市生活的恐惧和不安，对城市公共空间进行治理并使之"秩序化""安全化"成了当务之急，这也是豪斯曼城市新建工程的时代和社会背景。

1853 年豪斯曼男爵被法国第二帝国皇帝任命为塞纳省省长，他是对巴黎城市进行再建工程的设计者和指挥者、空间再叙事的权力象征，但直到 1870 年他被撤去职位和剥夺权力，巴黎的重建都没有最后竣工，这次城市新建是一个浩大而漫长的工程，一直持续到法国第三共和国时期。豪斯曼工程表达了资产阶级对城市空间的现代化诉求，它要以城市空间的全新模式和格局赢得资产阶级和贵族作为统治者对公共空间的认同和悦纳。豪斯曼显然充分实现了他们的愿望，新空间不仅超越了人们的想象，颠覆了人们的空间观念，在让他们震惊的同时体验到新奇和陌生。然而，可驾驭和熟悉的旧式空间的消失导致了人们空间体验的失控感，这是现代城市空间新体验的开端。豪斯曼对巴黎的新建和再表征是现代性空间对传统空间的覆盖和再书写，新巴黎是一个完全人造的空间、每天都在变化的空间，空间景观的装饰遮蔽了旧时空间裸露的真实，旧时的巴黎已无影踪，波德莱尔感叹道："啊！这城市是多么的善变，它比人心变得更快！"[①]

很多城市研究者把豪斯曼的城市新建认定为 19 世纪的城市化，进而又把它当作是城市空间现代化进程的一部分，显然豪斯曼巴黎新建工程的确是这些过程的参与者，但是，在实质上它并不能完全等同于现代意义上的城市化和现代化举措；相反，城市新建工程实施者和支持者恰恰是要以对城市空间的规划和控制来对抗城市扩张、人口增长等带来的混乱和潜伏的危机。[②]

---

① Charles Baudelaire. *Les Fleurs du Mal*. New Hampshire：David R. Godine，Publisher，Inc. 1982，p. 90.

② Priscilla Ferguson. *Paris as Revolution: Writing the Nineteenth-Century City*. Berkeley：California University Press，1994，p. 118.

豪斯曼代表统治阶级要把这个众声喧哗的混乱空间秩序化或规约化，以避免潜在的社会动荡对资产阶级立宪王朝的威胁。这种对城市空间的整饬是政治和权力维护的诉求和实践，是一个阶级在获得了统治权之后必须要致力完成的基本建设。豪斯曼城市工程的目的就是以盛大的空间更新宣扬立宪王权思想，保障统治阶层的共同利益：

> 19世纪巴黎的城市再建完全称得上令人惊叹……这种空间的重构试图以笛卡尔式的法国来取代潜藏着空想家和革命者的涣散无序的法国……在他们一心所要营造的城市理性空间中，资产阶级统治者要把一切都操纵在自己的掌控之下……他们应对城市空间的理性化诉求和措施使得空间的概念和意义笼罩在复杂、模糊和变动不居之中。①

在旧式的巴黎，大众是城市的"土生子"，他们是城市生活的主体和参与者，而在豪斯曼重建的新巴黎，他们成了丧失意识的旁观者，人群不再是城市生活的主体和参与者，集体地变成了景观空间里目瞪口呆的张望者。新的城市空间以其恢宏和盛大的景观既连接着过去又指向未来，既有王权的威严又有资产阶级的商业化特征。统治者对城市空间进行了权力的标注，他们以第二帝国王室成员的名字命名巴黎的大街和要道，②豪斯曼营建的新巴黎更像是供给城市统治阶级游乐的场所。

19世纪后期巴黎市民置身在城市公共空间，就像19世纪早期的游荡者徘徊在拱廊街，空间景观令他们目不暇接。城市公共休闲的空间也进一步蔓延扩大，巴黎19世纪后期的咖啡馆格局已不同往昔，咖啡馆都面朝大街，桌子和顾客从室内涌出散布在大街上，仿佛巴黎的大街是剧院的舞台，台上的表演如此精彩以至于不容片刻错过，哪怕是喝一杯咖啡的时间。③ 就像早

---

① Priscilla Ferguson. *Paris as Revolution: Writing the Nineteenth-Century City*. Berkeley, Los Angeles, Oxford: University of California Press, 1994, p. 119.

② 如1854年的皇后街（avenue de l'Impératrice, 后来的福煦街 "avenue Foch"）、纪念拿破仑三世祖母的约瑟芬大道（avenue Joséphine, 后来的玛索大街 "avenue Marceau"）、纪念拿破仑三世母亲的奥坦丝王后大道（revenue de la Reine-Hortense, 后来的奥什大街 "avenue Hoche"）、纪念其表亲的哲罗姆王子大街（revenue du prince-Jérôme, 后来的马克马翁大街 "avenue MacMahon"）、1857年庆祝帝国一岁王子的欧仁王子大街（avenue peince-Eugène, 后来的伏尔泰大街 "avenue Voltaire"），1858年则把沿塞纳河的林荫街名称献给了第二帝国的皇帝。Priscilla Ferguson. *Paris as Revolution: Writing the Nineteenth-Century City*. Berkeley, Los Angeles, Oxford: University of California Press, 1994, p. 121.

③ Rebecca Solnit. *Wanderlust: a History of Walking*. New York: Penguin Group, 2002, p. 141.

期拱廊街给游荡者的感受一样，新巴黎整个看上去似乎既是室内又是室外，内部空间和外部空间在概念的区分上变得模糊不清了："街道变成了宽敞的院落，四周高大的建筑是院落的围墙……成行的建筑物之间形成了院落之间的走廊，两面排列着绿树、安置着供行人休憩的长凳，巴黎就是一个巨大的公园。"① 巴黎的新容颜让所有人体验到城市空间的巨变，波德莱尔感叹这个空间的一切都变成了寓言；然而，他的诗所呈现的新空间景观中似乎总笼罩着一层病恹恹的纱幔。不同于城市大众，19 世纪的文人对豪斯曼的城市新建工程总体上持批判的态度，因为文人对这一工程的观察和思考是着眼于过去而不是未来，他们认为这个工程是对城市旧貌的摧毁而不是对城市新的建设。一方面是一种人文意识对城市及其传统文化的珍视和维护，另一方面是以现代科学和技术为动力的实用主义追求城市的革新和发展，人文思想和技术理性的冲突在人们对豪斯曼工程的评判当中再次爆发。对豪斯曼城市工程的批判和控诉首先是从人力资源和沉重劳动的角度展开的：

> 豪斯曼的城市新建工程是第二帝国带来的灾祸之一，没有人知道这个冷酷的工程掠夺了多少不幸的生命。……泥铲揭露极权主义的残酷，当战争的怒火稍有消退时，极权者大兴土木的狂热之火又熊熊燃起。……没有什么比这场由独裁统治者发动的巨大规模的石头搬运和垒砌更让人感到可悲了；没什么比它更能呈现堕落而可怕的症状。和在痛苦中崩塌的罗马相比，它的纪念碑更繁多、更巨大；巴黎正在建造它自己的坟墓，它正在准备着荣耀地死去。②

豪斯曼城市工程实施的建筑工具十分简单：铁锹、镐头、独轮手推车、泥铲、四轮货车，一切都是旧式的普通建筑工具，这个浩大工程也因此显得格外艰辛和伟大。用前现代时期简单而有限的建筑工具构筑了城市的现代性空间，建造了宏大的现代城市道路、广场、宫殿、房屋等，可见，现代性的理性思想和意识在建筑领域先于技术和工具的创造和开发。

其次，对豪斯曼工程的批判来自它对巴黎传统空间的"祛魅"，19 世纪的文人批评新巴黎缺乏魅力，笔直的林荫街没有旧巴黎大街的曲线美；讲究精确细节的建筑虽然优美但显得刻板，没有旧式建筑令人愉快的柔和外观；

---

① Rebecca Solnit. *Wanderlust: a History of Walking*. New York: Penguin Group, 2002, p. 141.

② Convolute E: [E11a, 1] in *The Arcades Project*. Walter Benjamin. trans. Howard Eiland and Kevin McLaughlin. Cambridge and London: Harvard University Press, 2002, p. 144.

系统的规划破坏了空间的多样性，城市生活的"光晕"消失了，空间景观的"喧闹"和人群的孤独、冷漠对比鲜明。本雅明从空间美学的角度分析指出，豪斯曼偏爱空间透视，尤其是开阔的远景透视，这表明他试图把艺术融入空间规划的技术，但效果往往是一种媚俗。[①] 他还进一步引述了当时的文人对豪斯曼言辞激烈的指责：

> 在你的有生之年你会看到这个城市逐渐变得荒凉而黯淡；你的形象将在后来的建筑师那里倍显荣耀，但你的晚年将悲伤而痛苦……这个城市的心脏慢慢地冷却和冰冻……蜥蜴、流浪狗、老鼠将主宰你创建的盛景空间，时间给这个城市造成的创伤将堆积在金黄的阳台和楼厅里、附着在装饰着壁画的墙上……孤独，这个沉闷的荒漠女神将会莅临并居住在这个你以如此庞大的劳动力大军为她创建的新帝国。[②]

对豪斯曼工程第三个方面的批评则直指它所反映出来的思想意识和文化气息，指责这个浩大的工程缺乏文化的底蕴和崇高的精神，只是盲目的狂妄自大和肤浅的浮华：

> 豪斯曼巴黎新建工程最突出的特征就是他对历史经验的不屑一顾……他建造的大道几乎没什么用途和美感，大部分工程只是一种建筑对空间的入侵，这些工程到处搭建，却不知所终，毁坏了沿途所有的一切。……他的城市观念和思想浮华（grandiose）却不宏伟（grand），既不合理也没有先见之明。……如果要用一个词来概括巴黎城市空间转变所体现的精神，那就是狂妄自大……现代巴黎就像一个暴发户，它的本身并没有发生实质的变化，旧的宫殿和教堂被铲平后，又在原地建起了新的建筑，这些漂亮的白色的房屋装点着水泥的粉饰和用厚纸板制造的塑像。[③]

维护和支持豪斯曼的话语则并不在乎宏大工程背后有什么政治意图，如何损毁了城市空间传统格局和市井生活，而是更注重豪斯曼给城市带来的现

---

① Convolute E：［E2a，7］in *The Arcades Project*. Walter Benjamin. trans. Howard Eiland and Kevin McLaughlin. Cambridge and London：Harvard University Press，2002，p. 126.

② Convolute E：［E4，2］in *The Arcades Project*. Walter Benjamin. trans. Howard Eiland and Kevin McLaughlin. Cambridge and London：Harvard University Press，2002，p. 129.

③ Convolute E：［E5a，1］，［E5a，2］，［E12a，3］in *The Arcades Project*. Walter Benjamin. trans. Howard Eiland and Kevin McLaughlin. Cambridge and London：Harvard University Press，2002，p. 132，p. 133，p. 146.

代气息，给城市生活带来的舒适和方便：

> 事实上豪斯曼在城市新建方面实现了重大的突破，他带给我们空气、健康和生命；他铺设了街道和马路，建造了广场、公园，开阔了工人们散步的场所；他建设了学校、医院、大学校园，他呈现给我们一条完整的河流。"为了让统治者的观念得以灌输、让统治者的军团畅行无阻，巴黎的大街被改建、拓宽，"这种恶意的指责无异于说巴黎的城市新建是一种政治策略指导下的装饰，可我毫不犹豫地认为这样讲究策略的装饰是最令人满意和赞赏的空间装饰。①

豪斯曼对自己的城市新建工程大力辩护："对于居民而言，巴黎要么是一个巨大的买卖和消费市场、劳动力供求的场所，充满野心的空间，要么不过是约会和作乐的地方，但他们从不把巴黎当作是自己的家园。"② 可见，豪斯曼眼中的巴黎不是家园，而是资本、商品、劳动力买卖的空间，或者是人们寻欢作乐、醉生梦死的场所，但不是供人们安居乐业生活的空间。所以，他要把巴黎改建成一个巨大的市场，装饰成布景舞台，一个只有买卖和交换关系的空间、一个游戏和作乐的场所，这里不需要真实和平常的生活，因为，这里从来都不是任何人的家园。而且，豪斯曼眼中的市民是两极分化的："巴黎的人群中如果有一部分人在这里试图找到高尚的环境，那还有一部分人在这里只是流动不居的游民，他们完全没有市民的情操。"③ "体面的""高尚的"的巴黎市民显然是资产阶级大众，卑俗、毫无情操的乌合之众则是无产阶级群体，豪斯曼新建的城市空间就是要把这两类市民分隔开来，让他们生活在不同的区域，这也是 19 世纪资产阶级的迫切愿望。

豪斯曼工程是对城市空间的革命化，这首先体现在它的现代性特征，例如，新的空间流动性的突显，以及传统风俗和旧体制衰落瓦解，如果说城市人群中不同社会阶级之间的壁垒并没有被完全打破，至少它们之间外在的界限已经趋于模糊。城市重建所需要的巨大劳动力导致人口大批量流动，破产的传统手工业者、毫无城市生存技能的农民组成劳动力大军涌入城市，壮大

---

① Convolute E：［E3，2］，［E4，4］in *The Arcades Project*. Walter Benjamin. trans. Howard Eiland and Kevin McLaughlin. Cambridge and London：Harvard University Press，2002，p. 127，p. 130.

② Convolute E：［E3a，3］in *The Arcades Project*. Walter Benjamin. trans. Howard Eiland and Kevin McLaughlin. Cambridge and London：Harvard University Press，2002，p. 127.

③ Convolute E：［E3a，3］in *The Arcades Project*. Walter Benjamin. trans. Howard Eiland and Kevin McLaughlin. Cambridge and London：Harvard University Press，2002，p. 127.

了城市下层阶级，这些群体聚集在城市贫穷、污秽的区域，他们形成了现代城市空间里的另一种"景观"、另一种视觉冲击，他们从工厂中像潮水一样涌出，然后流入城市贫民窟，并被禁锢在那里。随着城市两大对立阶级对峙、两种城市"景观"并存，19世纪城市现代性空间的"语境"形成了。

旧式的巴黎城就像一片丛林一样被豪斯曼男爵砍伐和清理，摧毁了中世纪以来市井生活的格局，宽敞的林荫街既便于城市大众悠闲地散步，也便于统治者的军队长驱直入。豪斯曼力图使城市变得文明和规范：街灯的安装、房屋的编号、人行道的设置、街道名称的标注、警力的增加和巡逻的加强，等等，这些措施使得城市显得现代气息十足；豪斯曼城市工程清除了街垒和路障，使城市的管理和控制更为有效。从有闲阶层利益的角度看，它驱逐了城市下层群体，为资产阶级维护了一个有序、整洁的生活空间，为商品经济拓展了繁华的市场空间。豪斯曼城市新建工程作为统治者空间操控策略有效地发挥了意识形态功能，确立了新的空间叙事和表征。所有的空间障碍，不管是作为物质障碍的旧建筑和街垒，还是作为统治阶级视觉和心理障碍的城市"恶之花"人群，都被清除和驱逐。但是，封建时代遗留下来的丰碑却被加以精心保护，立宪政府不仅要在空间上消除对王权的潜在威胁，还要在人们的观念上强化王权的表征，让王权意识深入人心。豪斯曼营建的巴黎在美丽和庄严中呈现对阶级权力和公共秩序的维护，把统治阶级的政治强权融入空间装饰，不仅呈现一种视觉景致，也是一种思想震慑。资产阶级在19世纪频繁的革命和城市暴动中目睹了人群的"暴力"并对他们始终有芥蒂和防范，于是这个阶级不仅向王权做出了妥协，而且还给王权的维护带来了更强大、更有效的手段和策略：商品景观和拜物教。

1857年的文章中用"梦幻之城"来指代豪斯曼新建的巴黎，把它称为"虚假的巴黎"，以此来区别以前那个真实的、更纯粹、更实在的巴黎。"虚假的巴黎崇尚高雅的品位、批评不道德的城市暴动。"① 工具理性和商业意识促使统治者以新策略应对城市里潜在的动乱，政治措施被经济手段取代，资产阶级的商品经济以物化为策略，以刺激人们的欲望为手段，不动干戈而又愉快轻松地稀释和溶解了民众的反抗意识，从意识形态上化解了城市革命和暴动。豪斯曼的城市工程完全代表着法兰西帝国的统治原则：打压所有的社会组织，抑制所有个体的自我"成长"，王权统治对任何形式的"个性"

---

① Convolute E：［E8，2］in *The Arcades Project*. Walter Benjamin. trans. Howard Eiland and Kevin McLaughlin. Cambridge and London：Harvard University Press，2002，p.138.

都有一种最根本的仇恨。贵族王权的武力镇压和资产阶级的工具理性在根本目的上是一致的，帝国王权仇恨或者说惧怕民众的个性意识苏醒和崛起，而城市的新贵——资产阶级对大众自我意识的苏醒和崛起并没有像王权那样不安。这个阶级比它妥协并依附的贵族阶层更加高明，它通过发展商品经济，发挥商品"形而上学"的功能，以机器和工厂禁锢城市人群，把人群变成机器的附庸，用机器反复而单调的节奏磨灭他们的反抗意识和意志；让人群的意识沉睡和物化，把他们变成没有主体性、不假思索的商品生产者和消费者，把人变成资本的奴隶。这样资产阶级建构了其经济利益和社会地位固若金汤的保障，更出色而有效地实现了王权梦寐以求的"丰功伟绩"。

　　显然，豪斯曼工程触及了人们在城市生活中逐渐形成的空间体验的情感模式和结构，它拆毁了太多的巴黎旧空间，打破了城市建筑和人们情感体验之间微妙的交织，摧毁了人们对旧时巴黎深刻的记忆："巴黎，我出生的城市，七月王朝以来的城市形态和精神上的风格都瓦解消失了……现在漫步在巴黎，我感觉自己是个观光的游客，一个异乡人，这些崭新而笔直的林荫街显得如此陌生，它们没有旧式街道的弯弯角角，整条大街是一成不变的单调空间。"① 豪斯曼把"丛林的"城市变成了"花园的"城市，城市空间变得越来越矫饰，失去了它真实的面目，失去了旧时自发的生机和活力，巴黎的旧式街道"潮湿而拥挤、幽闭而狭窄、略带神秘气息，它那鹅卵石铺设的路面就像蜿蜒的蛇背上的鳞片，光滑而坚硬"②。旧时的城市之所以被文人喻为丛林，是因为它是一个有机的空间、有着繁忙市井生活的异质空间，它不是一个由豪斯曼人为规划和装饰的空间。旧式的空间是一个有机体，有自己的生命和动态成长，没有任何一个人能够设计和塑造它，或者禁锢它。城市旧式空间就像是一个蚂蚁迷宫，那些像"狭窄裂缝"一样的胡同和小巷是这个城市身体上弯弯曲曲的褶皱，就像是隐没在丛林中数不清的小径，没有任何一张地图能清晰显示它所有的路径。游荡在旧式城市空间就像走入了杂乱的丛林，完全是一种乐趣，因为行走在丛林里，除了体力人们更需要智力和勇气，漫游在丛林是一种探寻和冒险，而游荡在现代性城市的景观空间则仅仅是一种散步和观望。此外，丛林的空间往往是孕育和掩藏城市革命者的复杂空间，也是发动城市暴动的有利地形：

---

　　① Rebecca Solnit. Wanderlust: a History of Walking. New York: Penguin Group, 2002, pp. 146-147.

　　② Rebecca Solnit. Wanderlust: a History of Walking. New York: Penguin Group, 2002, p. 147.

　　1830 年前后的圣·丹尼斯大街和圣·马丁大街是巴黎的交通要道，是暴动者发起反抗活动的绝佳环境；在这里开展巷战最便宜，反抗者只需要阻断街道，用从附近街区搬来的家具、蔬菜店里的木箱子堆起路障，必要时截留路过的汽车充当路障……躲在街垒后面的一小伙起义者可以利用这些街垒抵御整个军团。①

　　19 世纪上半期的城市空间造就了游荡者，他是豪斯曼城市新建工程实施之前巴黎旧式空间的一个缩影和化身；而在 19 世纪 50 年代豪斯曼工程实施后的新空间，城市游荡者的形象开始褪色。到了 19 世纪末期，现代知识分子，如科学家和工程师，成为城市人群中新的光辉形象，他们大都是科学理性、实证主义、实用主义的信徒，他们和 19 世纪早期作为城市游荡者的传统文人——不管是文学家狄更斯、巴尔扎克，还是城市诗人爱伦·坡和波德莱尔——代表了两种不同的社会思想和文化意识，19 世纪末竖起的埃菲尔铁塔是现代工具理性取代传统文人理性的直观呈现："埃菲尔铁塔宣告着现代巴黎的到来。……无需借助任何具体的空间参照物，我们的关注和意识就可聚焦于埃菲尔铁塔，这种便宜让我们和城市空间的关系更加随意和'自然'。"② 埃菲尔铁塔不仅在物质空间里无需参照框架和体系，它的意义也是无需所指的能指符号，不像普通的纪念碑，埃菲尔铁塔既不纪念什么事件，也不颂扬任何个人，它只表明它的存在，它没有任何的文化记忆和负荷。这样，埃菲尔铁塔也就象征着 19 世纪现代城市中人自我意识的新状态——失忆和缺失。弗格森在他研究巴黎城市空间的著作中引用了一张埃菲尔铁塔的插图，并在这幅图片下面附加了一段文字说明：

　　　　旺多姆柱的倒塌象征着浪漫主义时代的旧巴黎一去不返，而埃菲尔铁塔指代的现代化新巴黎来势汹汹。……埃菲尔铁塔坚定地面向 20 世纪，图片的左下方是神话人物的雕像，雕像造型的曲线、羽翼、嵌着褶皱的服饰，更加衬托出埃菲尔铁塔冷峻的深色线条和几何形状；古典的神话故事在现代性技术力量和美学思想的表征物前显得渺小而微弱，而那高耸的铁塔映着天空中涌动的云团拔地而起。③

　　① Convolute E：［E4a，5］in *The Arcades Project*. Walter Benjamin. trans. Howard Eiland and Kevin McLaughlin. Cambridge and London：Harvard University Press，2002，p. 131.

　　② Priscilla Parkhurst Ferguson. *Paris as Revolution: Writing the Nineteenth-Century City*. Berkeley：California University Press，1994，p. 221.

　　③ Priscilla Ferguson. *Paris as Revolution: Writing the Nineteenth-Century City*. Berkeley：California University Press，1994，p. 222.

从建筑材料和工艺角度看，技术绝对论是钢铁结构建筑的信条，钢铁工程在现代建筑中胜出，并且在建筑装饰中被大量使用，也源于对新材料和新技术的信赖，钢铁结构作为现代性工业和技术在埃菲尔铁塔那里被呈现为"完美的"新艺术，而且，钢铁也表征着现代社会的生存法则和状态：生硬和冰冷。但是，前现代时期的大众对钢铁作为建筑材料表现出不信任的态度，因为钢铁不是自然界直接供应给人类的物质和材料，而是人为加工和生产的材料。对钢铁建材不信任的态度体现了文艺复兴精神和观念的深远影响，在任何一个事物当中都有自然的成分，都是自然元素的汇集，自然成分和元素的物质要比人类技术生产合成的材料更加坚固和持久。[①] 这座 984 英尺高的钢铁结构拥有鸟瞰城市空间的新高空视角，超越了 19 世纪早期所有城市全景画的视角，诗人、艺术家对城市空间的想象也被这 984 英尺高度的视角剥去了所有的魅力和神秘感，它在 19 世纪末期为欣赏城市现代性空间提供了直观的新视角，以现代技术搭建的高度凝视现代技术建构的空间，人们再也无需像诗人和艺术家那样对城市展开空间想象了，现代城市成了技术和物质主宰的空间，文学和艺术对空间的影响衰落了，它们所书写、想象的空间神采和睿智暗淡了。可见，在法国 19 世纪文人的眼中，埃菲尔铁塔不仅仅象征着工业和技术理性对艺术的损害，也象征着它们对法国传统文化整体上的侵蚀。

城市现代性空间中，物理空间的巨变引发了人们心理空间的紊乱，全新的空间体验让人们在思想和意识上应接不暇，外在的城市空间和人们的内在空间体验同时陷入了错综复杂的状态。人们意识到城市空间中内部和外部的界限、私人空间和公共空间的界限都趋于混乱，物质空间和文化空间相互作用，滋生了一种复杂的空间状态，人们对新空间的情感体验是应激的，现代人城市生活的情感结构变得凌乱、趋于迷失，这一切的形成和推进过程在 19 世纪众多城市文人游荡者的观察和思考中被全面呈现、深入分析。

第四节　现代城市空间的两面性

在资产阶级意识形态主导的空间表征中，城市空间的阴暗和废墟被逐一遮蔽和掩盖起来，形成了现代城市空间的"褶皱"，这些空间褶皱里簇拥和

---

① Convolute F：[F3a，4] in *The Arcades Project*. Walter Benjamin. trans. Howard Eiland and Kevin McLaughlin. Cambridge and London：Harvard University Press，2002，p. 157.

堆积着的是波德莱尔笔下的"恶之花"群体及其日常生活的场所，在这些空间褶皱里有欧洲现代城市里最异化的群体、最非人的生活场景。这些群体和场景几乎永远无法进入城市空间的画面，也无法被浏览城市空间的镜头捕捉到，它们完全被精美的教堂、奢华的商店、广场的盛典遮蔽，处在这些光鲜场景所投射的深深的阴影之中。从19世纪中期现代性兴起以来，城市空间的区隔便分割了两种完全不同的生活空间和两类完全不同的城市群体，形成了现代城市的双面空间，其中光鲜和景观的一面完全把阴暗和肮脏的一面压抑在其背面。如果说贫穷的乡村还能在文学和诗歌中被浪漫化为田园和自然风光，那么城市里的这些"恶之花"空间则完全是废墟的场所，毫无被文学和故事浪漫化的可能，这里是西方社会关注现代城市空间的商业化视角无法触及或者不屑一顾的"灵薄狱"，只有像波德莱尔这样被誉为"魔鬼诗人"的城市游荡者才能在无意间瞥见和步入。

欧洲现代城市空间长久以来处于一种两极化鲜明的状态，一个侧面呈现出的是华丽而秩序井然的景观化空间，城市空间在不断的改造中升格，不断趋于"高档化"或中产阶级化，而另一个侧面显示的则是城市空间在混乱和拥挤的格局中不断趋于"贫困化"，非人居化特征不仅难以得到改善而且不断恶化，欧洲现代城市是希腊神话中的双面神"亚努斯"在空间上的具象。尼尔·史密斯（Neil Smith，1954—2012）在其关于城市空间两极化的研究著作中指出，欧洲城市空间的升格或景观化改造始于豪斯曼的巴黎城市新建工程，这个生活在19世纪中期的法国男爵实施了欧洲历史上第一次真正意义上的大规模城市空间新建，目的是使城市空间更加符合社会上层阶级的品位，体现和传播王权所要宣扬的空间思想：理性和秩序。[①] 几乎在同时代，英国政府也在采取措施"改善"城市里下层人群尤其是工人阶级的居住环境。19世纪中期在欧洲社会肇始的空间升格是针对城市贫民窟的一次大规模清理，与其说这是出于一种社会改良的理念和举措，倒不如说这是当时的统治阶级对城市空间在权力和意识形态上的一次书写和宣扬，空间的升格在巴黎和伦敦表现得尤为突出，这两座城市代表着19世纪西方资本主义发展的最新成就和趋势，空间中无处不彰显着王权的威严，同时也体现出当时已经开始在社会中崛起的资产阶级的城市空间理想和主张。

这种来自社会统治阶级的城市空间规划和管理作为一种政治的辅助策略

① Neil Smith. *The New Urban Frontier: Gentrification and the Revanchist City*. London and New York：Routledge，1996.

是成功的，完全没有其他的政治手段所导致的社会冲突甚至暴力事件，城市中的贫困阶层被从城市空间中大范围的驱离，他们被区隔在另外一些更加隐蔽、更加局促的空间，成了现代城市景观空间中被深深隐藏和遮蔽的阴影地带。而从资产阶级的立场出发，城市空间的升格化改建与他们的空间观念和利益是相契合的，因此，19世纪王权主导下的城市美化受到了新兴资产阶级的积极响应，他们对全新城市空间体现出一种普遍而强烈的接受和认同。改建后的城市空间更加有利于资产阶级的生活和娱乐，而且在"积极向上"和不断革新的理念上，资产阶级群体也把城市空间的升格视为社会进步和文明提升的具体表现，城市空间的升格在资产阶级的社会生活中发挥了更良好的功能，带来了更多的方便，与这个群体日益提高的社会地位和生活水平相协调。堤姆·巴特勒（Tim Butler）和加里·罗宾逊（Garry Robson）在英国伦敦城市空间升格的研究中指出，19世纪的伦敦市内空间贫民窟化现象突出，尤其是伦敦的东南部区域，① 这些混乱而贫瘠的空间在政府的支持下被改造为更加适宜城市中产阶级生活和居住的空间，这种空间的改建在很大程度上满足了新兴资产阶级群体的现实需求，诸如学校、邮局、商店这样提供公共服务的机构和建筑为城市生活带来了便捷，中产阶级的生活和居住空间也被进一步美化——公园、绿地和改善了的交通等，这一切都在城市空间升格的进程中被一一实现，城市越来越成为一个资本联合运作的整体，同时也越来越成为集体消费的对象。

尼尔·史密斯指出欧洲现代城市空间的升格以一种直观而具体的方式体现了哈维和列斐伏尔城市研究理论中所提到的"再度循环资本"，也就是投资到土地和财产当中的资本，这种资本利用土地价格在特定时期内的变动和不稳定来实现其增加价值。② 史密斯指出，城市空间的升格为这类资本的增值提供了良好契机，在城市内部的核心地带，随着经济的波动，空间和土地的价值有可能出现下降，例如城市房租，而城市化建设把空间价值不断地从内部核心区域向边缘区域扩展，郊区空间持续被城市化，使得这些空间和土地的价格不断上涨，资本也随之向这些区域投资，于是，经济波动带来的城市内部空间和土地资本利润的流失就被这些新拓展的城市空间和土地资本投资产生的利润填补，甚至产生更多利润。关于欧洲现代城市空间升格现象，

---

① Tim Butler and Garry Robson. "Social Capital, Gentrification and Neighbourhood Change in London: A Comparison of Three South London Neighbourhoods" in *Urban Studies*, 2001 (38).

② *Gentrification of the City*. eds. Neil Smith and Peter Williams. London: Unwin Hyman, 1986, p. 24.

许多学者都进行过深入研究，其中有代表性研究者是克里斯·哈姆内特（Chris Hamnett，1991，1992）、沙朗·佐金（Sharon Zukin，1988）、罗伯特·A.博勒加德（Robert A. Beauregard，1987）、大卫·雷（David Ley，1987）等。有代表性的文献中的一个共识是：现代城市空间的升格是一种社会文化进程，其中城市中产阶级在思想意识上的文化特征，以及他们作为一个群体对空间消费的需求与城市中心地带空间和土地价值的贬值，都是这个社会文化进程的关键因素。

这些发生在城市外围区域的空间升格使社会权力阶层在城市中心地带之外也确立起了自己的"飞地"空间，完全迎合中产阶级的文化诉求和经济利益，而被不断驱赶的无产阶级群体对这些景观化、秩序化的空间则流露出一种排斥和敌意。但是，从城市的整体格局来看，不管是城市哪个区域被升格和营造，最终的受益者是不变的。城市中心地带空间和土地的贬值为城市边缘空间和土地的开发和增值提供了恰当而必要的契机，欧洲现代城市空间的升格不仅满足了资产阶级群体美化生活环境的需求，而且为其进行利润更大、更有保障的资本投资创造了条件。所以，资产阶级对19世纪还深受王权制约的城市空间升格和改造是积极响应和大力支持的，而无产阶级和其他社会下层群体则在这个过程中不断地被驱逐，他们的生存空间不但没有得到任何改善，反而变得更加恶化：拥挤、肮脏、充满疾病和犯罪，这种非人居住的空间在恩格斯1844年出版的《英国工人阶级的状况》（*The Condition of the Working Class in England*）一书中有具体而详细的描写和揭露。

作为城市空间变革的动力，城市化、房地产投资和城市土地投机都是可能导致大量穷人和工人阶级流离失所的社会原因，而这些驱逐和流放则被城市空间的景观隐去，并且把这种社会底层群体的集体驱逐标注为对现代空间的"升格"或者"美化"。19世纪后期在欧洲社会兴起的城市景观化建造都是以政府直接组织与管理为主的大规模城市空间更新和营造，这类空间的新建构所遮蔽的往往是社会阶级关系和权力，通过塑造公共空间的方式把统治阶级的意志宣布为普遍的社会意识和舆论。此外，城市空间的再塑造还使地方政府和房地产资本结成联盟，他们形成了代表统治集团利益的群体，并与自发组织起来保护家园和社区的当地居民以及被驱赶的城市底层群体相对抗。

不管是19世纪中期欧洲城市中第一次出现的真正意义上的现代性空间，还是后来到了20世纪更全面、更深刻意义上的技术化、体制化的现代城市空间，或者说欧洲现代城市不断开展的意识形态化的空间营造，都推动着一种景观化社会的到来［居伊·德波的著作《景观社会》（*The Society of the Spectacle*）就是对这一盛况的全面呈现］。社会学和文化批评两个领域的研究都分析指出这里涉及的一个根本问题是欧洲现代城市空间的资本化，空间在不断地加入资本主义的生产体系当中。也就是说，城市由成列和出售商品的空间向自身的商品化推进，欧洲现代城市空间的景观化，不仅是这种转变的表现，也是不断提高空间作为商品的交换价值的有效措施。最终，现代城市空间变革的"深层语法结构"就变成了资产阶级意识形态召唤加资本主义商品经济发展。

以德波景观社会的视角观察欧洲现代城市，结论是明确而具体的：充斥着商品和景观的现代城市完全是一个表象和虚饰日渐兴盛的空间，真实不断地退居表象和景观的背后。让·鲍德里亚（Jean Baudrillard，1929—2007）认为，到了 20 世纪城市的景观和表象已经把欧洲社会空间转变为"拟像"和"仿真"的状态，虚拟取代了真实，真实被全面覆盖和遮掩。随着欧洲资本主义经济的发展，欧洲社会并没有发生激烈的阶级冲突，那么，是什么缓解了资本主义生产方式固有矛盾引发社会冲突的形势？显然，这和欧洲现代城市中各阶级生活状况的全面改善相关，这也体现在商品和城市空间景观的崛起和繁荣当中。在物质生产不断快速发展的欧洲现代社会里，商品和城市空间景观给人们灌输了一套消费社会的世界观和价值观，借用德波的观点表达，"景观"已经是现代城市生活中人与人之间关系的表现形式。资本主义社会生产方式下，比起马克思所分析的商品对工人阶级的异化，20 世纪普遍出现的社会景观对城市人群发挥着更深层次的异化功能，前者只是在商品生产和消费上的异化，而后者则把异化扩散至现代人城市生活的方方面面，大众休闲是其中的突出代表。消费社会的景观被分为集中型和弥散型两类，集中的景观往往有一种权威具象，是表征资本主义社会意识形态的重要载体，而弥散的景观则更加突出社会的"丰裕"，是商品和消费的盛景。正是这两种景观对欧洲现代城市大众联合施加影响，使得欧洲社会的阶级矛盾在很大程度上得以缓解，曾经作为潜藏着激进革命力量的城市工人阶级在 20 世纪物质生活水平迅速提高的形势下，集体向商业化消费大众转变，他们自身也成了消费城市空间的一道商业景观。鉴于此，现代城市文化批评理论提出了新倡导，批判视角的话语应该面向现代城市生活的所有领域：社会生产、城市娱乐休闲、媒体和大众传播，到了 20 世纪末期和 21 世纪，"赛博空间"也被纳入了这个批判的视域。

第四章　欧洲现代城市空间的文学书写

城市不仅是物质和建筑的空间，同时也是文化的空间、符号意指的空间。城市空间中充满了种类庞杂的符号，例如，商业化空间中形形色色的广告、图像、文字都是表达意义的符码，城市空间的区隔和城市多元化生活方式都可以通过这些符码被指代和表征。这些能指符号还成为城市生活状态和城市群体社会关系的叙事。空间的符号叙事意味着城市还是一种特殊形式的文本、一种包含多重结构和意义的语篇，其中有诸多思想和观念的争鸣与协商，但就整体而言，主导阶级的观念意识决定着这类语篇叙事的主流思想。由于欧洲现代城市是一个充斥着各种区隔的空间，所以，这个语篇的叙事往往是"多声部的"，每个空间区隔中都有其特殊的叙事主题和话语，但这些区隔空间叙事的"杂语"中有些如此严重地受社会统治阶级禁锢和压制，以至于它们往往处于"失语"的状态。

除了作为涉及社会权力和意识形态空间叙事的场所，城市也是生产文学故事的主要空间和文学叙事的重要对象。在文学家和诗人眼中，城市拥挤人群中的每一个人都有可能是一条文学故事的线索，爱伦·坡的《人群中的人》（*The Man of the Crowd*）、巴尔扎克的《法西诺·卡讷》（*Facino Cane*）、E. T. A. 霍夫曼（E. T. A. Hoffmann，1776—1822）的《堂兄的角窗》（*Des Vetters Eckfenster*）都是欧洲文学短篇小说中最能代表这类文学叙事的名篇。

福柯认为，19 世纪哲学思辨的主题是历史，探究历史的发展、停滞、危机和轮回，而 20 世纪才是注重空间的时代，关注空间的同步性和并列性。[①] 但是，福柯的时代划分并不是绝对的，19 世纪的文人对城市空间的关注和批判已经很深入，路易·塞巴斯蒂安·梅西埃（Louis Sebastien Mercier，1740—1814）、巴尔扎克、狄更斯等都是 19 世纪城市空间的社会

---

① Robert T. Tally Jr. *Spatiality*. London and New York：Routledge，2013，p. 11.

观察者和批判者，以及城市空间文本的生产者；即使是现代性意义上对空间的美学体验和思辨也在 19 世纪的诗人波德莱尔、爱伦·坡的文本中被鲜明地深描和书写。事实上，19 世纪尤其是 19 世纪下半期，城市空间作为一种被审视和思辨的文本就已经在哲学、文学、艺术、政治等领域崛起并成为突出主题。20 世纪的空间文学研究建构了更为深刻的思想，例如，米哈伊尔·巴赫金的（Mikhail Bakhtin, 1895—1975）"时空体"概念就聚焦历史时间和地理空间之间的相关性。时间和空间是不可分割地联系在一起的，在巴赫金看来，"时空体"是文学文本形式上的构件，时空体是文学空间绘图的又一个概念，是生产、解读和理解空间文本的普遍方式："在文学和艺术时空体中，时间和空间融合在一起，并被仔细地思辨和表征为一个整体，时间变得浓缩，被赋予形态，成为一种艺术具象；同样，空间也被装载了时间，并应和着时间的运动。"[1] 时空体不仅是文学空间绘图或文本的重要参数，也是文人游荡者解读城市空间文本的基本方面，因为，空间的形态和意义都依托在作为文本的时空当中，特定的时空表征相应的特定意义，而文人游荡者在城市空间中的凝视就是在众多时空体中选择。时空体的概念启发现代性空间的思辨者打破时空的界限和顺序，思辨者游荡在当下的城市空间里，而其思维和意识却穿行在时空体的"星丛"之中，他在其中不断地采撷和拼凑历史时空的片段和"单子"，把它们拼凑成洞悉现代性空间的思想文本，这些文本即包含着空间的美学体验，也包含空间的哲学思辨。

根据卢卡奇的观点，小说是展示现代性时空的典型文本，小说更能有效地表征现代城市碎片化、开放式的空间。[2] 相较于传统的旧式空间，现代城市是更加广阔和丰富的空间，但它却不再是人们熟悉和容易解读的空间。前现代时期的城市是狭小但"有机"的空间，人们对它有一种家园的熟悉感和归属感，19 世纪早期作为城市"土生子"的小资产阶级漫游者在这个封闭而熟悉的空间中体验到的是一种超然和自由，他熟悉而轻松地阅读和理解这个有明确边界的空间文本、一个篇幅完整又清晰的文本。前现代时期的城市空间是一种让居住者熟悉的时空体，支撑并维护着他们真实而牢固的"情感结构"，维护着单一而稳定的生活方式，就像卢卡奇所说的世界虽然宽广，但它像是一个家园，他把史诗（epic）作为与这种空间对应的文本形式：

---

① Mikhail Bakhtin. *The Dialogic Imaginations: Four Essays*. ed. and trans. Caryl Emerson and Michael Holquist, Austin, TX: University of Texas Press, 1981, p. 84.

② 转引自：Robert T. Tally Jr. *Spatiality*. London and New York: Routledge, 2013, p. 62.

"史诗呈现一种生活的整体性，史诗表征的生活在其内部形成了一个闭合的圈。"① 也就是说，以史诗文本暗喻的生活是一种有机或封闭的整体，这种空间和它的文本叙事都一样表现出相对静止但稳定的状态和特征。

书写欧洲现代城市空间最普遍的文本是社会学调查记录和报告，社会学的分析视角与文化批评的分析视角是现代城市研究的两种基本模式，但西蒙·帕克指出了一个矛盾的现象：在欧洲现代城市研究中最先引发人们关注和思考的并不是专业的学术研究家和文学批评家，而是提倡打破制度束缚的社会改革家。② 帕克指出，曾经生活在英国伦敦的恩格斯、亨利·梅休（Herry Mayhew，1812—1887）、查尔斯·布斯（Charles Booth，1840—1916）、生活在美国的雅各·里斯（Jacob Riis，1849—1914）都不是大学里的教授，但恰恰是这些积极提倡社会改革的呼吁者改变了人们对城市的认知和理解，把人们的视线引向欧洲现代城市空间中隐匿的贫穷，同时也让人们理解了正是 19 世纪欧洲社会中富有的资产阶级制约着无产阶级这个庞大群体的命运，造成了他们非人的生活状态。这些思想家以社会调查方式引发的对城市贫困空间和城市贫困人群的关注，在一定程度上超越了任何文学作品或宗教布道对城市穷困人群极其恶劣的居住空间的关注程度，进而发挥了更大、更积极的社会作用。事实上，这些社会观察家和批判家的社会调查和记录与几乎同时代的文学家的城市空间和城市生活的书写相得益彰，形成了一种"互文性"的照应。19 世纪关注城市和城市人群的文学家中最具代表性的是英国的狄更斯，作为维多利亚时代最有影响力的作家之一，他对当时英国城市空间和城市人群的书写成了那个时代的缩影，而他的作品如《董贝父子》（*Dombey and Son*，1848）和《荒凉山庄》（*Bleak House*，1852—1853）可以说就是亨利·梅休的伦敦城市社会调查——《伦敦劳工与伦敦贫民》（*London Labour and the London Poor*）的文学版本，两个人作品中的描写和记录都同样生动而令人震撼。

---

① Robert T. Tally Jr. *Spatiality*. London and New York：Routledge，2013，p. 62.

② Simon Parker. *Urban Theory and the Urban Experience：Encountering the City*. London and New York：Routledge，2004，p. 3.

第一节　伦敦城市空间的文学书写

　　18 世纪的城市诗人似乎对资本主义的发展表现出一种肯定和乐观的态度，他们目睹了资本主义经济体制带来的社会变革和进步，城市里随着商业化气息日益浓厚展现出繁荣和生机，尽管他们也注意到了城市里贫穷和混乱的一面。当时欧洲资产阶级所推崇的理性意识和新教思想相互结合形成了新的社会观念，这种务实的观念使得资本主义工业和商品生产受到社会舆论的普遍支持，因为资产阶级理性把物质财富的创造和积累与社会劳动的必要性联系起来，这种理性从世俗道德和宗教伦理两方面肯定了资本主义生产作为社会劳动的高尚性。詹姆斯·汤姆森（James Thomson，1700—1748）在他的诗中热情洋溢地推崇城市里的劳动生产和商业发展，在他眼中城市是高雅和体面的生活空间，是充满生机和活力的场所，是文明和进步的缩影：

　　　　城市是充实而富足的，这里有众多的艺术家，
　　　　每条繁忙的大街上都有买卖和快乐……
　　　　即使是那苦工，在车轮边汗流浃背，
　　　　或者在灰尘中凿刻建造宫殿的石头，
　　　　他们看上去也显得欢快而愉悦。
　　　　…………
　　　　每一种文雅的生活形式在城市中逐一呈现，
　　　　受到保护和激励，它们呈现了一种完美。
　　　　城市社会是一个整体，
　　　　日益变得壮大，又不失教养和愉快。城市是艺术的看护者，
　　　　城市滋养着她那塔楼林立、自豪而美丽的面容；
　　　　…………
　　　　繁荣的商业在城市兴起，
　　　　大街上商人忙个不停，大货舱也建起来了；
　　　　高耸的升降架，显得坚固结实；
　　　　大量来自异域的货物堵塞着拥挤的街道；
　　　　噢，泰晤士河，江河之王，
　　　　你巨大而深沉的波澜显得多么宏伟！

你选择这个城市作为你的修养圣地。①

　　汤姆森对城市的颂扬夹杂着一种对资产阶级商品生产和交换的赞许,把城市里的一切看作文明的进步。但是,即使是作为 18 世纪的诗人,汤姆森也已经全面、深刻地关注到早期资本主义社会体制给城市带来的阴暗面,他批判城市生活中的混乱和贪婪及其激起的情感焦虑。事实上,面对同样的城市场景,汤姆森的态度和情感是前后矛盾甚至截然相反的:一方面,日渐繁华和强大的城市似乎欢奏着奋进的凯旋乐,欢庆它的史无前例的富庶和自由;另一方面,在诗人眼中它的邪恶同样突出和刺眼,它的罪过和它的财富一样众多:

　　　　……首要的社会法则被严格地建构,

　　　确保有人堕落地富有,有人悲惨地贫困,

　　　还有一些人则饥饿而死;

　　　华美教堂和宅邸的四周是肮脏的棚屋和陋舍,

　　　里面拥塞着城市的穷人。

　　　……寂静天空凝视着的城市的华丽街道,

　　　容忍着街上浩劫和灾难——痛苦、罪恶、贪欲和种种的亵渎。②

　　汤姆森似乎已经洞悉了伦敦资本主义商业化和城市化发展的本质、它们所遵守和推崇的法则,汤姆森的诗歌作品仍然抒发了传统文人对城市空间和城市生活的批判焦点:城市社会里沦丧的道德和赤裸的贫困。这位游荡在伦敦城市街头的诗人从资产阶级的美好空间走入下层民众的贫民窟,城市空间截然对立的两面性一览无余:资产阶级空间的景观和秩序与贫民窟里的贫穷和犯罪。但诗人很快就洞悉了资产阶级美好空间的本质,城市空间的两面在事实上是一致的,因为,如果贫民窟空间是败坏的,那么,城市的景观空间则是嗜血的,后者的丑恶尽管不是裸露的,却更比贫民窟里的丑恶令诗人谴责。资产阶级精心营造的城市空间是物化、空洞和自私的空间,被虚假的意识和商品的景观包裹着,这里生存的价值、意义、道德和贫民窟里一样是虚无和缺失的。透过汤姆森在诗篇中的预言,道德败坏而嗜血的城市空间注定

---

　　① "The Seasons" in *Complete Poetical Works of James Thomson*. ed. J. L. Robertson. Oxford,1908,pp. 48－49. 转引自:Raymond Williams. *The Country and the City*. New York:Oxford University Press,1973,p. 143.

　　② *Poems and Some Letters of James Thomson*. ed. S. Ridler. London. 1963. p. 52. 转引自:Raymond Williams. *The Country and the City*. New York:Oxford University Press,1973,p. 237.

要被"厄运"笼罩，没有持久生机和美好的前途，除非忏悔它将无以救赎自身。汤姆森对伦敦城市空间的书写体现出 18、19 世纪文人的一种普遍意识：注重对城市生活和城市大众道德和文化的批判与矫正，但是他们都不提倡城市暴动和革命。

伏尔泰（Voltaire，1694—1778）也把对工业和文雅消遣推崇为城市文明的标志，人类的黄金时代伊甸园里都没有城市工业和城市消遣，它们与其说是美德的时代，不如说是无知的时代。历经启蒙运动和文艺复兴的现代城市，尤其是伦敦这样的大都市是人类社会进步的象征，现代城市生活更是培养了大众化的文明和自由精神："伦敦，雅典城的匹敌者，你是神佑之城……人们在这里抒发各自的思想，并且受到尊重……在伦敦，只要有才智的人，都是伟大的。"① 和汤姆森一样，像伏尔泰这样的 18 世纪的文人对城市的态度总体上并非是完全乐观和肯定的，城市的两面性从一开始就在他们的视线和文本中形成鲜明的对照，只是这一时期文人对城市空间的批判和惋惜更侧重于道德与传统的衰落和萎缩，这种态度在 19 世纪的文人那里被继承并进一步拓展。事实上，后来本雅明塑造的城市游荡者也表现出了对工业及工业生产、科学和技术文化的赞誉，但同时也体验到了这一切对城市空间和人的意识的物化效应、对人在理性上的实用主义和工具化改造。所以，城市游荡者对工业和技术的态度也是矛盾的，工业化和商业化进程中的城市在欧洲现代诗歌和小说中一直都是一个"亚努斯"空间，这些文本在注重城市经济和政治发展的同时，有一种对城市在文化上病变的隐忧，这从 18 世纪一直延续到 20 世纪。

从社会生产角度而言，城市是乡村空间持续开拓和发展的产物，并在不断的文化发展中逐渐演变为更自由和更秩序化的中心地带，物质生产和商品市场制约城市和城市社会，因此城市是一个容易波动的不稳定空间，城市生存中潜在的风险和危机大于乡村。19 世纪现代性兴起后，由于空间的巨大变革，这种生存的不安全感在城市和城市生活中迅速蔓延和加剧，现代城市对于人们意识和情感体验的陌生感和失控感在不断地沉淀中趋于强烈。城市空间相比于乡村世界的不安全感根深蒂固，而且这种不安全感随着时代的推进成了城市个体和人群的一种心理体验的常态，并且最终在社会学、文学和哲学中被表达为一种存在主义的焦虑和恐惧。此外，18 世纪的文人观察到

---

① 转引自：Raymond Williams. *The Country and the City*. New York：Oxford University Press，1973，p. 144.

城市空间的混乱中还潜藏着人群的暴力，这也是产生城市空间不安全感的重要方面。和传统时代相比，变革时代的城市中似乎一切都已经失去了稳定性，"一切固有的都开始烟消云散"，城市空间和大众像是打破禁锢的囚徒在兴奋和狂乱中变得失控，传统空间的文化结构开始瓦解，威廉斯引用查尔斯·詹纳（Charles Jenner，1736—1774）的诗来描写这种失控的状态：

> 城市是蜂巢一样人群密集的空间，城市是大众的栖息地，
> 这个空间有人类所有的主题，一个激烈喧嚣的语篇，
> 清晰而嘈杂的声响不绝于耳。
> 暴乱的人群像涌上街道的洪流，
> 迷幻在虚假的狂欢中，
> 肆意而迅速地摧毁城市。①

　　威廉斯在《乡村与城市》中列举了 18 世纪对城市持否定思想的诸多艺术家和作家，他们通过作品呈现城市空间的文化失落：威廉·霍加斯（William Hogarth，1697—1764）的版画《杜松子酒巷》 （*Gin Lane*，1751）、乔治·李洛（George Lillo，1691—1739）的《伦敦商人》 （*The London Merchant*，1731）、约翰·盖伊（John Gay，1685—1732）的《乞丐歌剧》 （*Beggar's Opera*，1728）、丹尼尔·笛福（Daniel Defoe，1660—1731）的小说《摩尔·弗兰德斯》（*Moll Flanders*，1722）等。② 这些文人眼中的城市与前文中诗人所赞誉的文明、优雅、秩序的空间完全相反，城市是群氓和暴徒猖獗的场所。在这些资产阶级文人眼中，城市的民众，尤其是下层群体，懒惰、放纵、堕落；城市的商店里满是窃贼，贫民窟混乱不堪，城市下层群体中很多人居住在恶臭的地下，尤其是社会底层群体的聚居区，那里既肮脏又危险。

　　威廉·布莱克（William Blake，1757—1827）是欧洲城市中最早以孤独游荡者的形象凝视和思辨城市的诗人，但他以另一种视角来观察这个伦敦首都城市，他并没有仅仅聚焦于城市空间的暴力和混乱。在布莱克看来城市空间呈现的是一种整体化的生存状态，象征的是一种群体性的心理状态，这些都流露在城市人群的面容上，表达在城市人群的声音中：

---

　　① 转引自：Raymond Williams. *The Country and the City*. New York：Oxford University Press，1973，p. 144.
　　② 转引自：Raymond Williams. *The Country and the City*. New York：Oxford University Press，1973，p. 145.

……我所见到的每一张脸

都显得虚弱和愁苦。

在每个人发出的每一声喊叫中，

在每一个婴儿的每一声啼哭中，

在每一声诅咒中，在所有的声音中，

我都听见了心灵的枷锁。①

　　布莱克把城市生活中的匆忙、倦怠和焦虑整合成一种心理机制，他在城市的个体和群体都感受到了这种心理机制，而且，在布莱克眼中这种"心灵的枷锁"也是城市人群和个体自我强加的，因为布莱克看到的城市和人群是开始受资本主义制度束缚和牵制的空间和大众。布莱克更是同情挣扎在城市贫民窟空间中的妇女和儿童，天真和弱小在那里被混乱、肮脏和邪恶淹没。布莱克关注伦敦两极化的生活空间，并且对生活在城市商业化空间中的人群进行了一种心理和情感解读，这种对城市空间和人群的精神分析式解读使这位游荡在伦敦大街上的诗人早在 18 世纪就已经敏感地捕捉到城市空间的疏离和城市人群的异化，而这种对城市的文化研究在西美尔后来的著作中到达了高峰：

…………

川流不息的大街上

被人群裹挟着行进

我总是自言自语地感慨，

"每一张从身边掠过的脸，都是一个谜！"

…………

仔细凝视我眼前的人群似乎变成了行进的队列，

看上去就像是滑行在寂静的山峦之间，

或它们似乎是在梦里，

日常生活所有的承重，

过去的、现在的，所有的希望、畏惧，所有的停留，

人行动、思维、语言的所有法则

---

① 转引自：Raymond Williams. *The Country and the City*. New York：Oxford University Press，1973，p. 150.

都离我而去，一切既不知道我，也不被我所知。①

可见，对城市空间的现代性美学体验早在 18 世纪布莱克的诗中就已经出现，比波德莱尔早六七十年时间，所以，我们有理由认为对城市现代性体验的诗歌表达在英国文学中更早出现；而且，这两位热衷于城市游荡的诗人对城市空间的体验中都散发着梦幻和神秘的气息，尽管布莱克并没有表达出波德莱尔城市体验中的兴奋和热情。此外，作为城市游荡诗人，布莱克目睹了伦敦城市的全景画面，他关注和反思城市下层群体的贫困空间的同时，也观察和分析了城市空间的另一面，虽然是景观化的场面，但在布莱克看来，城市资产阶级的生活空间也禁锢在贵族和大资产阶级的统治和霸权当中。从外表看，封建时代的森严等级制度被摈弃了，但是，在新时代的城市里却维持着另一种鲜明而突出的权力关系，这种关系不再以出身和门第为依据，而是以金钱为基础，城市的景观空间同时也是一个剥削残酷的空间。布莱克对城市和人群的观察和分析已经开始揭露和批判权力和意识形态对空间的霸权和压制，是一种现代性的空间认识论和批判思想。这位跨世纪的城市游荡诗人从人的思想意识和资本主义制度之间的关系的角度来反思城市空间和人群，资产阶级商业化思维和理性已经渗入到 18 世纪末期的城市人群意识当中并形成了一种压抑气氛，而且在不断的潜移默化中逐渐变成了一种自我抑制的心理惯性。

威廉·华兹华斯（William Wordsworth，1770—1850）面对宏伟的伦敦城，在视觉和心理体验中经历了和布莱克同样矛盾的感受。他首先看到的是城市充满魅力的一面，在《威斯敏斯特桥》（"Westminster Bridge"）一诗中这位诗人生动地渲染了沉浸在清晨的宁静中的城市全景，一个美好而明媚的空间：

> 世上再也没有比这里更美的景致：
> 对这般大观景致无动于衷的，
> 必定是麻木的灵魂；
> 披着晨光的伦敦像是披着美丽的外衣，
> 船舶，高塔，穹顶，神殿
> 沉静地矗立在城市空间，

---

① 转引自：Raymond Williams. *The Country and the City*. New York：Oxford University Press，1973，p. 150.

> 裸露在天空下，
> 沐浴在晨光中的一切都显得清晰而明亮。①

  但是，很快伦敦城就苏醒了，这静谧而美好的氛围被城市的纷扰瞬间打破了，静态而优美的城市很快就成了一个熙来攘往、嘈杂不堪的场所："城市街头涌动的人群中似乎潜伏着一种紧张和骚动，每个人都怀揣自己的目的。……这里有一种难以名状的躁动……陌生的人群有一种令人不安甚至痛苦的压抑。"② 现代都市的脉动以空间画面的多变刺激着城市阅览者的视觉和心理。虽然，华兹华斯描写伦敦的诗不乏对这座 19 世纪大都市的赞誉——清晨的静美、白天的繁忙、夜晚的浪漫灯火，但是，这位游荡诗人所呈现的城市空间中总是飘荡着倦怠和麻木的意象，城市空间的精神和灵魂散发着一种乏味的气息，这种氛围笼罩着伦敦街头、广场和人群，尾随着每一个匆匆而过的行人。华兹华斯对城市和大众的描写似乎比恩格斯在《英国工人阶级的状况》中的描写显得更加舒缓，但是在精神实质上都是一致的，城市空间对人的意识逐渐产生了一种压抑和威慑。

  华兹华斯经常被人们当作是漫步在英国乡村空间的游荡者，然而，他对伦敦城市空间的游荡体验也是非常深刻的，而且，和布莱克一样，他对城市空间的体验也折射出 19 世纪早期空间美学的特征，这是一种全新的空间观察和认知策略，注重空间及其中所有事物的动态性："城市里涌动着人和物的无尽洪流……就像疾速的舞步，各种色彩、流光、形体融为一体；喧嚣吞没了城市，人群中你来我往，或相向而行，或背道而驰。"③ 这完全不同于传统城市的空间体验，城市中的人、物、色彩等这些视觉意象映射出一种人和人、人和物、人和城市空间的新关系，一种空间感知的新体验，后来被文化研究者称为"异化"的人群状态已经在这种新的情感体验中初露端倪。

  但是，华兹华斯的城市空间美学体验完全有别于波德莱尔的城市空间美学体验，两位漫步在不同城市的游荡者在空间的感知以及由此而产生的情感上都大相径庭。华兹华斯的城市和人群体验已经流露出了类似于超现实主义的感受，这种梦幻般的意象让诗人感受到城市人群的陌生和冷漠以及个体的无助和渺小，现代性都市空间以盛大的场面和无休止变换带给诗人流动的视

---

  ① 转引自：Raymond Williams. *The Country and the City*. New York：Oxford University Press，1973，p. 150.

  ② Raymond Williams. *The Country and the City*. New York：Oxford University Press，1973，p. 5.

  ③ 转引自：Raymond Williams. *The Country and the City*. New York：Oxford University Press，1973，p. 150.

觉意象，诗人的心理被不间断的震惊禁闭，而人的自我意识则彻底被这样的魔幻空间淹没。现代城市空间对人的意识产生的这种梦幻效应在 19 世纪中期前后达到了高潮，尤其是在伦敦的世界博览会上和巴黎的城市拱廊街里。

相对于波德莱尔或爱伦·坡城市空间体验中的快感和愉悦，华兹华斯城市感受的主调是陌生和疏离、一种心理上的失落。游荡在这样的城市空间，诗人体验到一种自我意识和身份的模糊和困惑、一种社会角色的缺失，诗人在城市中无法找到自己的位置。这个来自乡村空间并习惯于乡村自然空间的游荡者在流动不息的繁忙都市发现自己的空间经验失效了，在城市中的诗人游荡者完全是人群的"他者"，他的情感结构和自我都消解在城市空间的图像洪流中，溶解在城市"流光""色彩""形体"的浪潮中。

与城市空间的体验一样，华兹华斯对城市人群的体验也是矛盾的，他似乎对城市大众寄托着一种希望：他发现人群中似乎潜藏着一股解放城市空间的强大力量。人群中身份和角色的混乱、自我的迷失、潜在的暴力和威胁也是一种形式的反抗力量，并且这些人群中也有一种来自共同生存背景的团结。华兹华斯 1850 年的诗中这样写道：

> 在大城市的民众和人群中，
> 经常呈现出一种紧密的团结，
> 他们在城市中比任何其他的地方都更有可能团结起来，
> 人群的大团结，
> 一种超越无知和罪恶的精神，
> 笼罩在美好和险恶的心里，
> 它评判着道德，就像一只眼睛，
> 闪耀着太阳的光辉。[①]

但是，笔锋一转，他对城市人群和大众又进行了深刻的揭露和尖锐的批判。他似乎洞悉 19 世纪城市大众意识的物化，这些忙碌人群中的所有个体追求的是同样的目标——金钱和利益，所有人在相异的外表之下都是同一副面孔、同一种意识、同一种信仰，华兹华斯在伦敦城市熙攘的人海中看到的人群毫无光晕和生机，人群与其说是团结的不如说是趋同而乏味的：

　　…………

---

① 转引自：Raymond Williams. *The Country and the City*. New York：Oxford University Press，1973，p. 151.

> 除了一两个散落在这儿或那儿的游荡者，
>
> 所有的城市居民，蜂拥成群，
>
> 一个无形的人海，
>
> 都在忙于卑下的追求，就像套上了欲望的枷锁，
>
> 这些人群沉浸在永恒不变的物质洪流之中，
>
> 他们被熔化为一个整体，
>
> 缩合为一种身份，
>
> 尽管各有外表的差异，
>
> 而且这些外在的差异毫无规律、意义，也没有尽头。①

诗人无法融入这样的人群，对这样的大众群体完全没有归属感，但是，他似乎在一两个散落在这儿或那儿的流浪者那里体验到了与他的关联性，尽管这种关联性是十分微弱的，诗人和这些流浪者都是拒绝融入商业化大众的游荡者，拒绝资本主义劳动分工和生产效率的"无所事事者"。但是，他们的本质是完全不同的：一个是身体饥饿的游荡者，而另一个则是思想饥饿的游荡者，前者得不到资产阶级的商品，后者则得了资产阶级文化和思想的"厌食症"。然而，显然这两类城市游荡者不会携起手来反抗"流放"和"排挤"他们的城市统治者及其社会机制。

华兹华斯对伦敦都市人群的观察和体验表面来看似乎前后矛盾，其实这种两面性恰恰就是城市现代化的两面性。现代化的确给欧洲城市带来了前所未有的发展和进步，不管是在物质生活水平提升方面、城市基础设施改良方面，还是在城市空间的秩序方面，现代城市的突破性发展都是不可否认的。但是，现代化及其背后的巨大动力——商业化，也侵蚀着人们的思想和情感，使人们的生活和意识不断地和城市一起被物质化和商品化，就像丹尼尔·贝尔所分析的，西方资本主义社会的矛盾是商品生产的动力和文化的动力脱离和对立。华兹华斯对早期城市现代性空间和人群的"矛盾体验"恰恰就是对资本主义社会现代化两面性的忠实再现，在19世纪中期这个文化过渡时代，最能突显两面性的城市空间和两面性的城市人群。

显然，威廉斯研究和对比英国的乡村和城市时对这个大都市空间的两面性有清晰的认识，这在他指代伦敦时所用的词语——"Great Wen"中就有明显的影射，"wen"一词在英语中的两个意思分别是："人口集中的大城

---

① 转引自：Raymond Williams. *The Country and the City*. New York：Oxford University Press, 1973，p. 151.

市"、"瘤"或"赘生疣"，在威廉斯的城市指代中似乎潜藏着一个语义双关，那么，"赘瘤"这一层意思暗指的是伦敦的"恶之花"空间及其群体呢，还是在暗示伦敦的整个城市空间在日益丧失其"有机性"并且不断物化的进程中滋生了"病瘤"？城市在威廉斯眼中正逐渐变形为一台巨大而复杂的、不停运转和生产的机器，而不断轮回的商品生产和消费所累积的废墟是城市"赘瘤"的直观表征，眼光敏锐的文人游荡者对城市废墟和"病瘤"一面的震惊体验并不亚于他对城市景观空间的震惊体验。尽管废墟被堆放和掩藏在城市的边缘地带，但它们却在不断蔓延和生长，因为城市的景观空间源源不断地把废墟输送到这里，所以，即使是在 18 世纪末期，消费社会还没有真正到来之前，城市废墟化就已经在以前所未有的速度拓展。这一时期有文人把伦敦称为"怪物"和"病变的"都市："伦敦是一个充满神秘和恐怖的污浊空间，这是一个冷酷而怪异的城市、阴暗的迷宫，散发着华丽而庸俗的魅力。……伦敦显得阴郁，令人感到沮丧，像一只巨大的毒蜘蛛织就的大网，里面羁绊和囚困着数不清的昆虫。昏暗、拥挤、腐败的城市空间，伦敦笼罩在一种绝望的气息当中。"①

19 世纪的文人游荡者在视觉上更热衷于城市空间的"光辉"面，而且他们对于城市美好光明面的刻画和描写总是通过城市夜晚的灯光来映衬和呈现。就像爱伦·坡在《人群中的人》②中所描写的伦敦的夜晚一样，在煤气灯的映照之下，城市被笼罩在昏黄和柔和的光晕中，这使得夜晚的城市在游荡者眼中散发着迷人的魅力：

> 这些街灯有两个或者四个枝杈，上面有玻璃的罩子，看上去就像是一个个镶嵌在铁柱上的水晶球，这些灯柱托着水晶球沿着街道排列开来，不管是冬天还是夏天，也不管有没有月亮，所有的街灯都会在黄昏亮起。牛津路的灯是最多的，这一条街上的灯和整个巴黎城的街灯一样

---

① Raymond Williams. *The Country and the City*. New York: Oxford University Press, 1973, p. 224.

② 最早直接通过游荡者的形象来观察和书写伦敦城市空间和游荡体验的文本并不是爱伦·坡的《人群中的人》，而是皮尔斯·伊根（Pierce Egan，1772—1849）的《伦敦的生活》（*Life in London*，1821）。伊根是英国关注大众文化的作家，他在书中描写了伦敦的一位绅士和他的朋友在城市里漫游的情景。这本深受大众青睐的作品以连载的方式发表在报纸上，伊根以游荡者的视角呈现了伦敦城市多变的空间和市井生活的生动场景，以及各种奇怪的职业、古怪的人物。伊根所呈现的伦敦既不像后来的狄更斯刻画的那样阴暗、混乱，也不像爱伦·坡描写的那样萦绕着哥特式的神秘和恐怖的氛围，伊根的伦敦仍然是旧式的"有机空间"。

多。伦敦城里一些主要大街的灯光绵延七八英里长，远远看去蔚为壮观。①

煤气灯早在19世纪初期就已经被用于伦敦的城市照明和装饰了，而到了19世纪后期，城市的灯光已经堪称辉煌耀眼了，不仅放射着光芒而且散发着美感，让人体验到一种惬意和快乐。游荡在伦敦的诗人把城市的街灯比作"夜晚盛开的璀璨之花"，伦敦是一个在"午夜仍然有太阳照耀着的美妙城市"；"伦敦的白天结束之后仍然是白天"；"灯光连成了一片，映照着夜空，就像一只眼睛忽然放射出光芒，亮光从两侧飞跃而去，斯特兰德大街上开满了铁柱托着的百合花"。②

伊丽莎白·盖斯凯尔（Elizabeth Gaskell，1810—1865）以女性作家的细腻笔触描写了伦敦灯火通明的各种商铺，它们就像是一个个微型的童话世界，让漫步在街头的人们迷恋和向往："走过城市的灯火通明的商店，可以目睹美好的景观，煤气灯如此辉煌，店里摆放的商品比白天更加醒目；在所有的商铺中，药店看上去最像是童年故事里的画面和场景，人们好像在里面看到了阿拉丁种着魔法水果的花园，或者迷人的罗莎蒙和她那紫色的坛子。"③19世纪上半期的城市街道仍然遗留有传统社会时代的人们所热衷漫游和想象的空间，人们的空间意识还没有被无名和陌生的体验淹没。伦敦的街道和店铺是游荡者迷恋城市的永恒的主题和意象，不管是在诗歌还是小说当中，狄更斯的小说和故事里总是有街道的影子。街道在城市所有的事物中最具诗意，狄更斯的想象力在城市街道上驰骋，每一个商店都是一道通往传奇故事的门："令人诧异的是狄更斯竟然没创办一份名为《街道》的期刊，并且按照不同的店铺一期一期出版下去。他也应该写一些以店铺为主题的优美小说，如《面包店》、《药店》、《油坊》来陪衬《老古玩店》。"④

相比"19世纪的首都"——巴黎，伦敦的空间显得陈旧、单调、沉闷，尤其在19世纪中期以后；巴黎城市景观空间则显得整洁、美丽。如果说这一时期的城市中贫困和富足是极端对立的，那么伦敦更多地展现了这种对立

---

① 转引自：Raymond Williams. *The Country and the City*. New York：Oxford University Press，1973，p. 228.

② 转引自：Raymond Williams. *The Country and the City*. New York：Oxford University Press，1973，p. 228.

③ Elizabeth Gaskell. *Mary Barton*. London：Penguin Books，1985，p. 101.

④ Convolute A［A11，3］in *The Arcade Project*. Walter Benjamin. trans. Howard Eiland and Kevin McLaughlin. Cambridge and London：Harvard University Press，2002，p. 57.

的阴暗面，巴黎则更多体现了现代性城市的闪光面。波德莱尔即使是在城市"恶之花"空间也能体验到一种另类的美和快感；而狄更斯却完全不同，他眼中的伦敦总是散发着一种荒芜和倦怠、落寞和忧郁的气息，尤其是在雨天或者大雾笼罩的伦敦大街：

> 在雨天的街道，游荡者不停地走着，放眼望去，除了看不到尽头的纵横交错的街道，再什么也看不到；在街道的角落里偶尔会有两个交谈的警察，或是一个看管警察的小队长。在晚上游荡者偶尔会注意到在他前面好几码的地方有人从门廊里探出头鬼鬼祟祟地向外张望……天空的月亮和云显得慌乱而焦躁，就像邪恶的灵魂躺在床上辗转反侧；伦敦的每一个巨大的阴影都重重地压在了河面上。①

相应地，伦敦的街头似乎也没有像波德莱尔那样热情洋溢的城市漫游者和欣赏者，即使是比波德莱尔晚三十多年的乔治·吉辛（George Gissing，1857—1903）对伦敦城的情感体验仍然是乏味而灰暗的：

> 行走在伦敦的街区是最令人乏味的经历，你的心理会被绵延在空间中的肮脏压垮……这里的房屋显得死气沉沉……每一家的窗户似乎都在哀诉着空洞的绝望。……如果你在夜晚从这里经过，你尽可以想象栖身在这里的混乱群体忍受着人类怎样的倦怠、残酷和极度的痛苦，他们幻想着没有前景的希望，最终却成为被压垮的屈服者，在城市的边缘空间里跌跌撞撞……②

通过写作城市小说把游荡文人对19世纪的伦敦城市空间的体验表达得淋漓尽致的非狄更斯莫属。如果说布莱克是18世纪的伦敦城市孤独游荡者最初的子影，那么，狄更斯则是19世纪的伦敦城市游荡文人最鲜明、最突出的代表，他承袭了布莱克认知和思辨空间的方法和策略，以小说文本特有的优势更加详细、深入地书写了以文人的视角和意识对城市空间及人群的观察和思考，呈现了更全面和更真实的城市生存环境，他对资本主义早期工业化城市的批判也因此更加敏锐和犀利。

狄更斯从一个独特的视角表达了他对现代城市空间的体验——乘火车旅

---

① Charles Dickens. "Night Walks" in *The Uncommercial Traveller and Reprinted Pieces Etc.* Oxford and New York：Oxford University Press，1958，p. 127.

② George Gissing. *The Nether World*. p. 59. 转引自：Raymond Williams. *The Country and the City*. New York：Oxford University Press，1973，p. 235.

行。在狄更斯生活的时代，人们对火车的体验仍是新奇的，在城市空间中游荡和乘火车旅行一样，都是一种对于城市空间和城市生活的全新体验。首先，火车的内部让人体验到这是一套陌生而神秘的运作系统，就像资产阶级城市的内在运作机制一样，这些系统和机制是抽象的，就像火车的动力系统隐藏在旅客看不见的封闭空间。其次，从外部空间观察，火车穿行在不断变换的地理空间，就像狄更斯游荡时穿行在不断变幻的城市空间和人群中，流动的城市空间就像是人在奔驰的火车上看到的窗外闪现而随即消失的场景。火车奔向它的目的地，就像匆忙的人群涌向城市的中枢和心脏。

19世纪的火车旅行也开始让狄更斯体验到现代工业技术的魔力：速度导致了时间和空间的缩减，物质生产和社会的飞速发展以超越时间和空间的方式给人们带来了全新而奇特的体验，就像19世纪的人们坐在火车里体验到的一样，但这种超越时空的体验伴随着一种现实的剥离感，人们身体感官和心理体验之间的联系的锁链解开了："乘火车让人们体验到什么是被抛射的感觉……人们因此失去了对感官的控制……火车乘客不再是有感觉及体验的生命体，他们变成了包裹和行李。"① 这种空间体验是现代工业技术负效应的体现，火车在广阔的空间中疾驰的速度，消解了旅行者和旅行空间之间的关系；中世纪的贵族子弟"大旅行"（Grand Tour）和朝圣者在艰难旅程中对其所穿行空间的凝视和体验在火车旅客那里已无从谈起，空间距离在感官上的真实体验在现代人那里消失了，速度剥夺了现代城市空间的稳定性，就像人们的感官在火车窗外迅速袭来或退去的动态空间中无以附着，因此稳定的空间体验和认知也就无以生成。

火车旅行和城市游荡在狄更斯的心理体验中形成了鲜明的呼应，它们共同的场景是人群的拥挤和嘈杂及其所滋生的陌生和困惑感。随着传统空间的没落和现代性空间的兴起，城市化进程迅速推进，城市面积扩张，人口激增，商业繁荣，新建工程星罗棋布，一切以火车般的快速和庞大"袭击"着这位城市文人的视线和神经。在现代性城市空间迅速变化的冲击下，不管是城市游荡的文人还是匆忙的大众，他们的空间体验都在不断趋于模糊和凌乱，一切既不稳定了，也不确定了。现代城市中新的社会关系开始出现并很快成为主导模式，人们传统的文化身份受到以财富和金钱为基础的新身份的

---

① Wolfgang Schivelbusch. The Railway Journey：*The Industrializtion of Time and Space in the Nineteenth Century*. p. 53. 转引自：Raymond Williams. *The Country and the City*. New York：Oxford University Press，1973，p. 181.

挑战；而且，社会生产中劳动分工不断地细微化也使得城市人群及其关系不断地复杂化。然而，欧洲现代城市空间日益在技术和理性管理上变得精细化，与此背道而驰的现象是，现代城市大众的空间认知和交流处于停滞甚至瘫痪的状态。

对于狄更斯而言，现代城市空间的体验停留并被限制在感官的刺激和应激中，空间的真正内涵不能够被直观地理解和认知，而城市作为人的生存空间，其实在的意义需要被发掘和揭示，这就不仅需要视觉的观察，更需要有意识地分析和思辨。然而，商业化的城市大众要么忙于生产，要么忙于消费，他们既没有足够时间也没有理性的意识在高节奏的城市生活中开展对空间的凝视和反思，只有像狄更斯这样的城市文人在其"有闲阶级"身份和批判意识的双重条件下，才能细微而理智地分析和思考城市空间和城市生活。就像本雅明所说的，只有这样的游荡者才会在城市柏油马路上采集和观赏植物，这对于他这样的文人是一项艰巨而漫长的城市事业和使命。令现代人迷失和困惑的城市现代性空间是这些文人游荡者要解读的特殊文本、要书写的特殊叙事。所以，19世纪的城市游荡文人也是资本主义社会系统中的生产者，也参与了资本主义的社会劳动分工，他们的产品就是供人们文化消费的各种文本和思想。

狄更斯的小说中，伦敦总是以模糊、阴暗的雾都形象反复出现，城市总是黯淡的，在浓雾和工业大气污染的笼罩下一切都显得模糊，人们往往无法看清彼此，无法确定彼此之间的距离。在这样的现代城市空间中，每个人似乎都成了一座城堡，只有交错而不能走入彼此的世界。"雾都"的人群彼此之间身体距离的模糊和他们之间社会关系的疏离形成了应和，在书写城市空间的文本中构成了一种"双关"修辞。伦敦的迷雾和巴黎的城市景观一样都是对现实的覆盖、对人的空间体验及认知的扰乱和误导，模糊而不真实的空间体验和认知必然带来虚假的思想意识。根据威廉斯的观点，城市、个体、个体的情感结构形成一种整体关系，城市既是一种社会现实，也是一种人群和个体生活的物质场景，城市空间和城市生活维系和滋养着一种复杂而相对稳定的情感结构，它使人们能够有效参与各种社会生产和交流活动，并且在其中不断地累积城市生活的经验。但是，随着城市现代性空间日益扩张和复杂化，人们在情感体验和心理认知上丧失了对生活空间的熟悉感、可驾驭感和归属感，现代人的情感结构在新的城市空间中岌岌可危。

威廉斯在解读狄更斯的著作《董贝父子》时注意到，狄更斯所描写的城市空间对人的意识和心理上产生冲击甚至是威胁。小说中伦敦的城市空间在作者的眼中成了极具破坏力的可怕意象，一个让人心生畏惧的怪兽，城市变成了令人恐惧而不知所措的场所，再也不是任何一个个体所能认知和驾驭的空间，人在强大而神秘的城市里成了任由不知名的力量控制和摧残的微小生命：

> 他们畏惧地凝视着眼前巨大的城市，似乎已经预感到在那里他们将只是大海里的一滴水、沙滩上的一粒土，渺小而孱弱，他们将在暴风雨中惊慌、蜷缩，体验到世界将把他们彻底地抛弃。日复一日，这些游荡者拖着缓慢而疲惫的脚步……向着城市的方向走去，他们似乎被一种强大的魔力吸进城市巨大而喧嚣的空间，淹没在了城市不知名的场所，他们从此便迷失了。①

19世纪就已经开始令人迷失的城市空间对流浪在伦敦的群体尤其是那些挣扎在社会底层的群体而言，是一个威胁着他们的生存的空间。在伦敦这个大都市中，他们感觉到人的渺小和无足轻重，但城市同时似乎也是令他们对生活产生想象和希望的空间，这是一种复杂而矛盾的生存体验。而对于狄更斯这样的城市文人，伦敦给他们的感受更多的是孤独和虚无、一个没有归属感的空间，他们不仅仅是现代城市里的游荡者，也是现代城市里的流放者，这种空间的疏离感在游荡在城市的夜晚的过程中体验尤为深切。詹姆斯·汤姆逊（James Thomson，1834—1882）在沉睡的伦敦里游荡，以诗人特有的敏感体验到城市夜晚对他的囚禁：

> 巨大的城市在寂静中沉沉地睡去，
> 白天城市的骚动、劳苦和纷争都淹没于无意识；
> 但这酣眠，还有美梦却从不属于我，
> 我像是城市被诅咒的个体，我的心被恐惧和痛苦萦绕着，
> 我生活在穷困和贫乏中，我的思想在困惑中渴望、向往……
> 我在驱逐和流放中游荡，宛若城市的幽灵。②

游荡的诗人遭遇那个时代文人经常遭遇的厄运——贫困和孤独，在一个众人皆睡我独醒的城市空间中踯躅徘徊，仿佛是这城市的幽灵，这个孤独的

---

① Charles Dickens. *Dombey and Son.* chapter XXXIII. 转引自：Raymond Williams. *The Country and the City.* New York：Oxford University Press, 1973, p. 159.

② *Poems and Some Letters of James Thomson.* ed. S. Ridler. London, 1963. p. 12. 转引自：Raymond Williams. *The Country and the City.* New York：Oxford University Press, 1973, p. 236.

诗人游荡者向这个寂静而如梦魇一般的城市抒发着内心的独白。在这样的城市中游荡，诗人被一种彷徨、压抑、焦虑的体验吞噬，感觉到一个和自己的生命、思想完全脱离的空间对他的意识及精神的冲击和困扰，文人游荡者这个曾经的城市"土生子"完全变成了这个空间和人群中的陌生人：

> 没有人知道他是如何出现在街头的……
>
> ……但是人们都把他看作一个市民……
>
> 可怜的家伙，他一直惨淡地在城市里游荡，
>
> 并将继续游荡，他注定无可救赎。①

作为迷失在城市空间的"陌生人"，这些文人与人群中四处张望的普通游荡者全然不同。他是"洞悉世界的人"，是探究城市空间和人心的人，他和爱伦·坡描写的"人群中的人"是两种完全不同意识状态的城市游荡者，他们凝视城市空间的目光、体验城市空间的情感大相径庭。文人游荡者作为"洞悉世界的人"，不管身处何种城市空间，包括城市的景观空间，他的意识是在场的、思辨的、活跃的，而"人群中的人"则只是对城市景观空间和商品目瞪口呆但毫无意识的"张望者"，他们的自我意识是不在场的，他们的心理和情感完全处于应激状态，没有任何情感体验和理性思考，意识麻木的张望者和思维敏锐的游荡者被爱伦·坡的短篇小说《人群中的人》刻画得惟妙惟肖。

对于19世纪的现代城市而言，旧的空间已经时过境迁，传统的城市和城市生活的价值观念不是被热衷新空间的大众和人群质疑，就是被他们摈弃和遗忘。思维和意识更为审慎的城市文人，尤其是怀着批判意识的文学家和哲学家却对时空的变革审慎对待，他们更全面、更深刻地分析和解读城市变革，而不是盲目地推崇时代的进步、简单而武断地否定过去。在他们眼中，现代城市是一个有着辩证意象的空间：过去的时空片段在新的城市中滞留，并与现代性空间的碎片共存并置，本雅明在20世纪巴黎的颓败拱廊街和城市新景观的对照中看到了这种并置。事实上，很多文人都对旧时的城市空间充满眷恋，威廉斯感叹伦敦旧时的"有机社群"已经消失了："烟消云散的过去、那些'美好的昔日'除了被当作鞭挞'当下'现实的惯用语之外，什

---

① *Poems and Some Letters of James Thomson*. ed. S. Ridler. London，1963，p. 12. 转引自：Raymond Williams. *The Country and the City*. New York：Oxford University Press，1973，p. 238.

么也不再是了。"① 怀旧成了城市文人一种普遍和固执的情绪，对于狄更斯或本雅明这样的城市文人来说，过去的记忆有永恒的意义，尤其是本雅明，他似乎在不断地追溯历史的时空，回忆成了一种复杂而深邃的理性意识、一种对于祛魅空间和迷失自我的再振兴、再定位和再找寻。

第二节　巴黎城市空间的文学书写

对城市空间的体验和认知一开始总是通过孤独的文人游荡者的视觉和理性书写来表达的。在伦敦，文人游荡者的原型是诗人布莱克，而最早以游荡者的形象出现并观察、思辨巴黎城市空间的文人是梅西埃，并不是由于奔放、激进的行为和思想而名声更为显赫的波德莱尔，尽管后者堪称洞悉巴黎城市所有辉煌和黯淡的"魔鬼诗人"。梅西埃是跨越18、19两个世纪的法国诗人、剧作家、小说家、历史学家，但他首先是一个不折不扣的城市游荡者，一个城市全景空间和人群众像的观察家和分析师："梅西埃用双眼观察巴黎的全景图，用双腿书写了巴黎的全景文本，城市的每一个侧面、每一个群体都被一一关注，特权和贫穷在他的城市文本中并置陈列。"② 梅西埃《巴黎图景》（*Le Tableau de Paris*）的最早版本是1781年的一卷本，其内容包括105篇篇幅短小的文章，和早期探究城市和人群的所有文本一样聚焦巴黎和巴黎人的道德情感。

梅西埃游荡在巴黎城市的所有空间，就像是一个移动的镜头或是像福柯式全景监狱的瞭望口，展开对巴黎城市空间的全局透视，他以城市旧式文人敏锐而客观的视觉驾驭着巴黎所有的区间，表现出城市"土生子"面对家园空间时的确定和自信，这种自信显然体现在他的空间书写当中，并深刻地影响了他的空间思考。18世纪后期和19世纪初期还在现代性全面兴起的前夕，虽然有革命和动荡，但巴黎的城市空间仍然是旧式的场景，还在这个文人游荡者视觉和理性可驾驭的范围之内。梅西埃独自游荡在城市的所有空间，不管是富庶繁华的地带还是险恶污浊的角落，一切都被他尽收眼底。巴黎的一切都是梅西埃调查的对象，他关注城市的"全景"和"全民"，然而，

① Raymond Williams. *The Country and the City*. New York: Oxford University Press, 1973, p. 12.

② Priscilla Ferguson. *Paris as Revolution: Writing the Nineteenth-Century City*. Berkeley, Los Angeles, Oxford: University of California Press, 2015, p. 51.

他的读者很少有人了解或者愿意去了解城市里的"乞丐""老鼠""监狱""刽子手""坟场""公共厕所""污水沟"。[①] 梅西埃对城市里这些被人们的视线刻意回避的对象都一一观察和记录，而且进行了清晰的记录和深入的分析，他对空间的观察建构了一幅宏观的城市空间图画和城市生活场景。

梅西埃所观察的巴黎城市空间显然仍是一个有机而完整的空间，大众仍然生活在真实而熟悉的市井状态，还没有体验到空间的陌生和失控，人们仍然拥有情感结构稳定的自我和意识。在这位游荡文人眼中，巴黎不只是一个物理上的空间和场所，它还蕴含着多姿多彩的城市生活经历和感受。"梅西埃把这样的城市描写为人人都参与其中的市井生活的画卷……每一个巴黎人都能感受到自己融入进了复杂和丰富的城市生活空间……每一个人都受邀去感受城市的舒适和荣耀，分享一种城市经历赋予的身份。"[②] 这与后来波德莱尔的狂欢式城市体验相呼应，也和 19 世纪末期碎片化、祛魅化的空间以及异化的人群的现代城市形成鲜明的反衬和对比。和后来热衷游荡的文人一样，梅西埃把他对城市空间的幻想和城市日常生活的场景结合了起来，不同于他同时代的保守文人，他推崇城市的公共空间，热衷于游荡在城市街头而不是像早期仍然处于"内向化"的生活状态的普通资产阶级个体一样，把自我封闭在室内：

> 吸引梅西埃的不是皇家宫殿或是精英们光顾的公馆，吸引他的是巴黎的花园、大街、资产阶级的商店、咖啡馆和下层人出入的小酒馆、城市杂乱的场所，所以他的文本中的城市人物也是形形色色的：作家、挑水工、典当商、骗子、图书商、厨师、女家庭教师、女仆、杂役、妓女、牙医等等。[③]

梅西埃的"巴黎图景"就是巴黎市井生活的画卷，这里是城市空间还没有被商品化浪潮淹没的场景，现代城市崇尚并沉溺于消费之前的市井生活场景。此外，不同于当时流行一时的"城市指南"，他的空间书写并不着重城市的历史和地理记录，他的文本在题材的分类上并不是统一和明确的，反而是杂乱的，和巴黎市井生活场景的多样态形成对应。不断变化的街头场景、

---

① Priscilla Ferguson. *Paris as Revolution: Writing the Nineteenth-Century City*. Berkeley, Los Angeles, Oxford: University of California Press, 2015, p. 49.

② Priscilla Ferguson. *Paris as Revolution: Writing the Nineteenth-Century City*. Berkeley, Los Angeles, Oxford: University of California Press, 2015, p. 50.

③ Priscilla Ferguson. *Paris as Revolution: Writing the Nineteenth-Century City*. Berkeley, Los Angeles, Oxford: University of California Press, 2015, p. 51.

各种城市风俗的展现都令梅西埃印象深刻，一切既凌乱又合理。梅西埃可以说是第一个城市"生理学"文本的创作者，他不仅关注空间而且也关注形形色色的人物，他为后来的游荡者创建了城市观察的方法和视角。他把本雅明描写的城市游荡者在时间上提前到了18世纪，梅西埃以其自身的实际行动丰富了游荡者城市漫游的路线和空间，拱廊街并不是游荡者最初和唯一出现的场所。

以梅西埃为代表，18世纪文人游荡者的城市探究也体现出社会学研究的方法和意识，他们的一个共同特征是重视觉观察而轻理性反思，城市首先是一个直观的图像空间，观察和研究的首要任务是呈现城市生活场景："梅西埃的城市文本更突出体现的是绘画家的手笔，其次才是哲学家的思辨。"①但梅西埃的"城市指南"所呈现的巴黎是丰富而多面的，充满了传统城市空间的人文气息和活力，他的城市文本写作风格也引领了后来19世纪的专栏文章和小品文的风格，这些城市小品文以描写城市空间的人物和场景为主，也附加评论和思考。

梅西埃笔下的巴黎市井所展现的仍然是一个大众生活的鲜活空间，这体现在这位文人游荡者城市观察的方式中：他的空间视角总是多变的，没有一个固定的焦点，他的文本并没有把城市空间单一化或只关注某一个社会群体，所有的空间和群体都在他的文本中有话语权，他的文本是多声和杂语的。梅西埃展示巴黎图景的文本和巴黎的市井生活场面是完全对应的，城市的空间文本被直接投射为文字文本。梅西埃的城市游荡和书写也体现出了现代性的一面，他的城市空间快照解构了18世纪早期书写城市空间和城市生活的主导文本。传统的城市书写总是以称颂神圣王权为主旨，以呈现王权下的空间美丽和谐为单一视角，梅西埃颠覆了这一关注和书写空间的方式，以城市普通浏览者的视角呈现更真实、更全面的空间，他拒绝把城市空间美好化、理想化，他的城市文本呈现的是一个众声喧哗、生活气息浓烈的空间。

18世纪末至19世纪中期，巴黎城市空间的书写呈现出一条清晰的脉络，其中旧式的"城市指南"（guidebooks）、"城市全景图"（tableaux）、城市"生理学"（physiologies）文本三者之间形成了文本的继承，梅西埃正好处于承上启下的位置。梅西埃有强烈的平等意识，他的文本也摒弃了传统城市指南所遵从的等级划分或时间顺序，文本的文类、叙述方式和语调也体现

---

① Priscilla Ferguson. *Paris as Revolution: Writing the Nineteenth-Century City*. Berkeley, Los Angeles, Oxford: University of California Press, 2015, p. 54.

出多样性，既有民族志学家、哲学家、文学家的学术笔调，又有通讯记者和专栏作家的闲谈口吻，甚至也有街头路人和警察的视角和话语。① 梅西埃以城市游荡为途径开创了观察城市空间和人群的新方法。在这种模式中，城市中既没有主导空间，也没有主角人物，城市是全景的、杂语的空间。文人游荡者总是热衷于浏览城市空间的整体和全景，这一时期的文人游荡者和观光客欣赏巴黎图景的最普遍方式是从远处或从高处观赏，19世纪早期的地图似乎总是把观察的视角放在远处的地平线，"梅西埃也不是巴黎第一个爬上巴黎圣母院观看城市的人，当然也不会是最后一个"②。

　　追寻整体和本源一直是西方哲学和文学的共同主题，然而19世纪城市空间的碎裂和混乱使得追求整体、本源的哲学和文学思辨更加举步维艰。因此，作为更早时期的文人游荡者，梅西埃比后来本雅明之类的文人游荡者更具现实性、更生活化，也更贴近城市人群，他的空间思辨比起后者更加直观和通俗。梅西埃仍然是情感结构和空间体验处于有机整体状态的城市资产阶级文人，而波德莱尔和本雅明等现代性的城市文人游荡者则完全不同，他们的空间和自我体验是碎片化的，因为他们生存的城市空间是碎片化的。19世纪中期前后是一个文化过渡的时代，梅西埃是城市旧式空间向城市现代性空间转变进程中最后一个能驾驭城市整体空间、能把自我意识和空间体验融洽地结合在一起的文人游荡者。梅西埃也目睹了19世纪城市空间变革的兴起，但详细记录巴黎城市空间动荡的不是他的《巴黎全景图》（*Tableau de Paris*），而是后来19世纪30年代出现的、长达十五卷的《巴黎：一百零一种生活》（*Paris, ou le livre des cent-et un*），以及19世纪40年代出现的九卷本的《巴黎人自画像》（*Les Francais peints par eux-mêmes*）。两个文本盛行的时代恰好也是城市游荡成为一种时尚的时代，游荡者也是在19世纪早期成为大众竞相模仿和追捧的城市人物形象。城市化不断推进的空间令大众既困惑又好奇，之前相对封闭和狭小的空间格局被打破了，人们渴望了解在他们的情感和意识中逐渐失去把控的全新城市空间。

　　伴随着巴黎新空间的兴建，各种新奇的人物也在城市人群中纷纷涌现，尤其是优哉游哉、散发着贵族绅士气质的"浪荡子"，他们的生活、个性乃至服饰都是人群所好奇的，于是各类城市"生理学"文本成了城市中新的时

---

① Priscilla Ferguson. *Paris as Revolution: Writing the Nineteenth-Century City*. Berkeley, Los Angeles, Oxford: University of California Press, 2015, p. 54.

② Priscilla Ferguson. *Paris as Revolution: Writing the Nineteenth-Century City*. Berkeley, Los Angeles, Oxford: University of California Press, 2015, p. 68.

尚读本。《巴黎：一百零一种生活》和《巴黎人自画像》这些城市文集并不是一个作者的空间观察和思考记录，而是众多观察者对城市空间的集体解读，内容涉及人物、场所、事件、各种风俗和制度及其简介和素描。[①]《恶魔在巴黎》（*Le Diable à Paris*）、《大城市》（*Le Grand Ville*）、《巴黎和巴黎人》（*Pairs et les Parisiens*），以及巴尔扎克创作的文章《巴黎林荫街的历史和生理学》（"Histoire et physiologie des boulevards de Paris"）、《游荡者生理学》（"Physiologie du flâneur"），和《巴黎：一百零一种生活》《法国人自画像》一样深受城市大众的青睐，人们阅读这些文本的热情并不亚于观赏这一时期巴黎盛行的城市全景画。这些拼贴城市"全景"的文本大都是一些随笔短文，它们用趣闻轶事再现了这些全景的立体画面，用丰富而细腻的笔触再现了现代商业化开始萌动和蔓延的城市空间。本雅明对这类流行一时的空间"全景"文本做了如下综述：

> 它们（城市"生理学"文本）主要在街头出售但披着沙龙文学的外装；在这种文学中，那些名为"××'生理学'"的外表朴素的平装口袋书占据首要地位，它们研究人们在逛市场时可能碰到的各类型的人，从林荫道上流动的街头小贩到歌剧院大厅中的丹蒂，巴黎生活中的所有形象无一不被某个"生理学家"所描述。这种体裁的辉煌时期是在 40 年代初期到来的……波德莱尔那一代人受过它的熏陶。[②]

19 世纪的城市"生理学"文本对于空间的描写也有其独特的优势，它们以提喻（synecdoche）和转喻（metonymy）的空间修辞突出了城市不同侧面的具体性、典型性、多变性。如果说 19 世纪的城市空间变化不定，那么城市"生理学"文本的大量涌现就是它的直观体现，它们往往刚一出版就已经过时了，唯一的办法就是不断地出版新作品，这在 19 世纪三四十年代表现得尤为突出。[③] 描绘城市空间的传统文本是一种美学的文本，而这种空间"生理学"文本却不再适用于新的现代城市空间。19 世纪上半期的巴黎，资产阶级还没有牢固地建立统治霸权，城市空间基本处于一种失控状态，旧

---

① Priscilla Ferguson. *Paris as Revolution: Writing the Nineteenth-Century City*. Berkeley, Los Angeles, Oxford: University of California Press, 2015, p. 61.

② Walter Benjamin. *The Writer of Modern Life: Essay on Charles Baudelaire*. ed. Michael W Jennings. Cambridge, Masschusetts, and London: The Belknap Press of Harvard University Press, 2006, p. 67.

③ Priscilla Ferguson. *Paris as Revolution: Writing the Nineteenth-Century City*. Berkeley, Los Angeles, Oxford: University of California Press, 2015. p. 70.

时城市空间的"宏大叙事"被推翻，新的话语尚未建立领导权，而 19 世纪的各种城市"生理学"文本和专栏文章并没有试图解读城市场景背后的本质。旧式的"城市指南"书写城市的历史、神话和故事，还涉及城市生活指导以及人们的道德观念等，但这些文化功能在新的城市"生理学"文本中被单一化为城市场景和新奇人物的描写和呈现，这是城市空间变革对城市文本书写的影响。

城市的大变革引发人们空间体验的深刻变革，城市空间的秩序和城市生活的道德不再由上帝主宰，城市不再是人们熟悉的家园而更像是供人们观赏和游览的乐园。《恶魔在巴黎》和《巴黎：一百零一种生活》两本书都在扉页的插图中展示了魔鬼的形象，就是要表达魔鬼篡夺了城市空间的控制权，他把地狱的混乱带到了人间的城市，一切旧的、熟悉的东西都在改变和消失，魔鬼要把城市变成凌乱和狂野的空间。从梅西埃的《巴黎图景》开始，文人游荡者对城市的观察和书写不再像旧时代的文人那样把城市描绘成由王权和神权支撑和维系的美好空间，城市文本中固有的道德叙述迅速衰退。对于 19世纪早期尚处于保守生活状态的资产阶级而言，城市在不断革命和暴动的混乱中不仅让人失去了安全感而且丧失了精神和道德的维度。当混乱主宰了空间，迷失就主宰了人们的空间体验。19 世纪中期的欧洲城市已经开始了空间"无机化""碎片化"的进程，这个视觉和听觉同样喧哗的空间开始"魔域化"。

城市的资产阶级和贵族统治者对这个毫无安全感的空间心存芥蒂，甚至表现出厌恶和恐惧。建构城市空间的秩序和规则的任务迫在眉睫，豪斯曼的城市新建工程可谓顺时应势。资产阶级和贵族"治理"城市空间的真正动机是对城市革命和暴动的遏制，建立他们联合统治的秩序，所以，城市新建计划其实就是用一种全新的场景来树立和宣扬资产阶级和贵族对这个空间的领导权。所有对城市空间的美化和装饰，直至空间景观的建构都是一种以物质的、有形的方式来进行统治阶级意识形态的宣示，用技术和资本构筑的商品景观、机器批量生产造就的大众化商品消费来招安城市人群，这种意识形态的宣示被证明是强大而有效的。

新建后的现代城市给人们带来了美学上的空间画面和心理体验，人们对城市环境的感受由稳定和单一的经验变成流动而短暂的体验，人们的空间意识不再是来自直观现实的经验积累，而是夹杂着虚幻、想象及其反复的变更。这种体验在城市空间不断扩张和景观化的进程中变得越来越强烈和普遍，豪斯曼男爵和拿破仑三世的巴黎城市新建工程把这种空间体验推向了一个巅峰。而景观化的城市空间、消费化的城市大众、眼花缭乱的城市意象都呼吁全新的城市体验者、全新视觉和全新意识的城市赏析者，于是波德莱尔和他的"现代生活的画家"带着激烈的热情，穿着华丽的服饰，以城市时尚浪荡子的形象兴奋地步入了巴黎新奇而耀眼的景观空间。

然而，在波德莱尔书写现代城市景观空间的华丽诗篇之前，他首先书写的是城市空间的丑恶，他作为现代派诗人的独特之处就在于他对城市丑陋和贫穷空间的关注，而且在其中发现了异样的美——"丑恶的美"，他以"恶之花"象征这种美。在他的诗篇中，城市是充满着丑恶力量的空间，这里完全是"恶之花"簇拥的场所，街道散发着粗俗、肮脏的气息，隐含着低俗、色情、危险、革命和暴力。游荡在街道上的男人总是无所事事的游民，徘徊在街道上的女人总是出卖色相的娼妓，街道上的孩子总是乞丐、弃儿和淘气鬼，市井滑头总是为生计而算计别人。"冲向街头"是城市暴动的经典口号，也是这位叛逆诗人的口号，因为街道是夺取权力的阵地，城市生活轻率而激荡的洪流涌动在街道，淹没了人群，所有的一切被裹挟其中。19世纪早期的城市正是旧的封建体系被打破而新的资产阶级社会区隔还未完全建立的混乱空间，人群的混乱和流动使得城市街道毫无安全感，但是，这似乎同时也赋予街道一种"狂欢"的气氛。

在社会发生变革的动荡时代，很少有人在夜晚为寻找乐趣而走上巴黎城市街头，即使是在大白天，街上飞驰的马车也会吓得行人慌忙躲闪和逃窜。[①] 直到19世纪中期以后社会形势趋于稳定，城市历经各种新建和整饬，巴黎的街道才逐渐变得干净、安全、明亮。现代城市的各种设施和规则建构了巴黎的秩序——马路两侧高出路面的人行道、街灯、街道的名牌、建筑物编号、地下排水系统、交通规则和交通指示灯[②]等。现代巴黎逐渐成为人们热衷的美好空间——林荫街，对特定阶层公众开放的花园、广场等，这些都点缀和装饰着巴黎的新空间。但是，全新的空间也彻底擦除了城市的传统市井生活的画面，现代城市空间是标注阶级区隔的空间，和城市人群尤其是底层大众的日常生活产生了割裂，"法国革命之后，只有在警察看来是装束体面的人才被允许进入巴黎的杜乐丽宫"[③]。

梅西埃游荡的巴黎是18世纪末期最后的"有机空间"，其中仍散落着旧

---

① Rebecca Solnit. *Wanderlust: a History of Walking*. New York：Penguin Group，2002，p. 128.

② 最早的煤气交通指示灯于1868年出现在伦敦的议会大厦广场。

③ Rebecca Solnit. *Wanderlust: a History of Walking*. New York：Penguin Group，2002，p. 129.

式的市井生活场景，那已经和波德莱尔所畅游的现代性巴黎相去甚远，他们的城市空间体验也因此形成了强烈的对比。就城市空间的现代性特征而言，巴黎在伦敦的映衬下表现得更加突出和鲜明，尽管直到 18 世纪末和 19 世纪早期伦敦一直在经济和工业发展程度、城市规模和人口数量上都遥遥领先于巴黎，[①] 但是，伦敦的城市空间从来都没有巴黎城市景观空间散发的光彩。相比巴黎，伦敦显得暗淡。伦敦没有巴黎作为"19 世纪首都"的奢华和时尚，从来没有像巴黎那样在《现代生活的画家》里被热情澎湃地描绘。华兹华斯对伦敦城市空间的体验也缺乏波德莱尔对巴黎城市空间的体验的兴奋和激情，伦敦让华兹华斯压抑，而巴黎让波德莱尔欣喜。

　　如果说游荡者对于伦敦的城市空间更多的是一种冷静的阅读和浏览，那么，游荡者对巴黎则更多是一种美学的欣赏和赞誉。19 世纪中期以后的巴黎进一步经历了商业化和景观化等全面而纵深的城市化，城市变成了一个充满缤纷景观和蓬勃活力的空间，一个催促着城市人群及时行乐的场所；巴黎的城市空间以梦幻般的繁华吸引和刺激人群和游荡者，令他们兴奋而沉溺，波德莱尔更是以诗意和开放的情怀向这里的一切敞开心灵，不管是无名的、意外的，还是稍纵即逝、神秘未知的。波德莱尔既不同于梅西埃，也不同于华兹华斯，他在城市现代性空间中体验到的是快感和愉悦，"沐浴"在人群中让他体验到"自我"的无限膨胀和扩散，波德莱尔把城市游荡变成了一种空间行走和鉴赏的美学训练。

　　波德莱尔的现代城市空间体验是一连串震惊的瞬间，充满了诗歌、美学的意象和蕴含：城市空间的碎片被拼凑成一幅新奇的图景，像沙粒一样彼此剥离的个体汇集而成的散乱人群，像潮水一样在城市所有的空间和角落蔓延，城市变成了一个涌动着人海的万花筒，蔚为壮观。面对令华兹华斯及其他众多城市游荡文人深感茫然而困惑的城市和人群，波德莱尔在他的诗中却流露出一种艺术和审美的惬意；变动不居的城市空间、忙乱而无序的城市生活让他体验到快意和生机，现代城市景观空间在他的诗中变得感官化、欲望化，充满了生命的力量和激情。波德莱尔所有的生命体验和知觉都来自城市空间，乡村和大自然丝毫引不起他的兴趣，城市在他的诗歌文本中既是"开始的"意象也是"最后的"意象，城市空间是他所有和唯一的主题。他的空

---

①　1660 年伦敦的人口为 50 万，1770—1820 年间人口增加到了 125 万；1821—1841 年间，伦敦的城市空间扩大了 20%，而巴黎城当时的面积只有伦敦城市面积的一半大 (Raymond Williams. *The Country and the City*. p. 146，p. 152.)。

间意识和体验源于城市又超越了城市，进入一种精神的空间和维度。

雷蒙·威廉斯对比了巴尔扎克、陀思妥耶夫斯基（Dostoevsky，1821—1881）、波德莱尔这三位 19 世纪的杰出文人在城市游荡的不同感受和体验：巴尔扎克关注城市社会的复杂性和流动性，而陀思妥耶夫斯基强调城市空间中的神秘和陌生气息，以及城市传统人际关系的消解，在这方面他和狄更斯更为相似，感悟到城市空间的疏离和异化，两者之间的差别在于狄更斯着力表现了城市个体压抑和窒息的社会情感，而陀思妥耶夫斯基则渲染了城市异化空间对人的精神冲击。[1] 波德莱尔则完全逆转了上述的城市空间体验和思想，在这位沉迷于都市游荡的现代诗人的意识中，空间的碎裂、社群关系消解是生产一种全新城市体验的前提和条件，在他的诗篇中，"大众"和"孤独"是两个相等并且可互换的意义表达。在城市空间体验的情感气质方面，波德莱尔与爱伦·坡有共鸣，他们都是热衷于城市和人群的诗人游荡者，他们书写城市空间和城市人群的诗篇中洋溢着对人群的众声喧哗和空间的变幻莫测的热情和向往，他们在其中感受到一种城市现代性空间的特殊美。

> ············
>
> 我想躺在天空之旁，像占星家一样，
>
> 而且靠近钟楼，让我醉梦沉沉，
>
> 听微风送来庄严的赞美钟声。
>
> 两手托着下巴，从我的顶楼上
>
> 眺望烟囱和钟楼，都市的桅杆，
>
> 和那使人梦想永恒的大罗天。
>
> 透过雾霭观看：那蓝天生出星斗，
>
> 窗上映着明灯，那煤烟气流
>
> 升向苍穹，月亮把苍白的妖光
>
> 一泻千里，真个令人感到欢畅。
>
> ············[2]

诗人波德莱尔身上的浪荡子气质和狄更斯、巴尔扎克及陀思妥耶夫斯基

---

[1] Raymond Williams. *The Country and the City*. New York：Oxford University Press，1973. p. 234.

[2] "风景"，载〔法〕波德莱尔：《恶之花 巴黎的忧郁》，钱春绮译，北京：人民文学出版社，1994 年，第 191 页。

的严肃和批判意识形成了鲜明对比，波德莱尔既是城市景观空间歌颂者也是其诅咒者，他似乎把对城市空间迪奥尼索斯式（Dionysian）的狂欢与沉迷同阿波罗式（Apollonian）的沉思和批判融为一体，他对城市的狂热和忧郁使他陷入了一种空间体验的精神分裂。和爱伦·坡一样，波德莱尔书写的城市空间散发着一种辉煌、曼妙的魅力，但又笼罩着神秘、阴暗的气氛，巴黎既是魔域，又是桃源；而作为这个"魔域桃源"里的浪荡子的城市诗人也散发着独特的气质，这在他对巴黎矛盾的情感中表现得尤为突出：

> 心里充满着喜悦，我攀登到山上，
> 从这里可以览眺都市的宏伟，
> 医院、妓院、炼狱、地狱和劳改场，
> 一切极恶全像花儿一样盛开。
> 你知道，撒旦，我的痛苦的主保，
> 我来并非为了流无益的眼泪；
> 而是像老色鬼，念念不忘旧交，
> 我要陶醉于这个巨大的娼妓，
> 她的地域魔力使我永不衰老。
>
> 不管你躺在早晨的衾被里，
> 昏昏、沉沉、伤风，或者昂首阔步
> 在用纯金镶边的黄昏帷幕里，
> 我喜爱你，哦，污浊的都市！娼妇、
> 强盗，你们是那样经常地提供
> 世俗的庸人们所不知的欢愉。①

　　19 世纪尤其是豪斯曼新建之后的巴黎是景观和梦幻的城市空间，同时这个空间在城市文人游荡者眼中有时是神圣的，有时则是妖冶的，在文学修辞中巴黎经常被比作女神（goddess）、王后（queen）、天才（genius），也被比作九头蛇妖（hydra）、妖艳的妓女（courtesan）、巨大的怪物（monster），或者直接比作魔鬼（devil）。豪斯曼工程营建的巴黎是有景观和秩序的格式化空间，在城市游荡者看来既美丽又庄严。

---

① "跋诗"，载〔法〕波德莱尔：《恶之花　巴黎的忧郁》，钱春绮译，北京：人民文学出版社，1994 年，第 506～507 页。

波德莱尔对巴黎城市景观空间的凝视和体验呼应了 19 世纪早期观赏"魔灯"的感受,当时的魔灯演示使用背部投射,连续展示的图像构成了一个动态的神奇景观,把观众意识愉快地吸引在幻境当中。图像连续的运动而产生连接和重合效应,图像的片段拼凑整合,形成一个整体的意象。19 世纪的魔灯演示带给观赏者的虚假视觉印象对他们的意识和心理是一种巨大的冲击,这和波德莱尔对巴黎景观空间的感官和心理体验是完全一致的。既然城市空间是梦幻的,那么,体验它的方式也可以是非理性和非清醒的,吸食鸦片和印度大麻以便在迷幻中体验巴黎梦幻般的城市空间,这对于波德莱尔成了一种认知城市现代性梦幻空间的途径,只有在幻觉和梦境中游荡和观赏才能体验现代性的壮观空间,书写瑰丽的城市诗篇:

> ·············
> 这种缥缈悠远的形象,
> 今晨又使我感到陶醉。
> ············
> 仿佛自夸的天才画师,
> 我面对着自己的画稿,
> 欣赏那由金属、石和水
> 所组成的醉人的单调。
>
> 有台阶、拱廊的通天塔
> 乃是一座无边的宫殿,
> 泉水和瀑布纷纷落下,
> 落到明暗的金属盘里面;
> 那些沉甸甸的大瀑布,
> 就像是水晶帘子一样
> 看上去多么辉煌夺目,
> 悬挂在金属的绝壁上。
> ············
> 于是一切都刷得烁亮,
> 甚至黑色也艳如彩虹,
> 液体把它所有的荣光
> 嵌入结晶的光线之中。
> ············

在这跃动的奇观之上，

飘荡着（多么可怕的新颖！

不可耳闻，却只能目赏！）

一种永远沉默的寂静！①

后来本雅明不仅继承了波德莱尔以梦幻的手法体验巴黎的方式，而且有意识地实践了这一方式。在《印度大麻》（*Hashish*，1927）一书中，本雅明详细记录了他吸食大麻之后在幻觉中游荡时对巴黎城市空间的观赏和感受，他以"勤奋、谨慎甚至学者的方式……带着热忱、好奇、强烈的目的感去体验迷狂的经验……这种迷狂体验是他的重要助手，帮助他寻求开启现代性之谜的锁匙"②。巴黎是梦幻的空间，对巴黎的解读也就是现代性空间的"梦的解析"。对于波德莱尔和本雅明来说，梦幻是一种彻底和深入地观赏、感悟城市现代性空间的认识论。19 世纪的巴黎本身已经是一个充斥着图像洪流的空间、一个景观或幻境的空间：人群、大街、时尚、商品、广告、博览会、铺天盖地的报纸杂志就是这座 19 世纪之都的空间"星丛"。本雅明也同样认为，现代性本身就是现代城市景观空间和梦幻氛围的别称："当世界被梦幻笼罩时，现代性就到来了。"③ 在波德莱尔和他的"现代生活的画家"眼中，现代性和现代性城市分别是梦幻空间的概念表达和具体形态，不断出现的商品、时尚，不断增加的城市景观让现代性和现代性城市产生了新奇而震撼的效应。这位诗人游荡者体验并记录了这个商品化、景观化空间是多么强烈地刺激着他和城市人群的神经和欲望：

最最富丽的城市，最最壮丽的风景，

从来没有具备过这种神秘的魅力，

像那些白云偶然变换成的美景，

欲望总是使我们感觉到忧心戚戚！

——享乐给欲望添上更加强大的力量。

---

① "巴黎之梦"，载〔法〕波德莱尔：《恶之花　巴黎的忧郁》，钱春绮译，北京：人民文学出版社，1994 年，第 234～238 页。

② "知识分子的情怀——评本雅明《论大麻》"，https://www.douban.com/note/144224980，访问日期：2017－06－20

③ Walter Benjamin. "Paris—the Capital of the Nineteenth Century" in *The Arcade Project*. Cambridge，MA：Harvard University Press，1999，p.26.

欲望，你这以快乐作为肥料的老树，
到你的树皮变得又厚又硬的时光，
你的枝干就更想攀到太阳的近处！

看到这些玉座镶嵌的宝石灿烂辉煌；
那些精美宫殿的仙境一般的排场，
…………
到这里来吧！你们想要来尝尝
香喷喷的忘忧果的人！你们所一心
向往的奇果，就在这里可以弄到手；
这儿的午后充满一片奇妙的宁静，
永无尽头，请你们来这里尽情享受！
…………
请你给我们倒出毒酒，给我们鼓舞！
趁我们头脑发热，我们要不顾一切，
跳进深渊的深处，管他天堂和地狱，
跳进未知之国的深部去猎获新奇！①

　　只有波德莱尔这样"癫狂的"城市游荡者才能把景观空间对现代人心理的刺激用如此华丽的诗篇、如此美妙的语言渲染出来，而那些城市芸芸大众却只能在欲望的撩拨中盲目地沉醉享乐，并且显得焦躁不安。在巴黎的梦幻空间中，游荡者享受的是商品和景观带来的精神和美学盛宴，而被它淹没的城市人群却只醉心于物质和商品的狂欢。就像他自己刻画的"现代生活的画家"一样，波德莱尔这位诗人游荡者是在城市中猎奇的浪荡子，他面对城市景观和商品更多的是一种精神的享受，他只观赏而从不触碰和购买，似乎那样就会毁坏景观和商品的光晕。19 世纪王权和资产阶级联合营造的城市现代性空间——商店、拱廊街、林荫街、剧院、公园、火车站等，处处都散发着梦幻的效应巴黎是 19 世纪城市"乌托邦"空间的缩影，梦幻之所以渗入了现代性城市日常生活的方方面面，是因为巴黎以梦幻的方式释放了人们的欲望，巴黎以"梦乡"的美丽迷惑着游荡者和城市大众：

---

　　① "旅行"，载〔法〕波德莱尔：《恶之花　巴黎的忧郁》，钱春绮译，北京：人民文学出版社，1994 年，第 315~320 页。

那里真是个安乐乡，一切都很美丽、富饶、宁静，令人满意；那里，豪华乐于反映在井然有序之中；那里，生活是富足的，闻到香甜的气味；那里，任何混乱、喧闹和意外之事都被排除得一干二净；那里，幸福和寂静结成美满的良缘；那里，连菜肴也富有诗意，而且油光光地具有刺激性；那里，一切都像你，我的亲爱的天使。①

根据弗洛伊德的心理学理论，梦幻表征和释放潜伏的欲望，人真正的欲望都深深地沉睡在无意识当中，只有梦幻能让它们显现。如果不能说是波德莱尔启发了弗洛伊德，那至少可以说波德莱尔在巴黎都市的游荡就是对城市空间进行"梦的解析"，如果打破时间的顺序，可以说波德莱尔这样城市游荡者是弗洛伊德心理学思想在 19 世纪的实践者。梦在人们的体验中是私密而陌生的，就像列斐伏尔说的："梦幻的空间是奇特而陌生的，但同时又与我们如此接近。"② 波德莱尔在巴黎的游荡体验鲜明地体现了这种情感的矛盾性：城市梦幻空间与游荡者在身体上如此接近，却在他的情感体验中尽管新奇但陌生而疏远。梦幻营造了现代城市既奇特又游离的空间，让在其中游荡的波德莱尔感受到愉悦的同时也体验到深深的忧郁和厌倦：

> ……整个城市使它感到气恼，
> 它从瓮中把大量阴暗的寒冷
> 洒向附近墓地苍白的亡魂，
> 把一片死气罩住多雾的市郊。
> …………
> 当阴郁的冷淡所结的果实——厌倦，
> 正在扩大成为不朽之果的时光，
> 还有什么比这跛足的岁月更长？
> ——活的物质啊，今后，你不过是一块
> 在多雾的撒哈拉沙漠深处沉睡、
> 被茫茫的恐怖所包围的花岗石！……③

本雅明继续并推进了波德莱尔在巴黎的梦幻游荡和体验，他以梦的机制

---

① "邀游"，载〔法〕波德莱尔：《恶之花　巴黎的忧郁》，钱春绮译，北京：人民文学出版社，1994 年，第 417 页。

② Henry Lefebvre. *The Production of Space*. Oxford：Basil Blackwell, 1974, p. 209.

③ "忧郁"，载〔法〕波德莱尔：《恶之花　巴黎的忧郁》，钱春绮译，北京：人民文学出版社，1994 年，第 165～168 页。

和运作来观察和分析现代技术、商品、时尚等在城市空间中产生的超现实场景和效应，就像商品装饰城市空间的景观一样，现代技术和工艺也营造着城市空间"幻境"，拱廊街、水晶宫等都是商品和现代技术和工艺联合创造的杰作，它们建构的景观和幻境不仅代表着新的生产方式，也代表着新的生产关系、新的理性观念和意识形态。和梦境一样，城市现代性空间中不仅有被不断刺激和释放的欲望，更有一种朦胧的意象，到处都飘荡着"幽灵"和"影子"，房屋、街道、雾霭似乎都有各自的"灵魂"，它们在流动、在不停地变换，它们是现代性空间中"灵显"的瞬间，被诗人游荡者那敏锐的目光捕获：

> 熙熙攘攘的都市，充满梦影的城市，
> 幽灵在大白天里拉行人的衣袖！
> 到处都有宛如树液一样的神秘，
> 在强大巨人的细小脉管里涌流。
>
> 某日早晨，当那些浸在雾中的住房
> 在阴郁的街道上仿佛大大地长高，
> 就像水位涨到河川两岸一样，
> 当那黄色的浊雾把空间全部笼罩，
> 变成一幅像演员的灵魂似的布景，
> 我像演主角一样，让自己神经紧张，
> 跟我的已经疲惫的灵魂进行争论……①

城市现代性空间的意象有"当下"的，也有来自人们记忆中过去时空的，它们隐藏在城市各处——旧广场和颓败的拱廊街，甚至是城市堆放废墟的边缘空间，它们忽隐忽现，就像闪烁在夜空的稀疏而暗淡的星光。作为城市"恶之花"的空间，城市废墟和颓败的拱廊街一样都是城市游荡者热衷光顾的场所，对于波德莱尔和本雅明，景观和废墟分别是"当下"和"过去"时空的表征，穿行在这两个空间就是在城市的历史中旅行，时间在这两位城市游荡者的意识中并非是单向和不可逆的，城市景观和废墟的并置把时间空间化了。"当下"和"过去"的并置在豪斯曼的城市新建工程中也是一个基

---

① "七个老头子"，载〔法〕波德莱尔：《恶之花 巴黎的忧郁》，钱春绮译，北京：人民文学出版社，1994年，第203页。

本的特征和格局：

> 豪斯曼的林荫街表征的另外一个真实的意义是巴黎不同时空的连接，林荫街把新旧巴黎连接了起来……从某种意义上讲，豪斯曼的新巴黎在没有悖逆其新特征的前提下借鉴了旧式巴黎建筑和空间的风格，这样不仅保留了城市空间的实用性，同时又注重了城市的美学效果；新旧巴黎并没有被对立起来，而是衔接了起来，当行人从巴黎旧的街道走出来时，他就直接步入了豪斯曼的新大街，从旧巴黎直接走进了新巴黎。新巴黎融入了旧巴黎的特征和风格，因为豪斯曼不仅借鉴了路易十六时代的街道的风格而且借鉴了那个时代的房屋建筑的风格。[1]

当巴黎的空间趋于景观化时，来自旧巴黎的废墟也在不断沉淀和堆积，波德莱尔和本雅明在文本中都曾聚焦城市的"垃圾捡拾者"，这是追忆城市历史和文化记忆的文人游荡者的文本形象，他在城市的废墟中发掘空间记忆的痕迹，收集过去空间的"单子"，捕捉逝去时空的"幽灵"。似乎这些衰败的空间和场所是现代城市景观空间的裂缝和漏洞，过去的时空从这些裂缝和漏洞中渗入，就像行进在黑暗隧道中的火车上的乘客瞥见了隧道裂缝中透入的亮光，这一瞥就像一道闪电，让凝视者从黑暗中瞬间惊醒，就像波德莱尔在巴黎的人群中瞥见与他在巴黎大街上交错经过的妇女那高贵的脸庞，这个瞬间让他体验到震惊和猛醒。

游荡者对现代城市所作的"梦的解析"既有对过去空间碎片的采撷，也有"当下"空间的定格和捕捉。波德莱尔和本雅明都对城市空间中趋于衰败和消失的事物和场所尤为关注，在他们看来这些场所留有城市过去空间的痕迹，凝聚着城市空间历史梦想的碎片。本雅明试图以辩证意象赋予现代性空间碎片一种张力，而这些碎片的拼凑能产生一种更为真实和完整的空间，进而打破现代城市空间的虚饰，惊醒嗜睡的城市大众。这种空间的体验和意识的猛醒都是瞬时的，就像本雅明所说的辩证意象，它们瞬间闪现，稍纵即逝。弗洛伊德认为梦虽然只是一系列短暂的无意识活动，但它却涉及与经验和记忆相关的多种因素，梦以多种方式表达伪装的意义，梦是多义的，梦的意义有表层的，也有深层的，它们彼此之间相互关联。弗洛伊德思想中的梦境是由多重因素决定的（overdetermined），而梦的解析也是多层面的——

---

[1] Convolute E：[E14, a] in *The Arcade Project*. Walter Benjamin. trans. Howard Eiland and Kevin McLaughlin. Cambridge and London: Harvard University Press, 2002, pp. 148—149.

知觉、情感、意义、思想。① 波德莱尔以"梦的解析"解读 19 世纪的巴黎，因为城市现代性空间有梦的特性，它也是多面和多层的；现代性空间和梦境一样也是由多重因素决定的，其中也有梦境所涉及的抑制、掩饰、欲望和焦虑。现代性空间还涉及资本主义经济和权力的表征及其所建构的社会关系，从这个意义上讲，现代城市是一部生产欲望的巨型机器，是锻造和展示梦以及梦不断循环的场所。

---

① Steve Pile. *Real Cities: Modernity, Space and the Phantasmagorias of City Life*. London: Sage Publications, 2005, p. 167.

第五章　体验和思辨欧洲现代城市空间

　　19世纪末、20世纪初是欧洲城市现代性空间迅速发展的时代，生活在这个时代的城市研究者在其著作中书写和记录现代性的兴起给欧洲城市空间和城市生活带来的社会转型及影响。韦伯对这一历史转型进行了文化上的全面剖析，他对欧洲城市文化变迁的研究是以历史进化论的视角推进的，他把现代城市视为从中世纪和文艺复兴时期开始不断进化和发展后形成的更为复杂的空间形式。韦伯指出，欧洲现代城市模式的最初形态萌芽于16世纪，在当时北欧大部分地区的城市里，现代性空间的最初特征开始浮现。西美尔的研究则更倾向于共时性，直接聚焦于现代性城市空间，凸显了现代性在城市空间和乡村空间的区分功能。他的著作分析了现代城市生活如何塑造了现代人空间心理体验的震惊和失控效应，以及这种空间体验所滋生的现代人自我意识的麻痹。在西美尔看来，随着现代人理性和意识的工具化，一种趋向封闭状态的"自涉性"思维方式在城市商业化人群中不断地蔓延和强化，最终塑造了欧洲现代城市中的新型大众。他们理性、冷漠、机械，与传统社会和乡村空间中的社群有着完全不同的价值观和道德观。"陌生人"是西美尔在城市人群中关注的独特形象，也是其城市文化思想中的关键词。

　　传统社会中的城市大众是能够更有效交流的人群，在概念上与托尼斯所说的礼俗社会群体基本等同。作为传统的社会群体，他们的社会产品交换虽然以金钱为中介，却没有把一切都和金钱直接挂钩，更直接的交换（如物物交换）仍然在社会生活中很普遍。货币虽然在传统社会的城市中早已存在，但它们并没有被普遍化为一种统辖一切的社会功能或手段，而且相比商品的交换价值，商品的使用价值更加被人们重视。而在现代资本主义社会的城市生活中，货币成了一种最为典型和普通的商品，而且是仅仅具有交换价值的商品。以货币为代表，现代资本主义社会中商品发生了一种抽象化变革，而且这种变革全面渗透到城市人群的社会关系当中，不断影响和改造城市社群关系，以金钱为象征的商品关系最终成功地取代了传统的城市社群关系，单

143

一而客观的社会关系取代了复杂且更加情感化的社会关系。城市的社群关系于是从一种以法律、习俗和义务为基础的社会互动共同体关系转变为一种由"物"的权柄统治的关系体系。城市社群变革产生的直接影响是作为最大社会群体的工人阶级被集体"异化"。根据马克思《资本论》中的思想,西方工人阶级处于双重异化的状态:首先,这些社会群体通过出卖劳动力把自我异化为商品;其次,作为劳动者,这些群体与他们生产的产品之间也是异化的关系。

恩格斯以更接近社会调查的方式展现了欧洲大都市伦敦及其人群带给他的心理冲击。恩格斯在繁忙的泰晤士河上、在拥挤的伦敦大街上首先体验到的是这座城市的盛况。他在《英国工人阶级的状况》中写道:"一切都是如此盛大、如此壮观,任何一个人在他踏上英国的土地的那一刻,就已经无法克制自己,只能对英格兰的伟大完全折服。"① 但是,城市空间的盛况给恩格斯带来的惊叹很快就被另一种全然不同的心理冲击取代,因为他很快就目睹了这座壮观城市中裸露的贫民窟,恩格斯不禁再度惊叹,这城市的盛况是以多么巨大的代价换得的啊!被驱赶到城市贫民窟的巨大群体,牺牲了他们作为人应享有的城市空间和城市生活的基本权利,才成就伦敦的盛大与辉煌。在伦敦大街的熙攘人群中,恩格斯体验到的却是人与人之间赤裸裸的冷漠,每个人似乎都只在自己的空间中行走,与身边的人毫无关联,伦敦的街道越拥挤,这种冷漠和隔离感就越强烈。恩格斯最终深刻意识到,在欧洲所有的城市大街和人群中,没有哪一座城市的人群比伦敦大街上的人群更鲜明、更直接地体现出资本主义社会中这种令人窒息的隔离和冷漠。在这里,城市人群已经碎裂为拥堵在巨大空间中的"单子"群落,似乎每个人都只有自己的原则和目的。伦敦完全是一个拥堵着"原子化"人群的空间,这里最能体现人与人之间社会关系的彻底断裂。

在现代性城市空间中寻找确定的方向、探究清晰的路径本身就是一种需要付出巨大努力的探索,这个过程不仅是探索者对某种特殊文化形式的适应,而且也要求探索者在思想和行为两方面不断地自我再塑造。城市现代性空间是碎裂的、流变的,是充满意象的洪流,震惊和迷失的空间体验要求探究者既要有强大的神经,也要有敏锐的思想,要能够在工具理性和批判意识之间回顾和反思。本雅明塑造的游荡者就是洞悉城市景观和废墟双面性的空

---

① Friedrich Engels. *The Condition of the Working Class in England*. Oxford: Oxford University Press, 1993, p. 36.

间探究者，通过他的视角呈现的不仅是城市空间中的事实性信息，还有文化和美学的信息，他也不仅仅是城市表层空间和直观场景的记录者，更是城市空间深层和抽象意义的阐释者。游荡者的城市空间阐释试图再次整合和建构人们被现代性碎片洪流冲溃了结构的空间经验，唤起人们的空间记忆，指引人们从现代城市景观空间中的迷失中走出来，这一切都是用一种空间的美学体验和文化批判来进行的。所以，本雅明的城市游荡者作为一种现代性空间文化研究方法论的表征，既有体验美学的价值，也有文化批判和解放的功能。

　　本雅明的城市文化视角与众不同，这与他深受法国现代派诗人波德莱尔的影响密切相关。他们透过城市浪荡子和城市文人游荡者独特的审美视角，在漫游中或凝视或浏览，逐一捕捉欧洲现代城市空间和城市生活独特的魅力和品质。正是通过这些无所事事的城市浪荡子和游荡者，本雅明和波德莱尔发现了重塑城市空间和城市生活的文化契机，浪荡子也因此被波德莱尔称为"现代生活的英雄"。现代城市空间和人群的陌生和无名在本雅明的游荡者这里变成了一种空间体验的新奇和亲密，置身于城市空间和人群就像步入一个"巨大的电场"，让游荡者体验到兴奋和愉悦。游荡者迷恋城市空间的景观和商品的光芒，却始终与之保持着距离，这是一个对城市现代性空间和商品进行审美和鉴赏所必不可少的距离。在游荡者眼中，不管是咖啡馆还是商场和拱廊街，到处都是城市生活的光芒，尽管这些光芒缺乏一种"灵氛"。波德莱尔和本雅明通过浪荡子和游荡者所表达的对现代城市景观和商品空间的热情与赞誉使自身与传统时代批判和冷静的城市文人形成鲜明对照，这两位现代城市文人的空间思想散发着浓厚的美学和超现实主义色彩，但同时也缺乏马克思主义哲学所倡导和坚持的现实性和实践性。

第一节　城市游荡者及其文化研究

　　现代城市中所有的群体中没有一个职业形象能够像游荡者这个"无所事事者"一样把城市现代性空间如此深入、全面、透彻地探索和呈现；也没有任何职业的人像游荡者一样游历过一座城市所有的空间，既领略过它所有的景观，也目睹过它所有的废墟；同样也没有任何的职业的人像游荡者一样熟悉一座城市所有的秘密，既了解它凝固在地下的历史和记忆，也熟知它当下所包藏的罪恶和混乱，游荡者既融入了城市的身体，也融入了城市的灵魂。

　　游荡者在现代城市空间中捕获的视觉意象与报纸杂志上展示的城市场景

的图片、报道街头巷尾事件的杂文形成了呼应与对比。这种呼应主要体现在视觉影像上，而对比则体现在对城市空间的呈现和研究策略上。游荡者和报纸杂志都在某种意义上关注现代城市空间，但前者沉浸在自己的主观意识当中，是漫游中的空间体验者和思辨者，采纳的完全是西方传统理性思想下的空间研究方式，而这一时期的报纸杂志则更加倾向于现代社会学实证和直观的研究方式。游荡者顾念城市历史空间和当下空间的关联，而报纸杂志则只刻画和书写当下直观的城市空间。文人形象的游荡者是超验主义理性和思维方式下的城市朝圣者，其对城市空间的体验和思辨流露出形而上学的晦涩，对他而言，城市是空间历史记忆的储存库。认识一座城市，尤其是诸如巴黎、伦敦这样历史悠久的欧洲大都市，就要倾听那些古老的城市街道和建筑的无声语言，这些街道和建筑里的每一块石头都是这无声语言的符号。还要走入它们的地下空间和废墟空间，那里潜藏着这些城市曾经的空间梦想和诉求。本雅明和他的朋友弗朗茨·黑塞尔（Franz Hessel，1880—1941）都是此类沉浸于超现实主义思想意识中的文人游荡者、现代性城市空间的思辨者。前者沉迷于巴黎，后者陶醉在柏林。

一、游荡者的形象和文化界定

"游荡者"一词的解释可追溯到 1585 年，罗曼语中的"flanner"与斯堪的纳维亚语中的"flana"意思都是"浮躁、轻率地四处闲逛"，1808 年的法语字典上把游荡者解释为"懒骨头""晃荡者""无法容忍的无所事事者"。[①]尽管游荡者在 18 世纪甚至更早时代的欧洲城市中已经是一个独特而鲜明的形象，尤其是文人形象的城市游荡者，诸如英国的汤姆森、法国的梅西埃，但更普遍意义上的作为一个被社会关注的城市人物形象的游荡者被认为出现在 19 世纪处于变革和动荡中的巴黎。游荡者也被认为是当时巴黎城市化的产物，游荡者的形象在"七月王朝"时期（1830—1848 年）出现的城市"生理学"文本中成为受人群热衷关注的形象，也是当时城市素描画家笔下的热门形象。对于游荡者人物形象的认识和评价是一个渐进和变化的过程。19 世纪初期，游荡者在城市大众眼中的形象完全是负面的。游荡者在清教伦理和资本主义精神的审视下，显然是离经叛道之徒、无用之辈，因为，他无所事事的游荡是对商品生产、社会必要劳动时间的公然藐视。直到 19 世

---

① Priscilla Parkhurst Ferguson. "The Flâneur on and off the Streets of Paris" in *Flâneur*. ed. Keith Tester. New York: Routledge, 2015, p. 24

纪初期，游荡者的"无为"仍然被视为令人无法容忍的懒惰，游荡者在下层民众眼中是寄生的城市剥削者，在他所归属的资产阶级眼里同样是不务正业和毫无价值的社会闲散者。

但是，清教伦理和资本主义社会意识对城市游荡者的批判掩盖不了他在19世纪早期的城市空间和人群中散发出的特殊气质和魅力，到了19世纪三四十年代，"游荡者"这一词语在语言中悄然发生了词义的"升格"，游荡者的形象在城市人群中逐渐受到追捧和推崇。城市游荡者形象受大众追捧的黄金时代是从法国大革命到豪斯曼工程开启时的第二帝国初期，他的黄金时代也就是拱廊街兴盛的时代。人们竞相模仿游荡者，他的服饰、姿态、个性不仅成了一种社会时尚，而且也是一种身份的表征。游荡者散漫、慵懒的步伐被认为是睿智思想和高雅品位的外衣，表征物质和精神的双重富有和高贵。然而，在弗格森看来，尽管在19世纪整个上半期的时间里，游荡者以形形色色的形象出现，到了19世纪30年代，城市游荡甚至成了一场特殊的"社会运动"，但资本主义社会对游荡和游荡者的谴责却从没有完全消失过。[①]

游荡者形象最早出现在1806年匿名出版的小说《沙龙里的游荡者或好好先生》中，这篇篇幅短小的文本第一次聚焦这个小资产阶级群体中一个并不引人注目的平凡人物，有日常生活的细节，同时还有一些对这种人物的心理活动的描写。"好好先生"在巴黎的沙龙里负责迎接和恭送宾客，毫不引人注目，二十多年后，他身份的"继承者"所享有的关注和赞誉是他始料未及的。这个最初的游荡者和有着后来的有闲阶层"浪荡子"形象的游荡者之间显然有鲜明的差异。"好好先生"作为19世纪最初的城市游荡者其形象是黯淡的——假发、标志着詹森派信徒的宽边帽、黑棕色的外衣，总体上他是一个旧时代的人物，给人一种乏味的印象，小说中提到，他以1792年以前的名字——路易十五广场称呼协和广场[②]。"好好先生"和城市之间也没有后来的游荡者和城市空间之间的文化相关性，这个最初的游荡者置身的城市的空间仍然狭小和单调，城市日常生活也是惯例化的，毫无波澜和起伏。而19世纪三四十年代的有着浪荡子气质的游荡者则相反，他们生活在时代巨大变革和更新背景下的城市空间，每天都体验到新奇和变化。

在19世纪三四十年代兴起的城市"生理学"小说中，游荡者被塑造成

---

① Priscilla Parkhurst Ferguson. "The Flâneur on and off the Streets of Paris" in *Flâneur*. ed. Keith Tester. New York：Routledge，2015，p. 25

② Priscilla Parkhurst Ferguson. "The Flâneur on and off the Streets of Paris" in *Flâneur*. ed. Keith Tester. New York：Routledge，2015，p. 26.

巴黎市井生活的闲散观望者，而且这些小说的作者在书中强调的一个要点就是必须把真正的游荡者和各类"伪游荡者"区分开来，后者是城市大街上毫无思维意识、仅仅呆傻张望的人。但在巴黎的城市人群中，一开始这两者之间的区别就并非总是清晰的，而到了第二帝国时期他们之间的区别更加模糊了，但是，在城市"生理学"小说作家笔下，游荡者和呆傻的张望者之间一直存在着一种内在的、思想和意识上的差异性：呆傻的张望者从不思考，对客观事物只进行外在的感知，他的大脑和知觉之间没有交流；对他而言，事物只是一种简单的表象存在，而人类的心灵只是一块巨石，他对文字和符号毫无兴趣。① 逍遥闲适的游荡者和伪游荡者之间的差异就在于前者的城市游荡是主动积极的、富有情感和知性的，而后者的城市游荡则纯粹是肢体和感官上的、毫无任何的思维活动；前者是意识独立而敏锐的观察者，而后者是意识完全被城市景观吸收和融化了的目瞪口呆者。在城市景观面前，张望者的自我是迷失的，而游荡者的自我却是完整而清晰的，他虽然身处城市和人群，却与所关注的场景保持着距离，这使得他能有秩序地逐一解读城市中的所有事物，并最终获得对城市这样一个复杂体系的整体认识和理解。

城市游荡者既没有完全融入也没有完全退出资本主义社会，他以疏离的方式存在，他似乎并不真正属于任何一个阶级、任何一个群体、任何一种社会关系，他游离在阶级、时代和空间的边缘地带并拒绝被收编。虽然游荡者的懒散和装束鲜明地表征着他"有闲阶层"的身份，但是他显然是这个阶层的叛逆者，路易·于阿尔（Louis Huart，1813—1865）撰写的《游荡者生理学》（*Physiologie du Flâneur*）中所呈现的游荡者形象仍有末代贵族的特征和气质，资产阶级革命并没有彻底消灭贵族和贵族生活方式，游荡者在19世纪早期的资本主义时代作为"有闲者"被人群以新的视角再审视和推崇。但是，游荡者恰恰是资本家形象的反面，他的姿态是对资产阶级商品意识形态不屑一顾的否定，游荡者也是城市中完全自我支配的个体。19世纪科学和工业技术的发展没有给工人带来闲暇，却给游荡者创造了更多闲逛的空间、观望的景观。他"毫无意义"的懒散和幻想是对时间极度奢侈的浪费，让最宽容的资本家都气愤和鄙视。但是，游荡者却是现代城市中意识和思想的生产者，他在不断的观察中认知现代城市空间，他意识到，空间和时间一样，都不只是一种无机的维度，它们有生命、情感和记忆，本雅明的游

---

① 转引自：Richard D. E. Burton. *The Flâneur and His City: Patterns of Daily Life in Paris 1815—1851*. Manchester and New York：Manchester University Press，2009，p. 1.

荡者在拱廊街里看到的就是巴黎城市历史和梦想的碎片和记忆。这些 19 世纪资本家眼中对于社会生产毫无益处的"怪异者"把城市游荡作为一种抵御城市空间和自我"物化"的途径，而人的"物化"则是 19 世纪哲学思考的新主题，游荡把对人的物化的思考和现代性空间的体验结合在了一起。

城市游荡者具体的经济和社会地位是不确定的，同样不确定的还有他的政治姿态。事实上，游荡者自始至终都只是一个旁观者，从来都不是参与者和行动者，更不是一个真正意义上的革命者。尽管波德莱尔自己以诗人游荡者的形象一度表现得十分激进，但总体上"遗留在游荡者天性上的标志主要来自那个既远离乌托邦主义者又远离狂怒者的阶层"①。游荡者被比作城市空间和人群的"相面师"，是于生产劳动无益的游手好闲者，他不负担社会职责，不受家庭义务的羁绊，是一个形象和道德上都显得慵懒的城市浪荡子，人事无扰，散漫地闲逛在街道和人群中。游荡者又不同于索尔斯坦·凡勃伦（Thorstein Veblen，1857—1929）所描述的有闲阶层中的炫耀消费者，他驻足观看琳琅满目的商品橱窗和拱廊街，却并不沉溺于盲目的商品消费。可是，他的城市游荡和观望作为一种时间的消费却是极度奢侈的，他的步伐闲适、姿态超然，总是一副镇定自若的形象。他在懒散中敏锐而从容地浏览城市和人群，看似漫无目的的城市游荡其实是一次次精神的探索和冒险，若蕴含着真理的时空意象就像幽灵一样在他眼中刹那显现，他的情感将为之欣喜，他的精神将为之震撼。

由于其思维方式的多样性和灵活性，游荡者这一形象很难被准确清晰地描述，正如其游弋的行踪难以被准确定位一样。游荡者的形象是模糊的，甚至可以说是矛盾的，很难在文化上恰当而全面地界定他。19 世纪巴黎都市空间中的游荡者"独立""激昂""超然"，难以用语言描述和呈现，这一形象的模糊性表现在各个方面。基斯·泰斯特（Keith Tester）认为即使在时间和空间上确定游荡者也是有问题的：一方面，毫无疑问，游荡者的确定和 19 世纪的巴黎直接相关；另一方面，游荡者这一形象又被用来关注和反思都市生活的诸多主题，和具体的时间和地点无关。而戴娜·布兰德（Dana Brand）则认为城市游荡和游荡者早在文艺复兴时期的英格兰就已经出现，她断定游荡者在伦敦最早出现是在 16 世纪，当时伦敦的城市景观文化出现

---

① 〔法〕波德莱尔：《现代生活的画家》，郭宏安译，上海：上海译文出版社，2012 年，第 109 页。

了第一次大发展。① 但是，如果从理性思维的角度来看，游荡者形象还有更早的起源，如古希腊亚里士多德学园里的逍遥派哲学门徒，他们就是热衷漫步的思辨者，而中世纪时期在欧洲盛行的"大旅行"（Grand Tour）也可以被看作贵族子弟的文化游荡之旅。

尽管说法不一，但有两点似乎是被普遍接受的，那就是游荡者的全盛时期和游荡的最佳场所。游荡者形象在城市中的突显和过渡都在很短暂的时期内发生，主要集中在19世纪30至50年代。所以，虽然巴尔扎克、于阿尔和波德莱尔所处的时代很接近，但他们各自刻画的游荡者却有很大的区别。事实上，游荡者总体上在欧洲文化中是一个昙花一现的人物形象。游荡的最佳场所则是这一时期作为"19世纪首都"的巴黎。巴尔扎克说："游荡者可以出生在任何地方，但他只能生活在巴黎；人类都会四处走动，但只有巴黎人才会游荡。"② 普遍的观点认为，20世纪本雅明在19世纪30年代的杂志上发表的文章中再度发掘了游荡者这一人物形象，并且把他和拱廊街紧密联系起来书写一种现代性的空间思想。但是，布兰德对此表示异议，她提出游荡者的心理机制并不是在拱廊街的漫游中产生的一种现代性内心体验或意识状态。布兰德认为，在游荡中的凝视和思辨是一种历史传统，只是在19世纪早期的现代城市空间中达到了一次高潮，而且，游荡者和游荡出现的范围要比本雅明所聚焦的巴黎广泛得多。19世纪30年代之前，欧洲各地的文学中都出现了游荡者形象，作为一种文学现象，其在英国文学中的起源和发展并不落后于法国文学，而且从英国文学流向并影响美国文学。③

作为"19世纪的首都"，巴黎是呈现社会变革的实验室。在这里，游荡者既是城市空间的化身，也是对城市空间关注和思辨的社会文人的代表。游荡者着迷于新奇的城市空间，他要在城市一刻不停的变动中捕捉空间表层之下的真实和本质。而建构城市游荡者的文人则往往自身就是这一形象在现实中的具象，不同的时代都有这些文人的代表：布莱克、梅西埃、巴尔扎克、福楼拜、于阿尔、爱伦·坡、狄更斯、波德莱尔等。游荡者同时也是这些城市文人著作中的重要角色，他们通过游荡者抒发各自对社会时代和社会生活的体验和批判。而且，他们作品中游荡者的形象和个性往往大相径庭：巴尔扎克、于阿尔的游荡者是洞悉城市空间的自信者形象，波德莱尔的艺术家游

---

① *Flâneur*. ed. Keith Tester. New York: Routledge, 2015, pp. 1—2.
② 转引自：*Flâneur*. ed. Keith Tester. New York: Routledge, 2015, p. 22.
③ James V. Werner. *American Flâneur—The Cosmic Physiognomy of Edgar Allan Poe*. New York & London: Routledge, 2004, p. 5.

荡者则奢华而浪荡做派十足，对城市生活充满激情，而福楼拜的游荡者却是城市流放者，被剥夺了自我和生存空间。

游荡者总是在行走，一如他总是在思辨，他的身体和思想似乎总是"在路上"，没有自由和闲暇，就像赶着马车在雪夜赶路的"新英格兰诗人"，他游荡的路径似乎也没有尽头，"长久的街头游荡让他熟悉了城市里每一个穷苦人，游荡带给他睿智，让他洞悉城市的空间和人群，游荡也让他慈悲……这一切都是马车的车轮无法让他体验到的"①。然而，对于游荡者而言，自由是不可或缺的，在他眼里，城市大众是不自由的，他们被理性而严密的劳动分工、永恒轮回的商品生产及商品消费彻底羁绊和禁锢住了，而游荡者不需要屋顶和四壁，"它们怎能和城市的街道相比？……城市的街道充满吸引，安抚他的孤独……城市的街道给他的体验带来节奏和速度，瞬间充实他心理的空洞"②。步伐缓慢、毫无目的和方向的游荡者在脚步匆匆、忙于事务的人群中显得格外醒目和独特，"像一只一只蝴蝶迷失在忙碌的蜂群"③。游荡者象征着一种对城市鉴赏和窥视的"癖好"，他是城市空间景观的"狂饮者"和"陶醉者"，城市景观令他沉迷和兴奋，他随意地把城市空间的意象挪用和拼贴进他的绘画或文本当中，就像波德莱尔的诗人游荡者沉醉在巴黎大街中谱写诗篇：

> 我独自去练习我奇异的剑术，
> 向四面八方嗅寻偶然的韵律，
> 绊在字眼上，就像绊在石子路上，
> 有时碰上了长久梦想的诗句。④

波德莱尔的城市游荡者是一个散漫的独行者，他富有活跃的想象力，他永不停息地游荡在城市繁华的景观空间或踯躅在城市颓败的废墟空间。他绝不像普通的游荡者那样寻找旅途中短暂的快乐，他有更远大的目的，他要在

---

① Patrick Delany. *Observations upon Lord Orrery's "Remarks on the Life and Writings of Jonathan Swift"*. 转引自：Rebecca Solnit. *Wanderlust: a history of Walking*. New York：Penguin Group，2002，p. 121.

② 转引自：Rebecca Solnit. *Wanderlust: a history of Walking*. New York：Penguin Group，2002，p. 121.

③ Rebecca Solnit. *Wanderlust: a history of Walking*. New York：Penguin Group，2002，p. 135.

④ "太阳"，载〔法〕波德莱尔：《恶之花　巴黎的忧郁》，钱春绮译，北京：人民文学出版社，1991年，第193页。

时尚中掘取诗的元素，在时空的流逝中萃取永恒。在诗人游荡者眼中，现代性城市是一个崭新的空间，这个空间超越了大自然的外在美，呈现出一种诗意的美妙和新奇，它就像被注入了造物主的灵魂，城市现代性空间萃取了客观世界的各种奇幻。游荡者凝视和思辨现代城市空间的策略正是艺术家描绘现代城市景观的笔法，波德莱尔和爱伦·坡都在这种观望、诠释空间的方法和传统的观相术之间看到了默契。观望和想象是游荡者城市生活的理由和动力，他游荡的热情来自城市的视觉诱惑，从一个景观到另一个景观，对于游荡者而言，视觉是他生命的"主动力"，慵懒和迟缓的姿态只是游荡者的假面，遮掩着内心强烈的"意向性"。

游荡者被称作巴黎城市社会和人群的相面师，爱伦·坡的小说《人群中的人》当中的"叙述者"就是这个相面师形象的最好诠释，而爱伦·坡塑造的这一形象后来被定型为现代城市侦探的原型。对此本雅明说道："游荡者的形象衍生出了现代城市侦探的角色；于是，游荡者为自己的行为找到了一种社会正当性，这实在是最适合他不过的了，在他那懒散姿态的外表之下掩藏着一个警惕而敏锐的观察者，从来不放过人群中任何他所认定的罪犯。"[1]这个凝视者有强大而敏锐的空间细读和分析能力，他从容地把一个个具体场景组合成整体，就像创作一幅拼贴画；他在城市的俗陋和凌乱中欣赏它的丰富和多姿；他在城市喧嚣的街头体验到的不是不安和焦躁而是随意和兴致；他在熙熙攘攘中感受到的不是对纷乱的厌恶而是对商业化场景的欣喜。显然，这不是轻浮的纨绔子弟能够企及的思维能力和心理状态，作为城市的观察者和思辨者，游荡者拥有锐利的目光、抽象的思维、丰富的想象、深邃的理解和机智的阐释，他的确就是一个城市空间和城市众生的观相师和释谜者。但是，侦探作为职业化游荡者在城市中的出现也标志着超然的文人游荡者从城市空间退出，城市现代性空间中技术和工具理性战胜了文学和艺术想象。专业化的游荡者使得城市游荡有了确定的社会功能和价值，游荡者的社会道德和身份都出现了"升格"，游荡终于符合了资本主义社会的价值观念，游荡者通过侦探的身份成了以实用主义为宗旨的资本主义社会中的重要角色，从一个抵抗社会劳动分工的反叛者、资产阶级意识观念中的"异端"变成了资本主义社会典型而模范的"奉教者"。

19 世纪中期以后的游荡者迷失在现代性城市的景观空间和商品市场，

---

① Convolute M：［M 13a. 2］in *The Arcades Project*. Walter Benjamin. trans. Howard Eiland and Kevin McLaughlin. Cambridge and London：Harvard University Press，2002，p. 442.

这也表征着他在资产阶级社会新文化环境中的迷失，这一时期的城市游荡已经不再象征这个特殊人物的身体及精神的双重自由和独立了，而是完全表达了城市空间和现代人之间关系的疏离、陌生和异化。游荡者在现代城市空间中体验到的迷失感和他在自己阶级群体中的迷失形成了对应，城市现代性空间让所有的游荡者都失去了方向。游荡者不再是城市空间的"司仪"，他迷失在全新格局的城市当中，体验到空间和人群的失范和异化："1848 年的社会大动荡和第二帝国时期的城市大更新使七月王朝时期亚里士多德式逍遥而温和的哲学家游荡者变成了一个迷失的、困惑的游荡者。"[1]

　　城市游荡者的形象复杂多样，却从来没有被准确而全面地定义，本雅明的文本中也没有详细而准确地界定游荡者，虽然他的文本中出现了许多用来刻画游荡者的关键词，诸如商品、人群、拱廊街、游离、凝视、体验、思辨、异化等。但是，在城市游荡者的众多身份中，不管是最早的懒鬼还是后来的游荡诗人，一个共同的形象是：踽踽独行的观望者。游荡者是指向城市公共空间和人群的独特符号，但是，他一直都只是一个城市空间和城市生活超然而冷静的观望者而不是积极的参与者，尽管波德莱尔式的激进诗人游荡者曾经呼吁冲上街道，参与城市反叛和革命。不管是作为超然而冷静的观望者、热情洋溢的艺术家、思维缜密的侦探，还是作为睿智而批判的思辨者，城市游荡者的形象只是一种文本建构，不管是理想化的城市小资产阶级个体还是批判意识的现代文人。游荡者不是一个真实的、外在的人物，而是一个文学中的文本形象。弗格森更加明确地指出，城市游荡者是一个被神学化的理想人物形象，并不是一个日常生活中的人物形象，认知范畴的多重性体现了游荡者本体论意义上的模糊性，这一人物的重要性不是其精英主义，而是其在一个混乱不堪的都市空间中对一个快活的（男性）个体形象的理想化呈现，他在流行小说中被塑造的目的是为了吸引大众阅读。[2]

二、游荡者的性别"标出性"

　　在 19 世纪之前的城市空间中，游荡是一种有性别标记的行为，就像符号的标出性属性一样，19 世纪城市游荡者的男性性别是默认的、非标出性的，女性的城市游荡行为完全是标出性的，"如果城市散步的艺术在整个 19

① Fugerson Parkhurst Ferguson. *Paris as Revolution: Writing the Nineteenth-Century City*. Berkeley, Los Angeles, Oxford: University of California Press, p. 82.

② *Flâneur*. ed. Keith Tester. New York: Routledge, 2015, p. 67.

世纪有各种不同的形式，那么，这项形式各异的行走艺术只供城市男性体验和书写"①。19 世纪的很多文人都认为女性很难抵御城市商店和商品的诱惑，她们要么被认为是消费欲望的主体，要么被认为是男性视觉欲望的客体，不管哪一种身份，在 19 世纪的男性意识中，女性是被欲望所困的，她们被认为缺乏游荡者面对城市景观和商品时的超然和冷静。所以，游荡者总是拒绝女伴的陪同，他的"孤独"成了一种特殊身份和意识的象征，游荡者沉醉于孤独，他不仅坦然悦纳孤独而且极力地维护着自己的孤独。女性游荡者从没有被命名或认可，早期的法语词汇中只有游荡者的阳性形式"flâneur"，而阴性形式的"flâneuse"则是在后来女性主义思想敦促下出现的派生和仿词。因此，19 世纪的女性游荡者在城市公共空间有鲜明的性别标出性，她们的社会身份也相应地被标出：要么是社会地位低下的劳动妇女，要么是游荡在街头的妓女，她们在城市空间中是作为"景观"被包括游荡者在内的男性观赏和视觉"消费"的对象。

但是，在波德莱尔的思想中，作为资本主义社会中的反抗者形象，游荡者和所有流落城市街头的社会边缘群体结成了同盟。如果说游荡者反抗资本主义社会劳动分工和新教伦理道德，那么女性游荡者由于其性别的标出性，则反抗得更多，她们首先要反抗社会对她们的性别禁锢、对她们空间占有权的文化禁锢。在 19 世纪的城市空间中，尤其是夜晚单独出行的女人经常被怀疑或认定为"不正经的女人"。19 世纪的欧洲社会意识当中，女性的活动空间总是在室内，不管是下层阶级女性所在的工厂、厨房和大街，还是上层阶级女性所在的起居室和会客厅。然而，波德莱尔这个"魔鬼诗人"却发现了这些所谓"不正经的女人"、这些城市"恶之花"的独特美，甚至赋予她们形象浓厚的道德和尊严色彩：

> 在这个伦敦生活和巴黎生活的巨大画廊里我们遇到了浪荡的女人和各阶层反抗女性的不同形象，首先是妓女，她在年华初放的时候，追求贵族气派，以青春和奢华自豪，她用尽了全部的才能和心思，用两个手指轻轻地提起飘动在她四周的缎、绸或绒的宽大衣摆，向前迈出她的失足，那双鞋装饰得过分，要不是这个装束稍许有些夸张的话，真足以泄露她的身份。……不幸的女人们被置于最吝啬的监护之下，她们自己一无所有，甚至被当作美的调味品的那些古怪的首饰也不归她们所有。这

---

① Anke Gleber. *The Art of Taking of Walking: Flânerie, Literature, and Film in Weimer Culture.* New Jersey, Princeton: Princeton University Press, 1999, p.171.

些人中，有一些是无邪的、畸形的自命不凡的榜样，她们的头脑和大胆抬起的目光中有着明显的生存的幸福。有时候她们不经寻找就发现了大胆和高贵的姿态，这种姿势会使最挑衅的雕塑家喜出望外，假使现代的雕塑家有勇气、有才智在各处甚至在泥淖中搜罗高贵的话。[1]

尽管波德莱尔把她们描写为城市空间独特的反抗者，在城市大众的眼中徘徊在巴黎街头的女人仍然是拱廊街里与受人赞许的男性游荡者相区别的卑贱的"他者"。男性游荡者在城市空间中完全不受任何障碍和任何危险困扰，他们是城市里自由自在的漫游者，即使是在夜晚，也能够完全毫无顾忌地陶醉于城市光与影的景观空间，唯一困扰他们的是街头的小偷，而 19 世纪的城市景观空间和美丽的女人一样都只是男性的视觉客体、被看的对象。男性游荡者在对空间和自我的体验和思辨中，完全不受社会、传统、所处环境、人身安全等的限制，而这一切对于 19 世纪现代城市中的女性来说是不可能的。女性在公共空间所受的禁锢和限制可以从 1858 年至 1860 年期间发行的《妇女杂志》（Le Femme）所刊载的文章里被直观解读：

> 单身女子是多么恼火啊！在夜晚她几乎不能外出，否则会被当作妓女。有一千个场所都只是男人们的空间，如果她要前往那里办事，男人们看到她会吃惊，而且像傻瓜一样大笑。比如，一个女子被耽误在巴黎的某个地方，而且感到饥饿，她并不敢走进一家餐馆；否则，她会引起一场骚动，一场围观：所有的眼睛都会聚焦在她身上，而且她会听到贬低她身份的粗鲁猜测。[2]

除了特殊身份的女性，19 世纪城市街头的女性的身份是根据她身边的男士来判断和认定的，单独行走的女士被认为是没有恰当身份的、不受尊重和保护的，巴黎的浪子经常尾随独自出行的女子。如果说 19 世纪上半期巴黎的男性游荡者是一种"有闲阶层"特殊身份的认定，那么，这一时期的女性游荡者则是另一种特殊的"商品化"身份的认定，衣着讲究的城市游荡让一个男人在 19 世纪的人群中受青睐和尊重，却让一个女子受怀疑和鄙视，游荡给不同性别的游荡者打上了不同的身份和道德的标签。在 19 世纪的城市街道，一个确定的结论是：没有和男性游荡者同样意义上的女性游荡者。

---

① 〔法〕波德莱尔：《现代生活的画家》，郭宏安译，上海：上海译文出版社，2012 年，第 56 页。

② Anke Gleber. *The Art of Taking of Walking: Flânerie, Literature, and Film in Weimer Culture.* New Jersey, Princeton：Princeton University Press, 1999, p. 174.

因此，在 19 世纪的城市 "生理学" 文本中，女性游荡者是不在场的，在城市文人以游荡为主题的经典文本中并没有女性游荡者的形象，在他们的意识中城市空间没有与男性游荡者同等意义上的女性游荡者存在，凝视、体验、思辨空间的游荡者从来都不是一个女性形象。不管是从经济、文化、身体和心理，还是从城市休闲、社会身份等诸多方面，19 世纪拥有公共空间和话语权力的只有男性，尤其是 "有闲阶层" 的男性，就像游荡是 19 世纪有教养、有地位、有财产的中产阶级男性的特权一样。19 世纪的女性游荡城市的普遍方式是在男性的陪伴之下，或者外表装扮为男性，就像乔治桑（George Sand，1804—1876）一样，"她在男人的装束中以游荡者的形象走进了外面的世界，为了方便游荡，她穿上了男子的衣服、裤子和靴子"[1]。

三、城市游荡者的文化研究

城市游荡一直是文学书写的重要主题，近代文学家中的巴尔扎克、狄更斯和爱伦·坡都是描写这一主题的杰出小说家；城市游荡也是诗歌和艺术的重要主题，波德莱尔所刻画的 "现代生活的画家" 形象把游荡呈现为城市里的盛大出行，正是因为波德莱尔的文学书写，游荡者这一形象才被定格在 19 世纪的法国巴黎；城市游荡还是社会学空间研究的重要方面，西美尔和克拉考尔虽然没有被列为典型的社会学家，但他们对现代城市和城市生活的观察和分析却成为现代社会学研究的经典文献，他们关注的城市和城市大众是游荡者赖以生存的空间和群体。游荡者备受关注，这一形象是 19 世纪欧洲现代城市文化的符号和表征、现代性的代名词。

欧洲文人很早就注意到城市游荡的文化功能，他们指出："艺术、科学、文学的进步或多或少都受益于城市游荡者。"[2] 根据弗格森的研究，第一个把游荡者和艺术家联系起来的是巴尔扎克，而且巴尔扎克也是城市游荡的实践者。巴尔扎克在城市漫游中体验到，行走是呆板单调的，游荡则是生动快活的。[3] 把游荡者呈现为诗人和艺术家形象并演绎到极致的非波德莱尔莫属，而对游荡者进行深入文化分析和研究的则是本雅明，他把城市游荡和游荡者建构为一种认识城市现代性空间的方法论。波德莱尔的艺术家游荡者沉

---

[1] Anke Gleber. *The Art of Taking of Walking: Flânerie, Literature, and Film in Weimer Culture*. New Jersey, Princeton: Princeton University Press, 1999, p. 173

[2] Fugerson Parkhurst Ferguson. *Paris as Revolution: Writing the Nineteenth-Century City*. Berkeley, Los Angeles, Oxford: University of California Press, 1994, p. 81.

[3] *Flâneur*. ed. Keith Tester. London and New York: Routledge, 2015, p. 29.

浸在庞大的人群中，面对变换不息的都市景观，和所有的个体一样都体会到一种陌生和迷失，但不同的是这样的陌生和迷失在他内心激起的体验并不是焦虑和压抑，而是震惊和愉悦，他的思想在这个空间不断地采集和整理、捡拾和拼贴，把都市空间意象的碎片拼凑为印象主义的画面，谱写成超现实主义的诗篇。都市空间的混杂及其变幻成了他梳理和加工城市诗歌的意象。城市在游荡者眼中就是一幅巨大的拼贴画，一个内容庞杂、情节跌宕的文本，他远远地阅读和观赏这个文本，并把它誊写成一个个篇章。诗人游荡者在城市景观和人群中游弋，身居其中思维却超越其外，这样的姿态让他身处城市人群的喧嚣和杂乱之中，思想却能在想象中鸟瞰城市空间的全景。游荡者于是成了整个城市的轴心，环绕着他，城市在流动中展示其所有的场景和人物，城市空间中所有的折痕都被逐一打开，游荡者成了空间中的固定镜头，城市空间成了移动景观和电影画面。

在不同的历史时期和不同作家、诗人、社会学家的笔下，游荡者的形象也是不同的，寄托着不同的文化表征和社会思想。而且游荡者往往与其塑造者的形象相关，甚至是被认同为其塑造者自身，例如，小说家狄更斯、爱伦·坡、普鲁斯特形象的游荡者、诗人阿瑟·兰波（Arthur Rimbaud, 1854—1891）形象的游荡者、波德莱尔诗人兼艺术家形象的游荡者、西美尔分析的现代城市"陌生人"形象的游荡者、文化批评家本雅明形象的游荡者。在他们的文本中，游荡者的形象则更加丰富和生动，他们可能是城市侦探、"人群中的人"、可疑的罪犯、城市垃圾捡拾者、"收藏者"、城市"考古家"、"现代生活的画家"、浪荡子等。这些城市游荡者个性鲜明，思想观念各异：爱伦·坡的侦探游荡者重理性和心理分析，波德莱尔的艺术家游荡者则在着装、情感体验、思想意识上展现着浪荡子做派和气质，本雅明的游荡者是都市空间的浏览者、现代性文化碎片的捡拾者、自我意识和主体性的反思和建构者。实际上，从让-雅克·卢梭（Jean-Jacques Rousseau, 1712—1778）、索伦·克尔凯郭尔（Soren Kierkegaard, 1813—1855）一直到西美尔、克拉考尔、本雅明，他们都可以被认定为城市文人游荡者的典型代表，他们的城市思想和文本不但极具个性，而且深刻晦涩，既有诗歌的优美也有哲学的深邃。

游荡者在本雅明的城市文化研究中成了现代性的表征，他是城市现代性空间的拟人化，波德莱尔和本雅明都用游荡者的步伐和视角来映射和反思现代性城市及其景观，正是游荡者见证和体验了城市时空的转变和城市生活场景的变迁。波德莱尔和本雅明的游荡者借助城市空间和人群来平息和安抚现代城市生活带来的孤独、忧郁和空洞，即后来的存在主义哲学家称之为"焦虑"（angst）或"恶心"（nausea）的那种生存体验。本雅明把游荡者称作"巴黎城市里的莫西干人"和"城市'土生子'"，他们都是丛林里的野蛮人的表亲。[1] 文人游荡者凝视城市空间的辩证意象，寻找和体验自我，追寻宇宙真理和生命意义，就像丛林中的野蛮人在追踪猎物，他们都在为了实现自己的目的而游荡。在丛林中，野蛮人的武器是其机警、敏锐的感官和健壮的身体，而在城市里，游荡者的武器则是其细腻的情感和洞察一切的思维。

在波德莱尔的文本中，作为"现代生活的画家"的艺术家游荡者在一种悠闲而机敏的意识中游历和享受城市空间，不仅领略了城市空间内在的品质，而且品味到城市生活的浓缩美。"现代生活的画家"是波德莱尔眼中最完美的城市游荡者，他是热情洋溢的空间审美者和刻画者，更是城市现代性空间的诠释者。在游历城市的过程中，游荡者与城市空间展开一种内在的精神交流，他用艺术的画卷映射城市生活的纷繁和多面，展现城市里所有生命元素摇曳的优雅。正是浓缩的城市生活体验赋予了"现代生活的画家"凝视和鉴赏城市空间意象美的欣喜，滋养了他对于城市现代性空间的所有热情。他在城市中游荡，就像是在华美世界里盛装出行的王者。波德莱尔的游荡者比起爱伦·坡的侦探游荡者缺少科学的逻辑、理性和客观务实的思考方式，但在《人群中的人》中，爱伦·坡塑造的故事叙述者和波德莱尔的游荡者却十分相似，他们共同的特征是拥有强烈的好奇心、超乎寻常的直觉，他们沉醉于19世纪早期煤气灯光晕笼罩下的城市和人群，对一切都充满热情和好奇，就像一个久病之后康复的人、一个天真的孩子，总是能忘我地沉浸于其所在的空间，他们表现出对关注的一切事物的包容和专注：

> 一个正在康复的病人愉快地观望着人群，他在思想上混入他周围骚动不已的各种思想之中。他刚刚从死亡的阴影中回来，狂热地渴望着生命的一切萌芽和气息……正在康复的病人像儿童一样，在最高的程度上享有那一种对一切事物——哪怕是看起来最平淡无奇的事物——都怀有浓厚兴趣的能力。[2]

在本雅明的文本中，游荡者更是一种城市空间和城市生活思想的表征，

---

[1] Convolute M：[M 12，3] in *The Arcades Project*. Walter Benjamin. trans. Howard Eiland and Kevin McLaughlin. Cambridge and London：Harvard University Press，2002，p. 439.

[2] 〔法〕波德莱尔：《现代生活的画家》，郭宏安译，上海：上海译文出版社，2012年，第11页。

这个形象总是与现代城市空间的真实性、城市生活的意义、现代性自我和城市大众的物化等主题密切关联。本雅明的游荡者面对的城市人群是意识商业化的大众，而作为城市文人的文本象征，游荡者自身则是罹患所谓"世纪病"的现代性个体，忧郁、焦虑、恐惧是其难以摆脱的顽疾。本雅明的游荡者面对的城市是商品和消费的霸权正在急速确立和强化统治的空间，而他要鸣响的正是文化批判的警钟——批判资本主义商品和消费意识对现代城市空间和城市生活的不断物化、对现代人自我意识和生存状态的不断异化。本雅明的文人游荡者比起波德莱尔的艺术家游荡者没有了对城市空间和人群的热情，没有了身着华丽盛装出行时的煊赫和张扬。本雅明的游荡者不是现代生活的英雄，也不是浪荡子做派的艺术家，而是现代性空间的本质和意义的探究者，他在不断地反思逐渐失真的城市空间和不断模糊的"自我"。本雅明的游荡者在精神上是忧郁的，在思想上是批判的，他总是在试图重新找回那个意识清晰、情感结构完整的自我，重新找回那个失落了的真实世界。虽然本雅明的游荡者最终还是走进了资本主义的商品市场，并成为其中的文化商品生产者和兜售者，但是在与资本主义妥协之前，他把反抗的事业推向了巅峰。游荡者对现代性空间和现代性自我长久的理性叩问和反思是一个即将被商业化和消费化的资本主义社会摈弃并遗忘的人类古老事业："游荡者在求索，在他眼中城市商品和大众都需要被深入分析和批判，以解开它们所掩饰的真实和本质。"①

巴尔扎克和于阿尔处在现代性欧洲城市初露端倪的时代，而波德莱尔和本雅明则处在发达资本主义时代现代性快速、稳固发展的空间，他们所处的历史文化背景大相径庭。前者的时代更加受到现实主义思潮的影响，而本雅明则深受超现实主义和马克思主义思想的影响。这些差异也明显地体现在他们塑造的城市游荡者空间体验的差别当中：巴尔扎克和于阿尔的游荡者观看巴黎就像是在阅读记录巴黎城市空间的百科全书，或浏览巴黎的地形图，城市空间单纯而明确，完全在游荡者情感和意识驾驭的范围之内；而波德莱尔和本雅明的游荡者对城市空间的凝视和体验成了对现代性空间的超现实主义解读，空间的梦幻化、复杂化、碎片化已经完全超越了其情感体验和意识支配的范畴。在日渐陌生和矫饰的城市现代性空间里，本雅明的文人游荡者在进行一场空间的"隐喻勘探"，一种对"另类"和"非凡"空间的探索和发现。这样的空间与景观和商品无关，就像普鲁斯特在空间的无意识记忆中体

---

① *Flâneur*. ed. Keith Tester. London and New York：Routledge，2015，p. 69.

验生命的真谛，游荡者是在景观和物化的现代性空间中试图再度寻找、认知和驾驭自己家园的城市"土生子"。

四、游荡者形象的衰落

城市游荡者在文化上大体表征了 19 世纪特殊的城市个体从对资本主义商品化空间的观察、批判、疏离到向其屈从和融入的过程，其中伴随着对真理和自我的探索和追求。游荡者的城市事业——对现代性空间的"再着魅"、对现代性自我的再建构——最终被现代商业化浪潮冲垮，商品市场是游荡者最后的场所，身体广告或"三明治人"是游荡者最后的肖像。从 19 世纪后期开始，和商品消费大众化一样，城市游荡也大众化了，游荡成了一种城市集体休闲方式、一种群体化的日常需求，而且总是和商品消费相关，游荡的"兴盛"也就具有反讽意味地成了游荡和游荡者在城市文化中的衰落。与其说游荡者在现代城市里消失了，不如说人人都成了游荡者，游荡不再是城市文化精英——诗人、作家、艺术家、哲学家等的"特权"，而成了一种普遍的空间行为，"只要有一两分钟的时间，人们都会游荡，游荡成了现代性商业化生活节奏中片刻的休憩，在现代城市中随处可见"①，城市游荡的普及化也就意味着城市游荡在文化和精神上的平庸化，游荡最终成了一种乏味的、无意识的城市出行、一种纯粹的肢体活动。当思辨和体验的游荡者消失在人群之后，城市人群中的所有个体都成了游荡者，游荡再也不是一种体验、认知、反思空间和自我的思想之旅。

19 世纪三四十年代的城市游荡者作为末代贵族还是被大众从着装和举止等诸多方面竞相推崇和模仿的对象，而到了 19 世纪中后期，他成了城市大众眼中的"丑角"和无足轻重的人，这个无所事事的社会闲散人令忙碌、精明、具有理性意识的商业化大众厌恶和鄙视。作为末代且没落的"有闲阶层"个体，游荡者在商品化和民主化浪潮的推进中失去了经济地位的优越性，其"有闲"的社会地位也随之丧失。19 世纪后期的城市游荡者是一个不再有任何光晕的形象，就像波德莱尔所说的丢失了头上光环的诗人一样，他成了毫无个性的路人、"人群中的人"。如果波德莱尔的游荡者——盛装出行的艺术家、颇具艺术品位的浪荡子——把人群在一瞥之间遗忘，那么，19 世纪后期的城市大众则完全漠视游荡者的存在，甚至都谈不上是在一瞥之后

---

① Priscilla Ferguson. *Paris as Revolution: Writing the Nineteenth-Century City*. Berkeley, Los Angeles，Oxford：University of California Press，1994，p. 82.

把他遗忘。游荡者不再是人群中神秘而引人注目的"匿名者"而完全是无人问津的"无名者",他成了一个空虚的躯壳,成了和丧失实用价值的商品一样空洞的存在,他在人群中游荡,用陌生人的空虚来填充自己的空虚,"似乎只有游手好闲者才想用借来的、虚构的、陌生人的孤独来填充那种'每个人在自己的私利中无动于衷的孤独'给他造成的空虚"①。他把自己的空虚融入商品的空虚、陌生人及大众的空虚,他把自我遗弃在城市的喧嚣和骚动之中,沦为商品的附庸。曾经被称为"现代生活的英雄"的城市游荡者最终沦为商品世界里思想和情感双重麻木的"三明治人",他被资本主义商品市场成功俘获,变得和只注重交换价值的商品一样缺乏本质和灵魂。19世纪末期,城市游荡和游荡者一同无可挽回地没落了。

城市游荡者不管是从人群的角度来看,还是在他所归属的资产阶级社会阶层看来,都是游走在边缘的孤独者,人群和资产阶级都不能完全地同化他。正因为如此,本雅明才认为游荡者在现代性城市空间中显得形象独特、个性鲜明,游荡者既看到城市空间引人入胜的光芒的一面,也看到它混乱、冷漠、令其堪忧的一面。早期的城市游荡者大体上属于社会的有闲阶层,他的理性意识和物质财富使得他能经得起商品的诱惑,他徘徊在空间和思想的游离地带,享受着一份洞悉世俗的超然。然而,随着发达资本主义的到来,他终于还是在资本主义市场和商品的强烈诱惑和招安下消失在了人群中。作为城市空间中的非生产者,游荡者的空间和思想一样都具有乌托邦的性质,这使得他总是在商品拜物和崇尚消费的资本主义社会的外围,但也无法远离,他的没落似乎是无法避免的。波德莱尔推崇备至的艺术家游荡者也异变成了艺术商品生产者,在发达资本主义时代到来时,游荡者离开了他在城市空间中的坐标范围,放弃了那种精神的冷静与超然,因此也就丧失了他思维中的新颖和独特。

事实上,游荡者的空间及自我体验和认知在方法论上有其固有的困境和矛盾:首先,一方面他要全身心地移情于城市空间、人群和商品;另一方面又要保持一种客观视角和独立的意识。其次,他观察城市物化生活的病灶,收集商业化社会关系的线索,并以此来反思和重构社会现实,而这个过程又不可避免地涉及了自我意识的投射和商品意识形态的渗透。也就是说,游荡者试图在商品和商品消费的氛围中阐释整体的社会关系,就必须以观察者的

---

① 〔德〕本雅明:《发达资本主义时代的抒情诗人》,张旭东、魏文生译,北京:生活·读书·新知三联书店,1989年,第76页。

身份加入到商品交换和消费的过程中去。这使得游荡者就像人类学家一样面临民族志方法的困境：在被商品和商品消费吞没的状况下，不仅抵制其诱惑和同化，而且要批判商品拜物教的虚假意识。在发达资本主义时代，面临资产阶级意识形态在城市空间和城市生活中的主导和盛行，游荡者要继续坚守其阈限位置、维持其抵抗姿态并非易事。

如果说弗洛伊德打开了人类无意识心理的"潘多拉之盒"，带来了人类对自身的怀疑和恐惧，波德莱尔这个诗人游荡者则打开了现代性的"潘多拉之盒"，他的诗歌全面书写并深刻阐发了现代性空间在人们内心唤起的新奇和刺激以及随之而来的迷失、焦虑和压抑。19世纪兴起的城市现代性空间既闪耀着炫目的景观又堆积着废墟，前者虚饰而浮华，后者混乱而贫穷。作为"亚努斯"空间，现代城市弥漫着一种精神上的萎缩和羸弱的气息，游荡在这样的空间，城市文人深深地陷入了忧郁，这不仅是"巴黎的忧郁"，也是整个"发达资本主义时代"的忧郁。批判的文人游荡者最终退回了室内，当城市大众在生活方式上不断地变得外向化、沉浸在"当下"时空的"繁华"中时，曾经热切依恋城市空间和人群的文人游荡者则不断地向"内部"和"自我"撤退，并陷入对过去时空的回忆，这种变革表征19世纪商品化城市中人文精神和气息的式微。

城市游荡者形象有一个变革和衍化的历史进程：19世纪早期城市小资产阶级形象的"视觉化"游荡者首先过渡到19世纪中期前后波德莱尔形象的艺术家和诗人游荡者，然后又在19世纪末期转型为现代知识分子，"就像19世纪早期的巴黎孕育了游荡者的典型形象，19世纪末期的巴黎诞生了现代知识分子"①。而游荡者形象所寄托的城市空间、大众解放和救赎的诉求也贯穿在这一形象盛衰渐变的过程中。游荡者想象并试图建构的空间是一种"马克思主义化的乌托邦"，这个乌托邦在本雅明那里有所设想，他试图以这样的策略弥合从事思想生产的城市文人和从事机器生产的无产阶级大众之间的鸿沟。②

19世纪中后期商品大众化消费在城市中兴起，商业化意识在人群中广泛蔓延，城市生活观念随之发生变革，生活方式逐渐多元化，传统社会文化和道德日趋式微。这一切让有批判意识的思想家感受到社会和时代的"失

---

① Priscilla Ferguson. *Paris as Revolution: Writing the Nineteenth-Century City*. Berkeley，Los Angeles，Oxford：University of California Press，1994，p. 214.

② Stefan Morawski. "The hopeless game of flânerie" in *Flâneur*. ed. Keith Tester. New York：Routledge，2015，p. 197.

范",这种"失范"的文化氛围和生活状态使得迷失和困惑,曾经洞察城市所有空间和市井生活的游荡者在"失范"的氛围中变为异化和迷失的个体。商品交换价值的崛起导致的物化意识侵入城市和人群,游荡者面对商品和人群时理性的超然和冷静最终被商品的光芒遮蔽,他和商品及人群之间"不可消除"的距离被打破了,而正是这个距离使他在纷扰庞杂的城市空间中保持理智和清醒。当游荡者的精神及意识与城市整体空间失去内在关联时,城市游荡就衰落了,自我意识强烈、姿态超然、步态悠闲的游荡者变成了一个毫无意识和目的的城市流浪者,游荡成了现代人城市生活空洞乏味的行为符号。城市游荡的没落自然意味着城市游荡者的没落,随着社会阶级地位的丧失,游荡者再也不会受到阿尔时代的人群对他的尊重和争相模仿的待遇,他只是一个不再散发任何光彩、毫无个性的人群中的人。

游荡者形象的辉煌和衰落都发生在城市,游荡者是城市现代性空间的文化符号和形象表征,尤其是资本主义商业化和商品消费兴起和繁荣的城市空间。不管是何种形象的城市游荡者在生活方式和思想意识上都附着于城市、人群、商品,它们是游荡者城市生活的动机和热情,它们构筑了游荡者全部的生存空间,城市空间是他的私人领域、他的"室内",他的命运和城市、商品、人群紧密相连:

游手好闲者便是一些被波德莱尔遗弃在人群中的人,在这一方面,他们与商品的处境有相同之处。……商品在潮水般拥在它们周围并使它们陶醉的人群那里获得了同样的效果。顾客的集中形成市场,市场又使具体的商品变成一般的商品,这就使商品对一般顾客的魅力大增。当波德莱尔谈到"大城市的宗教般的陶醉"状态时,商品可能就是这种状态莫可名状的主体。"灵魂的神圣卖淫"与那种人们称之为爱的"渺小、狭窄、软弱的爱"相比,的确只能是商品的卖淫——如果与爱这种参照还有意义可言的话。[①]

游荡者最终还是陶醉在了商品海洋中而成了商业化大众中的普通消费者,即使是波德莱尔所推崇的自由不羁的艺术家游荡者也未能摆脱向市场屈膝的命运。商品和人群既衬托和渲染了游荡者的独特个性和思想,也最终淹没和窒息了游荡者的精神和灵魂。

---

① 〔德〕本雅明:《发达资本主义时代的抒情诗人》,张旭东、魏文生译,北京:生活·读书·新知三联书店,1989,第73~77页。

第二节 现代城市空间的文化批评

在美籍伊朗学者奇恩·塔吉巴克斯（Kian Tajbakhsh）看来，当前的西方文化研究在现代城市空间和现代城市生活领域的成果相对薄弱，还需要在两个方面进一步推进：第一，在现代城市空间研究的社会学范式中，空间、空间结构、主体性三个层面之间的关系需要进一步分析和探究；第二，在西方当前的社会语境下，官僚体系和制度对城市空间的影响也需要更深入的观察和分析。[①] 官僚体系和制度是支撑城市空间结构的关键因素和主要力量，但是，对日常生活与生活空间体验的关注在某种程度上使学术界忽略了官僚体制对现代性空间影响的深入探究，然而这种影响不仅从未间断过，而且是十分深刻而全面的。在福柯关于社会权力的思想被欧洲人普遍解读和认可之后，单一模式的社会权力观念逐渐被人们摈弃，"分散的""细微的""块茎的"社会权力在西方现代社会更加深入人心。然而，这并不应该使现代城市空间研究者忽视这样一个事实：权力系统性地聚集并维持在相应的机构和体系当中，而且社会权力的集中和维持有相对稳定性，所以，西方资本主义社会权力体系在实质上并没有发生变革。

一、城市文化研究理论的反思

当代西方城市文化研究的不足还体现在对现代性空间的主体缺乏持续和深入的精神分析与心理研究。也就是说，当代城市文化研究忽略了现代性空间和现代人自我意识或主体性状态之间关系的深入探究。当代城市文化研究应该在多学科领域里展开协作，尤其是社会学和心理学之间的协作。关于这方面的综合研究，19世纪后期和20世纪早期的城市文人其实有敏锐和深切关注，比如在现代性空间语境中探究现代人精神世界的丰硕研究成果沉淀在波德莱尔、西美尔、本雅明、克拉考尔等人的著作当中。但是，在20世纪后期的城市文化研究中这条关注和思考的脉络却并没有得以更充分的拓展和壮大。这种对空间状态和现代人主体意识之间相关性研究的松懈是当代文化理论批评后现代主义的一个重要依据，后现代主义理论对更深层和更内在的

[①] Kian Tajbakhsh. *The Promise of the City: Space, Identity, and Politics in Contemporary Social Thought*. Berkeley, Los Angeles, London: University of California Press, 2001, p. 23.

维度及因素缺乏足够的研究和分析。后现代主义只热衷于研究对象的表层，在研究相关主题时，不管是在观察上还是在思辨上，都表现出对"深层"机制和关联性的拒斥，这种态度导致的结果是后现代主义者普遍疏忽了一个事实：研究对象不管是社会还是城市，都可以视为一种文本，在文本解读的过程中，文本的表层本身存在着缺失和断裂，而只有在文本的深层结构中才能发现这些缺失和断裂的"语法"或机制。城市作为一种空间文本，其中的断裂和缺失比文学文本中的断裂和缺失更为复杂和突出，这些断裂和缺失是一种结构上的残缺，是书写表层文本的符号能指无法填充的，因为文本的表层仍是德里达所说的"表征的阶段"（stage of representation），① 所以，空间文本的解读应该是一种表层和深层的双层解读，城市空间的景观装饰和权力表征、视觉观察和心理体验都对应于这种双层结构。

这种兼顾城市空间和现代人空间心理体验的研究视角在本雅明的思想中体现得尤为突出，他塑造的城市游荡者就是这种空间研究方法论的具象化，这也是其城市理论的价值和魅力所在。本雅明以城市游荡者表达的空间思想也是一种空间文本的解读过程，阅读城市的空间文本并不完全是一个理性地、清醒地浏览城市场景的过程；更重要的是，它还是一个探索和认知城市的思想旅程，这个过程把游荡者对城市空间的想象、诉求同超验主义理性及意识等联系起来。本雅明借鉴普鲁斯特思想中关于过去时空意象的无意识记忆，他把这些意象从时空记忆的沉淀中析出并连接到对"当下"时空的主观体验和认知当中，这样过去时空及其无意识记忆为"当下"生活空间的体验和认知提供了一种全新的、富有启发性的认知和思考。于是，在这样的空间观念中，空间及空间的结构与社会体制及人的主体性意识被整合为一体。

此外，无意识心理的引入使精神分析的视角被兼顾，这有助于修正后现代主义理论推崇的极端不稳定主体性的观念，使得后现代主义主体性概念的无限开放性得以缓和，从而缓解了这一概念整体上的矛盾性。② 本雅明的超验主义和普鲁斯特的无意识记忆对城市文化研究的价值就在于他们把前文中所提到的空间文本表层的断裂和缺失通过一种特殊的意识和心理过程捕捉到了，这也就是以社会学研究方式为主的传统城市研究从文化批评研究领域得到的启发和馈赠。心理体验和无意识记忆使得城市空间与人的主体性密切关

---

① Jacques Derrida. *Writing and Difference*. trans. Alan Bass. Chicago: University of Chicago Press, 1978, p. 237.

② Kaja Silverman. *Threshold of the Visible World*. New York: Routledge, 1996, pp. 1—2.

联起来。不仅如此，它们还涉及城市群体内部个体之间的相互意识，即人群中的主体间性，空间的区隔和边界与主体之间的边界形成类比和对应。此外，空间的区隔和空间区域的不同形式，例如，工厂、社区、家庭等也是观察和研究现代人的自我意识和空间权力意识及其变革的直观场域。

当然，这种研究的视角是可逆或者双向的，我们也可以透过关于现代人的主体性或自我意识来分析和思考城市空间的现代性特征和实质。本质主义的自我理论已经在现代文化研究中被普遍否定，身份、主体性、自我、自我认同这些概念尽管表述上存在差异，但"多元"和"复数"是它们的共同属性，在现代性自我意识的理论视域中并不存在一个"本质的""不变的"自我。现代文化研究把人的自我和主体性视为一种混杂状态的存在，受多重因素的联合制约，其中无意识状态下的欲望、"自我－他者"关系是这些因素中的核心成分。因此，马克思主义社会思想把阶级视为确定现代人的自我意识或身份的首要因素与当下文化研究理论中的主体性观念之间存在分歧，这与马克思主义思想和当下文化研究关于城市空间及其本质的理论分歧相对应，也就是经济决定论和文化主义在研究策略和侧重点上的差异。

马克思的经济决定论思想按照生产关系的理论原则把阶级身份放置在现代人身份界定的核心位置，这种观点在 20 世纪新的社会语境中表现出一定的局限性。相比之下，后现代主义文化观念尽管在颠覆自我意识或身份的本质论上走向了极端，但它也的确在很大程度上革新了现代人主体性的文化观念，尤其是把语言学和心理学纳入现代人的自我意识和身份研究，把现代人自我意识和身份的多元性及混杂性清晰地勾勒出来了，在这方面雅克·拉康（Jacques Lacan，1901—1981）的思想最具代表性和启发性。以现代人身份理论的思想反观现代城市空间的异质性和流动性就显得更加合理和清晰了，空间的观念从静态的、整体的转向了动态和多元的，虽然空间的边界仍然存在，但这些边界也被认为是非闭合的、多孔的。空间研究的现代思想家提倡把空间理解为一种过程，一种总处于不断衍生的过程，而不是一种一旦形成就不再变动、静止的存在。这两种状态的差异用一组英文单词表达更为直观和贴切："becoming"（动态性）和"being"（本质性），这两个词也是西方哲学空间研究文本中的关键词。

在以人的主体性研究视角反思现代城市空间研究时，哈贝马斯的思想值得解读和借鉴，他关于现代性空间和现代性个体之间交际理性的思想是研究欧洲现代城市空间不可忽视的理论话语。哈贝马斯的著作中把城市区分为生命的空间和系统的空间，在他看来对系统空间的内涵和性质的理解完全不同于对生命空间的理解，两者之间存在着质的差别，后者的存在和维持主要依赖于语言和交际。此外，哈贝马斯的"系统"概念通过展现经济的商品化和国家的官僚化过程，为分析现代人思想意识"物化"的根源问题提供了一套连贯的理论话语，而对现代人精神"异化"及其根源的探究是马克思主义思想一直研究的主题。哈贝马斯对城市空间研究的贡献还在其对公共空间的研究中充分彰显：不同于私人空间，公共空间是一个更加政治化、商业化的空间，这个空间崇尚现代科学和技术理性，但同时又和现代人的自由观念相关联。哈贝马斯是这样界定公共空间的：

> 所谓公共领域，我们首先意指我们社会生活中的一个领域，某种接近于公众舆论的东西能够在其中形成。向所有公民开放这一点得到了保障。在每一次私人聚会、形成公共团体的谈话中都有一部分公共领域生成。然后，他们既不像商人和专业人士那样处理私人事务，也不像某个合法的社会阶层的成员那样服从国家官僚机构的法律限制。当公民们以不受限制的方式进行协商时，他们作为一个公共团体行事——也就是说，对于涉及公众利益的事务有聚会、结社的自由和发表意见的自由。在一个大型公共团体中，这种交流需要特殊的手段来传递信息并影响信息接收者。今天，报纸、杂志、广播和电视就是公共领域的媒介。当公共讨论涉及与国务活动相关的对象时，我们称之为政治的公共领域，以相对于文学的公共领域。①

随着时代的推进，尤其是资本主义经济的飞速发展，欧洲社会在各个方面也随之迅速变革，城市公共空间也在剧变的浪潮之中，公共空间的变革给现代人的城市生存带来了全新的体验，现代人的私人生活空间不断地缩小而公共空间却在不断地拓展。在这样的空间变革趋势下，欧洲资本主义社会中占主导地位的内向化传统生活方式开始了向外的转向，欧洲现代城市中资产阶级群体引领城市大众集体性地把生活向公共空间转移，现代城市空间的商业化则更是大力推动着这一集体变革。19世纪后期和20世纪早期欧洲城市中公共娱乐和消费空间的大量涌现则不仅是对这一种生活方式转型的反映，也是对这种新生活方式的迎合。分析欧洲现代城市公共空间结构的转型，最深层、最根本的原因仍然在于社会经济的发展和革新，更确切地说在于资本主义在欧洲社会中发展形态的变革：

---

① https://baike.baidu.com/item/哈贝马斯的公共领域理论/，访问日期：2019-05-01

哈氏的所谓公共领域的结构转型，指的是自十九世纪的最后二十多年以来（以 1873 年经济大萧条为标志），国家干预主义渐趋强化，资本主义的发展进入了一个新的阶段（哈氏在其他著作中指出，从十九世纪末开始，自由资本主义转变为他所谓的"当下资本主义"，或"有组织的资本主义"、"发达资本主义"）以后，国家干预社会领域与公共权限向私人组织转移即社会的国家化和国家的社会化同步进行，这一辩证关系逐渐破坏了资产阶级公共领域的基础——国家和社会的分离。哈氏据此认为，一个重新政治化的社会领域摆脱了"公"与"私"的区别，消解了原本属于私人领域的自由主义公共领域，这种情形与封建社会晚期有类似之处，因此哈氏称之为公共领域的"再封建化"。哈氏在《公共领域》一书中对当下资本主义的批判主要集中于此（从这个意义上说，"资产阶级公共领域"易名为"自由资本主义公共领域"可能更恰切）。[1]

社会体制系统性的历史发展体现在各种制度不断加强和凸显的合理化进程当中，这也就是在现代西方资本主义社会中，系统和体制不断蔓延，并且变得越来越强大和深入的原因，这种演变趋势也印证了马克斯·韦伯对欧洲现代社会的记录和文化批评，其著作中描写欧洲现代城市的两个关键词是"祛魅"和"铁笼"。在欧洲现代城市空间中，人们的生存体验在不断地被技术、系统、商业化浪潮塑造和更新，这不仅是对现代人城市生活质感和美感的侵蚀，也是对现代人意识和心灵的禁锢。社会环境的变革显然会对城市和城市生活产生直接的影响和制约，事实上，城市现代性空间就是欧洲社会整体空间的缩影和写照。

此外，空间与人的记忆密切相关。社会生活通过人的空间记忆来培养和塑造人的"情感结构"和自我意识，空间记忆是一种文化记忆，一种和时间、空间、历史、文化等范畴相关的心理体验和抽象认知。根据文化研究的相关理论，"记忆连接了过去和现在，并且建构未来，个人的记忆受他所处的社会、文化环境的影响，个人和集体的记忆不但是他们各自主体同一性的重要组成部分，同时也是重要的建构成分"[2]。空间的文化记忆中既有集体形式的记忆，也有个体化的记忆。集体记忆有更大的文化价值，它是社会群体中所有个体"情感结构"的主要框架和支柱，集体记忆对个体记忆有一种

---

① https://baike.baidu.com/item/哈贝马斯的公共领域理论/，访问日期：2019−05−07
② 汪民安：《文化研究关键词》，南京：江苏人民出版社，2007 年，第 351 页。

决定作用，而个体记忆反过来又支撑着集体记忆。当然，个体记忆也依赖集体记忆来保存其自身，而且借助集体记忆进行回忆，"某一思想若要进入到集体记忆中，就必须要附着在具体的事件或个体上。而某一时间或者某一个体若要在集体记忆中占有一席之地，就必须要和集体认同的思想或者意义联系在一起"①。空间记忆担负着文化传承的重任，社会生活的文化价值和意义通过空间记忆代代传递下去，并逐渐形成一种观念和思想的体系，这些观念和思想体系在人们的自我认同过程中发挥着重大作用。

> 每个文化体系中都存在着一种"凝聚性结构"，它包括两个层面：在时间层面上，它把过去和现在联系在一起，其方式便是把过去的主要事件和对它们的回忆以某一形式固定和保存下来并不断使其重现以获得现实意义。在社会层面上，这种凝聚性结构包含了共同的价值体系和行为准则，而这些对所有成员都具有约束力的东西又是从对共同的过去记忆和回忆中剥离出来的。这种凝聚性结构是一个文化体系中最基本的结构之一，其意义在于使所有成员对此文化体系产生归属感和认同感，从而定义自己和这个集体。②

这里所说的"凝聚性结构"就是空间文化记忆所要建构并维系的东西。空间的文化记忆在这方面有传统大众文化的特性，也就是说空间文化记忆的内容往往是有关"起源"的故事以及对文化有深远影响力的历史事件，文化记忆对两者的回忆或重述不是以一种求证或者再现的目的为主，而是为"当下"的群体和社会生活秩序找到一种理据，获得一种广泛的认同效应。空间的文化记忆担负着重要职责，这就要求记忆必须依照具体而严格的形式进行储存和积累，每种空间的文化记忆都有一些不可或缺的附件，并且有一套记录和表征的符号系统或操演方式，文字、图腾符号、仪式、节日都属于文化记忆的载体。而传统节日文化记忆的功能最为突出，因为在传统节日里，人们以群体的方式参与到空间行为当中，其间群体中的每一个成员都有机会体验和重温文化记忆，同时也不断强化自己作为群体一分子的认同感和归属感。

---

① 汪民安：《文化研究关键词》，南京：江苏人民出版社，2007年，第351页。
② 汪民安：《文化研究关键词》，南京：江苏人民出版社，2007年，第352页。

二、城市空间与人的主体意识

现代城市空间的研究总是和三个领域的现象密切相关。第一，现代性个体的自我意识和现代大众中的主体间性，现代性城市为这类问题的研究提供了最相关的空间语境。第二，日常生活及其文化研究。现代性空间与传统空间在概念、形态、内涵上差异巨大，因此，它对现代人日常生活的影响完全不同于传统时代的城市空间。第三，现代人行为方式问题。现代性空间的体制化和技术化对现代人的影响是深入和全面的，欧洲城市的现代性空间绝不是完全自由和民主的空间，人们的行为受各种制度和规则的限制，米歇尔·德塞都对此有全面的阐述和深刻的批判。到了 20 世纪，城市作为经济运作的空间、权力和意识形态表征的空间，开始在社会学和文学中被以一种全新的观念思考和研究；同时，随着现代哲学思辨的空间转向，城市也被作为一种抽象生产的空间和符号的表意空间被深入探究，传统的空间观念和分析策略已经不再适用于现代城市文化批评和研究。

现代欧洲文化和社会理论关于人的身份认同和身份建构不断地被修订和更正，人的身份和自我在传统社会思想中被界定为本质和不变的，阶级、民族、性别等都被认为是构成人稳定自我和身份的主要因素。但是，现代文化理论则提出人的身份和自我意识是多元的、流动的、异质的，并不存在本质和不变的自我和身份。身份的现代理论从一开始就和现代空间尤其是现代城市空间密切相关，正是现代性空间的多变、异质、区隔，以及现代性空间宏大叙事的"杂语"等诸多因素革新了欧洲社会对现代人身份和自我的认知和观念。商业化、城市化不断开拓中的空间处于持续的变化当中，庞杂、异质、流变是现代性空间及其概念的核心内涵。城市是现代性空间形态的具体呈现，也是解释、研究空间和现代人自我意识发生碎片化变革的物质和文化环境，同时也是探究和谐城市和主体性的建构策略的主导空间。

与传统时代的欧洲社会相比，现代欧洲社会中民族国家的影响力相对有所弱化，这种弱化在经济全球化的背景下有逐渐强化的可能和趋势；此外，欧洲社会中民主化进程的推进促使社会个体越来越关注自身权益。在时代和社会背景两方面变革的共同作用下，欧洲现代城市中集体性的身份认同不断式微，与之相伴随的是现代人生活方式和自我认同的多元化，现代城市作为商业化大众的栖身之所是一个缺乏整体意识的公共空间。不管时代如何变革，支撑和维系城市公共空间的仍然是共同的价值观念和道德意识，但是，和传统时代城市公共空间中的文化体系相比，现代城市公共空间中的价值观念和道德意识更加理性化，而且这种理性是工具性的，深深地打上了实用主义和商业化的烙印。所以，尽管在欧洲现代性城市空间中个体的差异性在不断地弱化，城市大众的同质化日趋凸出，但城市空间却越来越难以成为一个真正的公共空间、一个有命运共同体意识的空间、一个充满有效交际和对话的空间。在欧洲现代城市中，关注群体命运的话语被极力推崇个性和差异的主导话语压制了，城市大众虽然在行为和意识上逐渐衍化为"单面人"的群体，但他们对形式上的、表层的差异性却有着一种执拗的追求，这在商品消费、时尚、生活方式等方面的个性化上表现得尤为突出。

作为现代性空间的城市，其自身就存在诸多区隔，因此也涉及"自我"与"他者"的意识对立。罗伯特·帕克（Robert Park，1864—1944）认为现代城市是诸多马赛克小空间的拼凑，这些小空间边界接壤，却从不彼此相通，[①] 这与现代性空间具有多孔性和流动性的观念相抵牾。但是，抛开这种理论上的争鸣，现代空间显然蕴藏着一种超越自身的可能性，这种可能性既不是理想主义设想的开放和超验空间，也不是悲观主义的封闭和隔离空间，而是作为彼此"他者"的现代性城市之间文化交流的可能性。因为，个体的城市和个体的人一样，既不是超验理性所幻想的那样本质化和一体化，也不是像后现代主义思想所设定的那样完全割裂和碎化；空间和人一样，其自身内部就孕育着"他者"。现代城市由于各自的历史传统在宗教、语言、文化、建筑等方面的客观差异应该被认可和尊重，这是它们成为彼此"他者"的前提，也是作为个体的城市自身界定的依据，这些依据同时可以让个体的城市以"他者"的视角审视自我。也就是说，某一特定的城市只有在和作为"他者"的诸多城市之间建立起关联，把自身空间同复数的"他者"空间的复杂性、多元性相联系，才能确立现代城市空间更宏观、更合理的伦理框架，进而把特定城市的自身存在和认同建构在无数"他者"城市交错而成的空间网络和体系之上。这是一种对异质性空间的回归，也是对现代性空间潜在可能性的推崇和乐观态度。

在文学、社会学和哲学全面对现代性空间混乱、碎裂、趋同状态纷纷展开文化批判的形势下，以美国学者理查德·桑内特（Richard Sennett）为代表的社会学理论家却在现代性空间的凌乱和复杂状态中看到了一种契机，他

---

① Robert E. Park. "The City: Suggestions for the Investigation of Human Behavior in the Urban Environment," in Robert E. Park and Ernest W. Burgess, *The City: Suggestions for the Investigation of Human Behavior in the Urban Environment*. Chicago: University of Chicago Press, 1967, p. 40.

认为城市生活的巨大希望就在于现代性空间本身的杂乱，这是一种全新的杂乱，但是这种杂乱并不必然导致现代人的迷失，反而有可能使得现代人在空间经验上更加丰富，在空间的认知和思想意识上更加成熟。①桑内特这种乐观的思想给予现代城市空间和城市生活的多样性和复杂性一种积极的评价和态度，复杂的空间促进现代空间体验的多元和空间思想的更新。根据桑内特的现代性空间观念，我们可以进行以下的推论：受不同文化影响的现代城市空间上的差异不在于它们整体上经历了不同的商业化和空间景观化，而在于它们各自边界内留存和维护的各种文化记忆，这些文化记忆既有具体的、物质的，如过去时代遗留下来的建筑、雕塑、纪念碑，也有抽象的、精神的，如特殊的宗教形态和传统文化。在地域上间隔的现代城市空间也就是在这些文化记忆方面才成为彼此的"他者"，或者说在现代性空间作为欧洲城市普遍背景的前提下，这些文化记忆使各个特定的城市成了现代性空间这个普遍背景中的诸多风格迥异的建筑和文化"飞地"。

居住就意味着占据空间，居住者和作为居住环境的空间之间总是处于某种关系当中，或者一种交流和"对话"当中。现代人的居住空间已经远远打破了家庭的限制，家庭只是现代人滞留的一个相对特殊而封闭的空间，现代城市空间的碎片化、城市生活方式的多元化、人口的流动的国际化等诸多因素造就了现代人居住或滞留空间的复杂形态。现代人在多形态的空间中穿行，不断地跨越这些空间的边界，或是停留不同空间的过渡地带，这些空间可以是城市内部的区隔，也可以是城市之间的区隔。还有一种与外在居住空间相对应的"内部空间"，即以人的身体为载体的心理空间，从主体性意识的角度微观地思考，人一直居住在其自我的内部空间——心理空间，身体就是这个空间的边界。显然，这个自我的内部空间必须在与作为"他者"的外部空间相互界定中才能维系和运转，人只有在与"他者"空间交流和沟通中才能以一种主体性的身份和意识占领或居住"自我"的内部空间。因此，居住就是在空间中留下痕迹和记忆，这种记忆既来自外部空间又来自内部空间，现代人以其居住的城市空间和其自我的心理空间中获得的共同的经验和记忆塑造现代人的情感和理性，进而建构现代人的自我意识。

但是，在现代性背景下的城市空间和城市生活中，个体很难在外部的城市空间中留下真正的痕迹和记忆，现代城市空间和城市生活丧失了稳定性，

---

① Richard Sennett. *The Uses of Disorder: Personal Identity and City Life*. New York: Norton，1970，p. 108.

就像马歇尔·伯曼说的，一切坚固的东西都烟消云散了，因此，对个体而言生存空间的现代性就意味着接受感官受到的巨大的冲击，接受无家可归的精神和情感体验。19世纪后半期开始的大都市就已经是现代性空间的具象、现代性概念的物质形态，正是在城市空间和城市生活中人们才能更深刻、更直观地获取对现代性的体验和认知。然而，这种体验和认知却被一种迷失和困惑所笼罩。现代城市和城市生活完全体现了现代性概念的关键词：断裂和碎片、震惊和迷失，这些关键词汇也准确表达了现代人的自我体验。

在直接经验的层面上，日常生活的场所提供给社会个体对整体空间的感知，或者说普通的社会个体对日常生活空间的认知基本上就是其对世界的认识，其中包括家庭、街道、社区、工作场所、公园乃至整座城市。通过这些空间，生活在欧洲现代城市的人们具体地观察和认知资本主义商品和市场经济推动的现代性所呈现的具象及其所表达的抽象概念。现代社会学对工人阶级的研究表明，19世纪以来在欧洲城市劳工运动中工人群体团结的维系在很大程度上依赖于这支庞大的劳动力雇佣群体所在的公共空间以及公共空间中将他们连接起来的各种纽带，正是这些纽带将工人在工作场所和居住空间中的感受和经验联系在一起。威廉斯文化理论中提出的"情感结构"概念就是人群在公共空间和公共空间生活中建立的各种社会关系中培育和维护的。

社会学家对城市工人群体的研究表明，从19世纪中后期开始直到20世纪前半期，工人阶级的"文化"作为一种生活方式取决于城市社区、家庭、工作场所等空间的状态及这些空间的关联。这一时期工人阶级相对稳定的空间关系为这个群体建构了一个紧密的社会关系网络，工人阶级集体性的身份认同也是建立在该社会关系网的基础上的。但也有质疑和反对的观点认为，这种完全以空间为视角研究工人集体身份认同的方法忽略了工人在自我认同过程中的非空间因素。按照马克思主义理论来分析，工人在工厂的生产活动才是他们自我认同最主要、最基本的途径和方式，也是形成其身份特殊性的关键因素。因为，首先是劳动把工人群体作为一个阶级集中到工厂和社区，工人最主要的生活内容是生产劳动，在马克思和恩格斯的时代，劳动几乎是工人生活的全部，他们在劳动和争取相关权力的基础上，工人群体团结起来了，创造了共同的文化和思想意识，并形成了一种集体性的自我认同。

但是，从文化的角度分析包括工人阶级在内的所有社会群体的自我意识，生活空间尤其是公共空间对人的自我意识的形成和变革显然是一种普遍而基本的决定因素。例如，20世纪后期以来，工人阶级组织及其影响力的衰落在一定程度上就是受到以工人为主体的公共空间和社区空间衰落和涣散而导致的。随着公共空间和社区空间的衰落，以工人阶级为代表的社会群体和社会个体的自我意识都同时向不确定和多元演变，城市公共空间和社区空间的式微是韦伯所说的资本主义社会传统社会生活进一步衰落的具体表现。

在欧洲现代城市空间和城市生活中，一个更加重要的变革是公共空间作为建构大众群体和个体身份的主导因素的衰落。例如，社会关系密切的街区和局域性空间不断向着陌生化状态衍变，曾经有边界的、稳定的物理和文化空间逐渐向流动而多变的空间衍变，这种空间形态和实质的变化，极大地影响了公共空间在现代人自我体验和认同上的文化作用。在发达资本主义兴起的初期，从19世纪早期欧洲工业化和城市化的社会空间条件中传承而来的城市空间仍然是边界醒目的空间，这种边界既是物质环境的，也是思想意识的。但是，从19世纪末期开始一直到整个20世纪，物理学和地理学意义上的空间概念已经不再完全适用，一种崭新的空间概念出现在现代人的观念当中，现代性空间的概念中理性、技术、体制、文化、权力等诸多因素都被囊括其中，空间的标注和占有也不再是以直观和具体的方式表达，空间的表层形式之下的深层结构才是制约欧洲现代城市和城市生活的体系。

事实上，现代性方兴未艾时代的城市已经基本呈现出马赛克拼凑式的空间格局，无数个彼此区隔空间推挤成了一个杂合的空间，但这些马赛克空间之间虽然彼此毗邻，彼此之间还没有出现显著的流动性。但到20世纪早期，随着现代性全面渗透城市空间，这些马赛克空间进一步彼此渗透、组合、重叠。城市空间关系的多元化显然也对生存于这些空间中的个体在自我体验和认同方面产生了巨大而深远的影响。这主要体现在现代人自我意识的"他者化"，碎片化空间失去了整体性和有机性，这也使得现代人的自我认同失去了稳定的文化参照体系，完整的文化系统与完整的空间结构是相互依存的。

然而，空间形态上的裂变并没有改变空间权力上的结构。观察20世纪乃至21世纪的欧洲城市，空间在表层的拼凑、重合、流动并没有彻底改变空间在深层结构上的基本格局，社会权力、意识形态、文化资本等仍然在对城市空间进行着划分和区隔。同样的逻辑，在当下的欧洲城市空间和城市生活中，尽管人的身份或自我意识有流动性和"他者化"的特征，但现代人的自我和身份仍然能以严格的差异或外在特征加以标注，因为上述制约空间的因素也同样制约着现代人的自我和身份意识。这不仅对现代人个体完全成立，对现代人集体也同样成立，就像在欧洲现代城市中有独特的族裔现象，不同族裔的群体在住宅空间中的隔离就是这一现象的具体表现。即使到了提倡文化多元化和族裔平等的现代社会，欧洲国际化城市里混合居住空间作为一种政治承诺虽然没有被违背，但是，不同族群和文化背景的群体之间在身份认同上仍然以彼此作为"自我"的"他者"。所以，欧洲城市现代性空间的多孔性、异质性、流动性只是一种表层状态，而在深层结构上它们所坚持的仍然是一种边界坚硬的隔离和封闭，并且原则上拒绝践行在政治和民主上所做的社会承诺。马赛克空间碎片之间关系是如此，这些空间中生存的个体之间在身份的观念上也是如此。

现代性空间是一个不断延展的空间，19世纪后期以来从未间断的空间的城市化进程就是这一延展的具体形式，现代性空间以一种具象化的方式阐释了德里达哲学思想中能指符号的"延异"过程。城市化进程所推动的现代性概念和现代性空间的延伸与能指符号的"延异"过程在形式和理论上都形成了一种恰当的类比，就像"能指"符号的延异是一个动态过程，现代性城市的空间在概念和形式上也是动态扩张的，空间不再是纯粹名词意义上的概念——"space"，用英语的动名词"spacing"表达更贴切。空间的动态概念准确地捕捉和呈现了19世纪中期以来迅速蔓延的城市化进程以及与之相伴的商业化进程，德里达也因此把现代性空间以更加抽象的方式表述为一个不可消除的外向性索引，这个索引同时也是一种不可扼制的动态索引，这种索引把人们的空间意识不断地引向同样不可消除的"他者"空间。① 借助德里达的符号学思想，相互渗透和不可确定的特征成为人们思考现代城市空间的新观点。也就是说，城市也是多重因素决定的空间，这样认知和理解城市空间可以帮助我们走向一种更加普适性的伦理观，不仅对城市空间有一种开放的意识，同时对与"自我"相对立的"他者"形成一种开放的姿态，这种开放本身也是一种认同和尊重，一种对异域空间、对异己的认同和尊重，这是全球化时代不可或缺的意识和姿态。

三、现代城市空间的抽象结构

尽管欧洲现代城市空间的确在以能指符号的"延异"方式不断地沿着索引朝着"他者"空间推进，但是现代人的身份选择看起来无论多么具有潜在的流动性和开放性，这两者的变革和衍化都不可能发生在文化"真空"当中，也不可能完全不受约束。现代性空间和现代人自我意识的"自由"和"多元"更准确地说只是一种趋势、一种契机，作为潜在的可能性这种意识

---

① Jacques Derrida. *Positions*. trans. Alan Bass. Chicago: University of Chicago Press, 1981, p. 81.

展现在表层的机动性和多变性上仍然受深层系统的制约。可以说深层系统是一种空间格式化工具和语法体系，城市本身就是被特定体制格式化了的现代性空间，现代城市空间结构格式化最根本的路径和方式仍然受经济基础和上层建筑关系的制约。也就是说，马克思主义的经济决定论并没有在人们对现代城市空间本质属性的认知中失效和过时。

马克思主义以更加宏观和完整的思想解释城市空间格局以及个人和集体行动的可能性，马克思提倡的实践哲学完全建立在直面并积极改变客观现实的前提和基础上，他深刻而坚定地意识到资本主义经济是城市空间格局和城市生活中主体行为方式的制约者，如果说它不是唯一的制约者，至少是最重要和最强大的制约者。马克思对于资本主义社会经济在城市空间建构、人的观念意识塑造方面所做的研究和思考意义深远，其理论价值和重要性不亚于他对 19 世纪工人阶级及工人运动研究的理论贡献。20 世纪以来欧洲社会学和文学领域对城市空间和城市生活的研究就建立在马克思的研究的基础上，直接继承了其思考现代城市空间和城市大众时不可忽视的两个基本点：第一，就城市和城市生活而言，经济的系统性、普遍性起决定作用；第二，对于城市大众而言，唤醒集体意识和发动集体行动对于大众解放有现实意义。

通过对工人阶级运动与社会经济危机之间关系的研究，马克思间接地发现了一个更为普遍的城市问题，那就是抽象的经济结构在其运行机制上是如何对城市公共生活的基础产生干预和扰乱的？以及它如何影响这个基础的再生产？对于这些问题的回答是，这种干预和扰乱主要是由于经济危机和扩大资本积累而造成的，并且引起了城市大众尤其是无产阶级的抵抗，而这种大众抵抗运动也为城市空间体制和城市生活的变革带来了契机。[①] 20 世纪的城市研究者把马克思对这一问题的研究和发现称为城市空间结构和城市生活主体之间的关系问题，也就是空间客体和大众主体的关系问题。因此，在当下欧洲社会的城市空间研究中，维护经济决定论的基础地位仍然是毫无疑问的，当然，经济决定论的思想在当代需要和其他领域的理论结合起来，以便更全面、更准确地阐释当下欧洲现代城市空间的实质。

然而，有西方社会学者对当代马克思主义思想所秉承的经济决定论也提出过质疑，而且有许多质疑是值得探讨和思考的。塔吉巴克斯把 20 世纪西方思想界对马克思经济决定论的质疑和反思得出的结论总结为这样一种新主

---

① Kian Tajbakhsh. *The Promise of the City: Space, Identity, and Politics in Contemporary Social Thought*. Berkeley, Los Angeles, London: University of California Press, 2001, p. 10.

张：对经济在城市空间的决定性地位和作用的解读应该以一种新的视角展开，所要思考的关键问题是"如何以一种批判意识来审视经济决定论的内涵，如何以一种批判意识的本质主义来认知经济结构的客观性"①。但是，塔吉巴克斯同时也强调，西方思想界不能忽视从 19 世纪起马克思及其思想继承者一直试图探究的问题，即西方资本主义社会中存在着塑造社会宏观结构的强大力量，这股力量在城市比在乡村更具影响力，也更加普遍，所有认知和思辨社会进步及社会障碍的研究者都应该把这样一个事实作为其城市研究的基本条件和客观因素。巨大的资本、劳动力、金融等各种资源等以全新的方式集成组合，它们正在重新创造西方社会中人们生活的全新空间，城市则是这种空间最直接和最及时的呈现。各种形式的社会权力（包括国家权力）及其形式已经发生深刻转变，力量更加强大的资本主义经济对现代性空间在状态和实质方面的影响是深远而巨大的，小到一座城市，大到整个国家甚至全世界，都受到资本主义经济强大影响力的冲击。

以欧洲现代城市空间为例，受影响的具体方面包括：居住模式、劳动力的流动规模和范围、城市不同群体之间的社会关系、城市生活方式。而且在这种影响力发挥作用的过程中，出现了新的城市政治形式及其多样化组合、新的社会不平等、新的文化诉求，而城市空间和城市生活变革的机会也随之增多。② 在资本主义市场经济的强势推动下，城市空间随着商品的极度繁荣而趋于超现实化和梦幻化，商品化的思想意识与消费者欲望的商业化推动了西方社会全新的政治和经济构建，沙朗·佐金（Sharon Zukin）把美国纽约

---

① Kian Tajbakhsh. *The Promise of the City: Space, Identity, and Politics in Contemporary Social Thought*. Berkeley, Los Angeles, London: University of California Press, 2001, p. 11.

② Edward W. Soja, "Los Angeles, 1965—1992," in Allen J. Scott and Edward W. Soja. *The City: Los Angeles and Urban Theory at the End of the Twentieth Century*. Berkeley: University of California Press, 1996, p. 16.

城市广场空间的"迪士尼化"(Disneyfication)① 视为上述变革的具体例证。

沙朗·佐金从对纽约城市空间的文化研究中得出,在现代性时代背景下,像纽约一样的国际化大都会在经济发展战略上既依赖于传统经济机构,又依赖于文化机构的建设和推广,如博物馆、"迪士尼化"的公共空间或主题公园。② 佐金的城市空间研究带来的启发在于她让我们意识到,文化表征如今已成为经济结构的一部分。她还指出,像纽约这样面对人口减少和老龄化、工业生产衰退的西方现代大城市正在积极地采取策略以便实现复兴,这就要不断加强城市的吸引力,不仅要吸引全球资本,还要吸引劳动力。不仅如此,社会领导阶层还要进一步强化城市空间装饰,以一种更具隐蔽性的文化和意识形态表征来覆盖现代城市空间中的权力机制及其滋生的社会不平等;而且,这些不平等应该被城市空间景观装饰得足够耀眼,不仅要足以防范大众可能的集体反抗,而且要让大众趋之若鹜,并沉溺其中。

20世纪以纽约为代表的西方城市空间装饰和意识形态表征已经和19世纪以豪斯曼新建的巴黎为代表的空间装饰和意识形态表征不可同日而语,前者体现出了后现代社会文化的特征,城市是一种几乎被抽空了真实和理性经验的"超现实"空间,城市空间超越了景观化而趋于卡通化,空间的真实性被童话取代,而童话有另一套空间意识和观念。与传统时代有机空间中的故事和神话相比较,卡通化的城市空间完全缺失人在其生存空间中所必需的真

---

① Sharon Zukin. *The Culture of Cities*. Cambridge, Mass.:Blackwell. 1995. "迪士尼"是一个空间文化研究的术语,它描述的是某种事物甚至是整个社会向虚拟现实的转变,就像华特迪士尼公司(Walt Disney Company)的主题公园。"迪士尼化"也是被研究城市转型的社会科学家接受并使用的术语。这一术语通常表达一种消极的意义,与现代城市的消费、营销和情感体验的同质化相关。它们可以更广泛地用于描述把真实的场所或事件从其原初的状态中剥离,并以经过"净化"处理的方式对这些场所和事件重新包装展示的处理过程。任何负面的内容都被消除,现实也被淡化处理,目的是为了让人们对现实的体验更令人愉快,认知和理解更浅显。就空间和场所而言,这通常意味着要用一种理想化的、迎合游客的装饰来取代那些随着时间的推移而有机增长的东西,正如迪士尼主题公园里的"美国大街"(Main Street, U. S. A.)景点。"迪士尼化"包括以下的措施和策略:第一,把空间和场景主题化,赋予场所和事物特定的思想意识;第二,鼓励混合消费,在特定场所提供多重消费的空间,同时提供诸多商品和服务,帮助消费者在同一场所有更多的消费机会;第三,商品推销,用带有促销图像或标志的物品来推销商品或服务,从事表演活动的人员不仅是表演者也是提供消费的服务者。法国哲学家让·鲍德里亚曾将迪士尼乐园称为美国"最真实的"地方,因为它并没有假装成一个主题公园。他在《拟像》一文中写道:"迪士尼乐园是虚构的,目的是让我们相信其余的一切都是真实的,而事实上,围绕着它的整个洛杉矶和美国都不再是真实的,而是超真实和拟像的秩序。"(参阅 https://en. wikipedia. org/wiki/Disneyfication,访问日期:2018-10-07)

② Sharon Zukin. *The Culture of Cities*. Cambridge Mass.:Blackwell, 1995, pp. 1—15.

实感和稳定感，这样的空间使现代人的主体意识和自我建构处于一种幼稚而虚幻的状态当中，西方现代城市大众由商品拱廊街里的"温室之花"集体地"成熟"为游乐园里的"呆瓜"，他们完全忘记了思考一个问题：这让他们遗忘了"自我"的城市到底是谁的空间？

经济的逻辑和优先地位在现代城市空间的文化研究中也是突出的，文化研究在关注城市空间的结构框架或建构因素时，两个重要的着眼点在于体制化和商品化，这两者都与经济密切相关。然而，后现代主义的许多文化批评家，甚至包括继承马克思主义思想传统的理论家，都认为对客观性或真实性的彻底解构导致了社会学和文学在研究"人"这一社会主体时丧失了理论框架，作为社会主体的人在身份、意识等方面都成了自由浮动的符号，不受任何约束和制约。所以，文化研究对后现代主义在思辨的理性和研究的方法上都有一种深刻的质疑和批判，因为它们完全忽视了社会政治和经济作为一种结构和框架对城市空间和人的身份在建构、界定、认同等诸多方面的区隔和标注作用。

但是，另一方面，后现代主义思想也让人们反思城市空间研究的复杂性，进而在一定程度上补充和完善经济决定论的研究范式。以经济和政治为单一决定因素的城市空间研究与以政治和经济为单一依据建构现代人主体一样都有片面和僵化的局限，仍然属于一种本质主义的模式，经济－政治的二元视角虽然具有直观性，却弱化甚至忽视了除这两者之外影响城市空间、城市生活的其他因素。打破城市研究的二元视角，把客观因素和主观因素相结合。建构三元模式的视角似乎更加合理，应该把城市空间研究中以经济和政治为核心的客观性与以文化为载体的主观性相结合，因为，所有的城市都是作为人的生存空间而被感知和体验的，城市在其居住者心里引发的情感体验是空间研究必须予以关注的方面。正是在这种观念下，才能理解为什么城市空间在经济学、社会学、哲学、文学、美学、心理学等领域都是被关注和思辨的对象。

西方现代城市文化研究已经形成了一种相对稳固的结构，其中往往会包含三个维度：身份、空间和结构。这三个维度定义了现代城市理论研究的基本项目，并引发了许多相关的问题，塔吉巴克斯把这些问题分为四组：第一，我们如何才能更合理地对城市和城市生活主体在概念上加以界定和表述？如何解释主体在城市空间中的各种行为？作为主体的个人和大众的身份在时间和空间上发生了哪些变化？第二，经济、政治和文化体制在城市空间中处于什么样的形式与格局？西方现代社会形态和地理学特征如何？是什么导致了它们的历史转变？西方社会思想中空间的意义是什么？空间在日常生活中是如何被表征和使用的？第三，限制和约束社会行为和身份的宏观空间结构是什么？第四，空间、身份、体制这三个方面在西方现代城市空间中处于怎样的关系当中？[①]

---

①   Kian Tajbakhsh. *The Promise of the City: Space，Identity，and Politics in Contemporary Social Thought*. Berkeley，Los Angeles，London：University of California Press，2001，p. 12.

结束语

　　城市文化是一个庞大的体系，其中各个部分之间的关系错综复杂，研究文献显示，这个系统有四个方面的主题最为突出：文化、消费、群体、差异，它们构成了欧洲现代城市空间研究的主体框架。首先，从第一个主题来分析，文化是城市空间和城市生活的价值体系和支撑，其中既包括精神的，也包括物质环境的，如城市建筑和公共设施。此外，现代城市文化的内涵还囊括大众交际及交际方式，如报纸、广播电视、网络等。当然，欧洲现代城市文化是欧洲社会文化的一部分，在概念上属于威廉斯所总结的"文化是一种整体生活方式"的范畴。随着研究的深入和观念的更新，文化尤其是城市文化被认为既是产品也是产品的生产方式，从这个角度分析，现代城市文化有一个十分重要的部分，那就是大众文化，它不仅是一套文化价值体系观念，同时也是一种经济价值的生产和产品，例如，影视、时尚、音乐等。

　　其次，从消费的主题上分析，欧洲城市文化研究中所涉及的消费并不仅限于商品和服务消费，同时还涉及消费作为一种交换行为及其本质的研究。作为消费对象的商品和服务的生产过程以及生产机制也深受城市文化研究的关注。例如，在生产过程和消费过程中各种价值如何被添加和赋值？而这些被添加的价值对作为消费者的城市大众及个体有着什么意义、产生了什么影响？[①] 也就是说，消费不仅仅满足消费者的物质需求，对消费者而言还产生了更加微妙和深刻的心理影响。在交换价值不断被推崇、实用价值不断被忽视的现代城市消费中，商业化城市空间中的大众及个体消费对现代人的主体性意识发挥着意识形态引导的作用。

　　在空间的主题上，欧洲现代城市空间中，群体的基本组织和存在形式是社区，以社区来区分城市人群更具综合性和概括性，不同的社区群体本身就

---

　　① Simon Parker. *Urban Theory and the Urban Experience: Encountering the City*. London and New York：Routledge，2004，p. 4.

反映了这些群体城市生活方方面面的差异，包括这些群体用于标注集体身份的各种文化形式，以及这些文化形式的衍生和发展过程。所以，社区仍然是一个具有文化价值的概念，这些价值不仅是多元的，而且彼此之间存在差异甚至冲突。在空间差异方面，现代城市文化研究对城市空间的各种差异以及由差异所导致的社会矛盾也表现出浓厚的兴趣。在欧洲传统城市空间中，差异所导致的冲突往往是直观的、肢体的、暴力的，例如，城市暴动；而欧洲现代城市空间中的差异所带来的冲突还有更新和更抽象的形式，例如，对城市空间及其资源的争夺所引发的冲突，如城市空间的商业化开发或高档化重建所引起的城市居民与城市开发及投资商之间的冲突。此外，欧洲现代城市空间中的冲突还包括城市不同阶级、不同利益团体之间、不同身份群体之间的差异所滋生的经济的和文化的冲突。

当然，现代城市文化研究并不完全囿于上述四个主题和方面，它还涉及城市空间中生活的主体，城市是镌刻人类文化记忆的空间，是人类生活的集聚场所，其中凝聚着民族、国家、个人的文化记忆和情感，所以，城市空间和民族、集体、个体的身份认同息息相关。对于民族和国家而言，城市空间是其文化和历史的储存器，而对于集体和个体而言，城市空间是建构和支撑其"情感结构"的框架和依托，欧洲现代城市在这方面的变革和衰落就是韦伯所关注和思考的重要社会学现象。从阶级和国家的角度分析，城市又是政治和意识形态的空间，其中受到维护的是统治阶层的权力和思想，这种维护在封建时代通过王权确立，而在现代城市中占社会统治地位的权力和思想不再是单一地通过专制和独裁确立和维护，而是通过协商建立起意识形态领导权的方式实现，领导权权柄当然仍掌握在社会主导阶级的手中。

国家权力干预城市和城市生活的主要方式之一就是对城市空间的建造，例如法国拿破仑三世统治时期豪斯曼的城市新建工程。空间的物质营造同时也是空间的文化和精神塑造，目的是在大众的意识当中灌输一种合法性或思维惯性，进而促使其对主导城市空间的统治思想接受和认同，最终实现比封建时代王权的武力管制和镇压更有效的控制。在社会思想和意识的新背景下，资本主义价值观念在欧洲 19 世纪后期的现代城市甚嚣尘上，实用主义或者工具理性大行其道，它们统领了欧洲现代城市空间和城市生活。就城市空间中的个体而言，现代空间思想在分析现代人的自我意识或主体性时，城市不仅被视为一种地理学意义上的空间语境，更是塑造话语和叙事的文化语境，现代性个体的身份建构或自我认同就是在这种双重语境中逐渐被塑造和灌输的。

空间的区隔和划分维持着空间的差异性，形成不同的场域，各个场域都有其相对独立的意义，这和文学语篇的表意在原理上是一致的，不过在空间语篇里，社会权力的主导地位和影响力更加突出，也更加直观。具体而言，现代社会个体工作、生活、居住场所的差异就是空间区隔的最基本形式，也是塑造欧洲现代城市生活状态的最基本因素，而差异性的生活状态，尤其是有阶级差异的生活状态，对现代性个体的自我意识发挥着最基本的制约作用。这种表层的、直观的空间区隔和深层的权力机制相结合，形成了欧洲现代城市中社会个体自我认同和身份建构的整体背景，而且这个背景中不同场域之间的边界是相对闭合的，虽然本雅明曾经论证过现代性空间区隔的边界也是多孔的，但是这种多孔边界之间的流动如果不是停滞的，至少是非常缓慢的。城市作为现代性空间的典型代表，空间的区隔虽然没有封建社会那样森严和绝对化，但依然是显而易见的。资本主义社会的城市空间区隔更加普遍地受到社会政治、经济和权力等综合因素的影响和制约。因此，现代人个体在日常生活中的自我认同和身份建构也受到这三个方面的深刻影响，但欧洲现代城市空间和城市生活的商业化影响力不断突出，这股力量在不断地冲击着制约人身份和权力的传统社会力量。

直到20世纪中期，在欧洲资产阶级群体的观念中，城市空间里的生产领域和生活领域是完全分离的，而对于工人阶级和下层社会群体，生产空间和生活空间往往是毗邻甚至重合的，这就是城市空间分配政治化和权力化效应的直观呈现。显然，在欧洲现代社会中，阶级身份的差异首先仍然是一个地理空间的差异。现代城市空间中，劳动空间和生活空间的关系仍然是人们阶级身份标注的有效方式。以马克思主义阶级理论为主旨的身份认同随着欧洲现代城市生活空间的持续改善发生了鲜明的变化：在经济决定论的基础上，欧洲社会文化在现代性空间发挥的作用比起马克思的时代更加广泛和强大，这引起了现代城市生活方式的多样化，而生活方式的差异在现代人自我认同和身份建构中发挥着越来越重要的作用。但是，欧洲社会文化推动的城市空间变革并不是本质性的，经济的基础性决定地位和作用并没有改变，经济决定论在现代城市空间研究中的理论价值仍然是根本性的，尽管有人提出应该有其他新的社会学理论或者哲学理论来取代经济决定论，但这样的替代会带来城市空间研究客观性和可信度的缺失。

但是，在市场经济和信息十分发达的欧洲当下社会中，阶级差异性有明显的弱化，社会权力在不同社会群体中的差异性分配仍然是一个普遍而稳定的事实，并没有随着现代城市空间区隔的减少和民主化进步而弱化，而且这种普遍而稳固的权力在现代社会仍然是以经济为基础的。当然，把马克思主义经济决定论和阶级理论与文化批评理论及其他领域的思想相结合也是现代城市研究者的积极尝试和有益实践，他们把马克思主义城市理论推进到一个全新的阶段，而本雅明和哈贝马斯就是其中的佼佼者。城市空间表征及其文化批评都是他们思想和理论关注的焦点，他们把现代性城市视为多重因素决定和影响的空间，强调其中的经济与文化是两大关键因素。事实上，文化批评研究和社会学研究一样，是无法摆脱政治这个基本维度的；后现代主义和解构主义尽管表现得十分激进，但它们仍然没有摆脱政治的藩篱。而在本雅明这里，现实和超验的思想意识是并存的，他的文化思想也无法脱离政治的范畴。

马克思主义社会思想关于城市空间和城市生活的研究以经济和阶级斗争为主轴，把城市首先看成一个商品生产和销售的空间，在这个基础上把城市空间中所有的关系联系起来，社会经济始终是决定城市空间和城市生活变革的首要因素，社会生产关系也因此是建立和制约城市大众团结、阶级意识和集体身份的首要因素，这样的观念与历史唯物主义的社会学思想一脉相承。20 世纪诸多思想家的城市理论也继承了马克思主义社会学思想中这些基本观念，他们把社会阶级结构、阶级身份、社会利益集团都视为认知和解读欧洲现代城市空间的关键方面，这类深受马克思社会学思想影响的观念突出城市作为现代性空间的权利表征和争夺，即空间叙事的协商和霸权。

随着社会生产力的发展，欧洲资本主义社会矛盾也随之发生了新的变革，这自然引起了社会研究思想和研究方法的新构建，城市空间的研究理论也随之出现了新思想和新范式。塔吉巴克斯在谈到现代城市空间研究理论时表达了他对以阶级和政治为主导的研究方式的质疑。他认为在新的社会条件下，现代性城市空间的研究应该打破以阶级和政治为单一视角的理论限制，在现代性空间的研究者中，应该既有"特殊主义"（particularism），也有多元主义。① 塔吉巴克斯对阶级和政治这两个因素的再评估并不是要忽略或弱化它们在现代城市空间研究中的影响力，而是对它们进行再反思，结合时代的发展和社会的变革对城市空间研究的理论和方法进行修订，只有研究问题的方法论更合理、更健全，才能保证城市空间建构的策略更合理、更有效。社会文化的视角是城市空间研究中对马克思主义理论的有益补充和完善：韦

---

① Kian Tajbakhsh. *The Promise of the City: Space, Identity, and Politics in Contemporary Social Thought*. Berkeley, Los Angeles, London: University of California Press, 2001, p. 3.

伯的文化思想、本雅明推崇的超验主义理性、贝尔关于资本主义社会文化矛盾的思想，都是对欧洲现代城市空间研究理论思考的启发和增益。尽管如此，马克思主义的社会学思想在城市空间研究中的方法论导向是一个应该坚持的原则，因为在现代性城市空间中，权力和意识形态的运作和功能并未发生实质的改变，而权力和意识形态背后的最终支撑仍然是经济基础。

现代城市空间的思辨同时也受到哲学思想的深刻影响，一方面是 20 世纪哲学的"空间转向"对现代城市研究的启发，另一方面是与城市空间和城市生活研究直接关联的主体性研究也需要从哲学理论中汲取思想。欧洲现代城市中的社会个体和群体都有比传统时代的人更加强烈的自我意识和观念，也有更加强烈的权力意识和诉求，就物质利益和空间权力而言，"自我"和"他者"在现代人的主体意识当中存在泾渭分明的边界。现代社会文化思想也已经摒弃了本质和单一的主体性概念而接受了异质和多元的主体性理论；同样，"自我"和"他者"截然隔离、对立的观念也受到质疑和批判。传统社会群体内部个体之间对集体身份在某种程度的认同是现代社会分析大众化个体主体间性时所应该反思和借鉴的，因为欧洲现代城市空间中出现了一种矛盾的现象：喧嚣的人群其实是孤独的人群。对现代人主体间性的反思也启发人们对空间边界的再思考，即对于空间的边界是否能完全区隔出外部和内部的问题。所谓的空间内部－外部划分和自我－他者之间的划分一样，都不是绝对的，空间内部－外部的边界并不是完全闭合的，它们之间的边界是可渗透的，对内在－外在、自我－他者等二元论基础上的概念批判为克服传统社会思想中的区隔观念提供了新思想，也为打破社会区隔提供了契机。

西方现代城市研究的视角已经完全是一种综合视角，把空间、身份、空间结构三者相结合，从这三者之间的互动关系来观察和分析城市和城市生活，以及现代人的空间体验。欧洲现代城市研究的综合范式面临三个研究问题：第一，城市作为客体空间的格局是单一的还是多元的？它对作为主体的人在社会行为以及各项权力上有怎样的影响？第二，生活在城市中的个人和群体在身份体验和认同上与城市空间之间处于何种关系？社会群体中个体之间对彼此的认同和城市空间存在什么样的相关性？第三，在现代城市空间中，哪些结构性因素在城市日常生活语境的形成中发挥了作用？这些因素如何影响人们的日常生活？产生了哪些具体效应？

要回答这些问题，就要求现代城市空间研究的综合框架必须建立在现代人当下所面临的社会空间及其政治形势之上，并且对这些客观条件要有充分而恰当的理解和认知，而当下的城市在空间格局和人口结构方面相比于传统城市都发生了巨大的变化，而且这种变化一直在加速推进。首先，持续不断的全球移民浪潮在城市居民的身份体验和认同方面促进了文化、民族和语言等的多元化；加上媒体和传播技术的日益强大促进了不同特征的文化之间频繁而深入的接触和交流，在此过程中诸多文化相互影响和渗透，它们之间或冲突，或协商，或妥协。尽管这种文化的交流在城市空间并不是一个全新的现象，但在欧洲现代社会背景中，城市空间中不同模式的文化之间处于一种前所未有的高速互动当中，而且动力十足，这是新时代的突出特征，它要求研究者和理论家在现代城市文化研究中扩大视角，强化意识。

欧洲现代城市空间除了在人口和文化方面的巨大变革外，还有与城市居民更直接相关的变革。在欧洲现代城市尤其是大都市中，空间格局从 19 世纪后期至 20 世纪早期"轴心式的"（concentric）工业化城市格局向低密度都市及都市带或都市网络的格局转变，这种转变意味着个体在现代城市生活中创造意义的空间形式以及把他们的生活空间结构化的方式比过去更加丰富多样；[①] 而且，更加流动和多元的空间边界关系也处于更复杂的状态。因此，20 世纪的现代性城市空间不再局限于直接居住的社区及其单一性的文化氛围。例如，在大量移民国际流动的现代背景下，欧洲城市空间中往往包含其他族裔及其文化社区，这就在现代城市空间中形成了诸多族裔文化的"飞地"，这样的文化"飞地"意味着一个特定的现代城市空间中往往包含了与其他更遥远地方的城市空间在物质和文化上的联系。但是，这类充满"飞地"的现代城市空间格局并不应该让我们忽视欧洲现代城市空间封闭和区隔的一面。由于资本和商业化浪潮的强大主导及其流动区间的相对封闭，在欧洲现代城市中，社会"精英"群体的空间仍然体现出明显的区隔和排斥状态。另一方面，经济精英群体制约着资本和商业流动网络，他们相对稳定地维持着一种城市空间的封闭性，如特定群体居住的封闭社区，而且这种封闭已经不再是阶级式的单一封闭，封闭的形式更加多样化。

20 世纪西方社会在城市空间规划和设计上发出了新呼声，其所倡导的主旨思想被称为"新城市主义"，其中的"社区"概念被赋予全新的意义和内涵，这个新的社区概念所要表达的主要意图是通过更好的环境设计和土地利用促进城市社区的有机意识，因为城市规划者已经完全意识到无限制的城市发展加快了社区文化受"侵蚀"的速度和程度。"新城市主义"和新社区

---

① Kian Tajbakhsh. *The Promise of the City: Space, Identity, and Politics in Contemporary Social Thought*. Berkeley, Los Angeles, London: University of California Press, 2001, p. 163.

概念对当下欧洲城市建设很有借鉴意义，折射出西方社会对现代性空间碎片化和陌生化的反思，以及由反思而促进的对积极应对措施的制定和实施。面对现代性空间的困境，西方社会学家和城市研究者展开了思想对话，他们的城市空间思辨所强调的主题体现在以下方面：根据马克思主义社会理论，影响和塑造现代城市空间的最强大因素是经济体制和政治体制，这些体制是调节城市生活空间和城市体制的中介。而在保护、促进经济和政治更有效地发挥空间功能和影响力方面两个因素意义重大：第一，保障和维持城市空间和城市群体身份的开放性，这种双重开放性能够对现代城市空间和人群身份的同质性、城市空间和群体中的各种隔离和歧视起到有效的缓解和抵制作用；第二，建构和维护强大的公民社会和生机勃勃的市民生活空间，成熟的公民社会和充满活力的市民生活空间可以有效地应对来自资本和商品市场对现代城市空间的过度殖民和侵占，例如，城市住宅的高档化改建、房地产投机、来自官僚权力和机构的强制性空间新建，以及专制性城市规划等。①

在这样的空间观念和策略下，城市研究者提出了城市建构方面的具体措施。第一，对城市规模尝试进行干预和控制。例如，美国社会学家建议政府采取相应的政策和措施引导城市向两万到二十万人口的中等规模发展。他们建议把城市空间在规模上的变化控制在这样区间的同时要保证它所容纳的多样性。第二，鼓励公民对城市公共空间的积极参与，参与的主要方式是分散型的，并以社区组织为单位，同时需要改革或重设地方性管理机构，以便让越来越多的人参与到城市管理当中，克服城市政府管理中权力的涣散及其导致的混乱的缺点，同时加强宏观管理的机制和效果。第三，实施和推行"新城市主义"理念，以促进居民对城市空间的归属感，加强环境更美好、更具人文气息的公共空间建设。例如，在城市里建设更多的公园、社区服务站、公共娱乐设施、公共健身场所等，这些空间的建设提供给人们更多的社会交往契机和场合，促进城市社群关系网络的修复和重建。②

在欧洲社会文化范畴内，当研究者将现代人多元而复杂的身份理论同欧洲社会发展的目的联系起来进行分析时，他们就对后现代主义提倡的极端民主提出了批判。对于这些批判意识的研究者而言，过分强调身份的混杂性和未完成性不仅不会对公共政策可能导致的不公平或压迫产生缓解作用，而且

---

① Jean Cohen and Andrew Arato. *Civil Society and Political Theory*. Cambridge, Mass.: MIT Press, 1992. (see Chapter 8)

② Richard Dagger. *Civic Virtues: Rights, Citizenship, and Republican Liberalism*. New York: Oxford University Press. 1997, p. 171.

可能助长现代人的绝望心理。相反，郊区、封闭式社区或种族主义社区的"飞地"意识要么忽视、要么惧怕和防范居住在其边界之外的其他市民，这种形势表明强调城市空间边界模糊性和开放性的重要意义，无论是在社区空间的意义上，还是在个人自我意识的意义上，这种开放都应当维持。当然，空间和身份的边界是无法消除的，但我们需要把这些边界从坚硬和防御的状态转化，使它们变得更柔软、更易于交流。在社会学家和文化批评家眼中，现代城市与其说是一个领域或一个场所，不如说是一种希望和承诺、一种潜力，而这一切都建立在空间混杂性之上，而且这些互相混合的空间关系应该建立在道德和尊重的基础之上，应该以一种新的意识思考现代人对空间自由、自我自由的追求。这种追求不应该再是对空间和现代人自我在个性上的无限解放，而应该是维护空间和现代人自我在多样性和开放性上的自由追求，在欧洲现代城市空间和城市生活的改革和建构中对这种追求的关注尤为必要和迫切。

参考文献

英文文献

BAKHTIN M, 1981. The Dialogic Imaginations: Four Essays [C]. ed. and trans. Caryl Emerson and Michael Holquist, Austin, TX: University of Texas Press.

BOYER C, 1983. Dreaming the Rational City: The Myth of American City Planning [M]. Cambridge, Mass: MIT Press.

BEAUREGARD R A, 1985. Politics, Ideology and Theories of Gentrification [J]. Journal of Urban Affairs, 7.

BENJAMIN W, 2002. The Arcades Project [M]. trans. Howard Eiland and Kevin McLaughlin. Cambridge: Harvard University Press.

BENJAMIN W, 1999. Illuminations [M]. trans. Harry Zoha. London: Pimlico.

BENJAMIN W, 1997. One-Way Street [M]. trans. Edmund Jephcott. London: Verso.

BENJAMIN W. The Writer of Modern Life: Essay on Charles Baudelaire [M]. ed. Michael W. Jennings. Cambridge: Harvard University Press.

BERMAN M, 1988. All That Is Solid Melts into Air: The Experience of Modernity [M]. New York: Penguin.

BENJAMIN W, 2003. Walter Benjamin: Selected Writings, 1931—1934 [M]. Cambridge: Harvard University Press.

BOOTH C, 1902. Life and Labour of the People in London [M]. London: Macmillan.

BRANDEIS R, ed, 1969. Classic Essays on the Culture of Cities [M]. New York: Merdith Corporation.

BRUNO G, 1992. Walking Around Plato's Cave [J]. October, 60.

BUCK-MORSS S, 1986. The Flâneur, the Sandwich-man and the Whore: the Politics of Loitering [J]. New German Critique, 39.

BURTON R D E, 2009. The Flâneur and His City: Patterns of Daily Life in Paris 1815—1851 [M]. Manchester and New York: Manchester University Press.

BUTLER T A, 2006. Walk of Art: the Potential of the Sound Walk as Practice in Cultural Geography [J]. Social & Cultural Geography, 7.

BUTLER T, ROBSON G, 2001. Social Capital, Gentrification and Neighborhood Change in London: A Comparison of Three South London Neighborhoods [J]. Urban Studies, 38.

CASTELLS M, 1977. The Urban Question [M]. London: Edward Arnold.

COHEN J, 1992. ARATO A. Civil Society and Political Theory [M]. Cambridge, Mass: MIT Press.

CRARY J, 1990. Techniques of the Observer: on Vision and Modernity in the Nineteenth Century [M]. Cambridge, Mass: MIT Press.

DAGGER R, 1997. Civic Virtues: Rights, Citizenship, and Republican Liberalism [M]. New York: Oxford University Press.

DALY N, 2015. The Demographic Imagination and the Nineteenth-Century City: Paris, London, New York. Cambridge: University Printing House.

DEBORD G, 1994. The Society of the Spectacle [M]. New York: Zone Books.

DICKENS C, 1958. The Uncommercial Traveler and Reprinted Pieces etc. [M]. Oxford and New York: Oxford University Press.

DERRIDA J, 1981. Positions [M]. trans. Alan Bass. Chicago: University of Chicago Press.

DERRIDA J, 1978. Writ and Difference [M]. trans. Alan Bass. Chicago: University of Chicago Press.

DICKENS C, 2002. Dombey and Son [M]. London: Penguin Classics.

ELKIN S, 1987. City and Regime in the American Republic [M]. Chicago: University of Chicago Press.

ENGELS F, 1993. The Condition of the Working Class in England [M]. Oxford: Oxford University Press.

FERGUSON P, 2015. Paris as Revolution: Writing the Nineteenth-Century City [M]. Berkeley, Los Angeles, Oxford: University of California Press.

FLEISCHER M, 2001. The Gaze of the Flâneur in Siegfried Kracauer's "das Ornament der Masse" [J]. German Life and Letters, 54.

FORGIONE N, 2005. Everyday Life in Motion: The Art of Walking in Late-Nineteenth-Century Paris [J]. The Art Bulletin, 87.

GARREAU J, 1992. Edge City: Life on the New Frontier [M]. New York: Anchor Books.

GASKELL E, 1985. Mary Barton [M]. London: Penguin Books.

GHASEMI P, 2010. GHAFOORI M. Holden in Search of Identity: Recreating the Picture of the Flâneur [J]. English Studies, 91.

GIDDENS A, 1984. The Constitution of Society. Outline of the Theory of Structuration [M]. Cambridge: Polity Press.

GLEBER A, 1999. The Art of Taking of Walking: Flânerie, Literature, and Film in Weimer Culture [M]. New Jersey, Princeton: Princeton University Press.

GLUCK M, 2003. The Flâneur and the Aesthetic Appropriation of Urban Culture in Mid-19th-Century Paris [J]. Theory, Culture & Society, 20.

GONZÀLEZ F, SARLO B, 2001. Forgetting Benjamin [J]. Cultural Critique, 40.

HABERMAS J, 1976. Legitimation Crisis [M]. London: Heinemann Educational Books.

HARVEY D, 1985. Consciousness and the Urban Experience [M]. Oxford: Basil Blackwell.

HARVEY D, 1989. The Condition of Postmodernity [M]. Oxford: Basil Blackwell.

HAMNETT C, 1991. The Blind Men and the Elephant: The Explanation of Gentrification [J]. Transactions of the Institute of British Geographers, 16.

HAMNETT C, 1992. Gentrifiers or Lemmings? A Response to Neil Smit [J]. Transactions of the Institute of British Geographers, 17.

HAYES K, 2002. Visual Cultural and the Word in Edgar Allan Poe's "The Man of the Crowd" [J]. Nineteenth-Century Literature, 56.

HOLOTN R J, 1986. Cities, Capital ad Civilization [M]. London: Allen

& Unwin.

JAZBINSEK P, 2003. The Metropolis and the Mental life of George Simmel—On the History of an Antipathy [J]. Journal of Urban History, 30.

JONES G S, 1971. Outcast London: A Study in the Relationship between Classes in Victorian Society [M]. Oxford: Oxford University Press.

Katznelson I, 1992. Marxism and the City [M]. Oxford: Oxford University Press.

KOFMAN E, LEBAS E, 1996. Henri Lefebvre: Writings on Cities [M]. Oxford: Blackwell.

KUPPERS P, 1999. Moving in the Cityscape: Performance and the Embodied Experience of the Flâneur [J]. New Theatre Quarterly, 15.

LACLAU E, 1990. New Reflections on the Revolution of Our Time [M]. trans. Jon Barnes. London: Verso.

LAUSTER M, 2007. Walter Benjamin's Myth of the Flâneur [J]. Modern Language Review, 102.

LEFEBVRE H, 1984. Critique of Everyday Life [M]. London: Verso.

LEFEBVRE H, 1968. Le Droit à la Ville [M]. Paris: Anthropos.

LEFEBVRE H, 1974. The Production of Space [M]. Oxford: Basil Blackwell.

LEY D, 1987. Reply: The Rent Gap Revisited [J]. Annals of the Association of American Geographers, 77.

MARDER E, 1992. Flat Death: Snapshot of History [J]. Diacritics, 22.

MCDONOUGH T, 2002. The Crimes of the Flaneur [J]. October, 102.

MERRIFIELD A, 1997. SEYNGEDOUW E. ed. The Urbanization of Injustice [M]. New York: New York University Press.

MUMFORD L, 2015. The Culture of Cities London, New York [M]. Cambridge: University Printing House.

O'BYRNE A, 2008. The Art of Walking in London: Representing Urban Pedestrianism in the Early Nineteenth Century [J]. Romanticism, 14.

O'SULLIVAN T, HARTLEY J, MONTGOMERY M, 1994. and FISK J. Key Concepts in Communication and Cultural Studies [M]. London and New York: Routledge.

PARKER R E, BERGESS E W, 1967. The City: Suggestions for the Investigation of Human Behavior in the Urban Environment [M]. Chicago: University of Chicago Press.

PARKER S, 2004. Urban Theory and the Urban Experience: Encountering the City [M]. London and New York: Routledge.

PARSONS D, 1999. Flâneur or Flâneuse? Mythologies of Modernity [J]. New Formations: A Journal of Culture/Theory/Politics, 38.

PILE S, 2005. Real Cities: Modernity, Space and the Phantasmagorias of City Life [M]. London: Sage Publications.

PINDER D, 2005. Arts of Urban Exploration [J]. Cultural Geographies, 12.

POPE R, 2010. The Jouissance of the Flâneur: Rewriting Baudelaire and Modernity [J]. Space and Culture, 13.

PUTNAM R, 1936b. The Prosperous Community: Social Capital and Public Life [J]. The American Prospect, 13.

RACHMAN S, 1997. Reading Cities: Devotional Seeing in the Nineteenth Century [J]. American Literary History, 9.

RAWLS J, 1993. Political Liberalism [M]. New York: Columbia University Press.

RIDLER S, ed, 1963. Poems and Some Letters of James Thomson [M]. London: Harvard University Press.

ROBERTSON J L, ed, 1908. The Complete Poetical Works of James Thomson [M]. Oxford: Oxford University Press.

RORTY R, 1998. Achieving Our Country: Leftist Thought in Twentieth-Century America [M]. Cambridge, Mass: Harvard University Press.

SALZANI C, 2007. The City as Crime Scene: Walter Benjamin and the Traces of the Detective [J]. New German Critique, 100.

SENNETT R, 1970. The Uses of Disorder: Personal Identity and City Life [M]. New York: Norton.

SIMMEL G, 1950. The Sociology of Georg Simmel [M]. ed K. H. Wolff. Glencoe, IL. Free Press.

SMITH N, 1996. The New Urban Frontier. Gentrification and the Revanchist City [M]. London and New York: Routledge.

SMITH N, WILLIAMS P. ed, 1986. Gentrification of the City [M].

London: Unwin Hyman.

SOJA E W, 1996. The City: Los Angeles and Urban Theory at the End of the Twentieth Century [M]. Berkeley: University of California Press.

SOLNIT R, 2002. Wanderlust: a history of Walking [M]. New York: Penguin Group.

SONNETT R, 1970. The Uses of Disorder: Personal Identity and City Life [M]. New York: Norton.

SUSISNA J, 2002. The Rebirth of the Postmodern Flâneur: Notes on the Postmodern Landscape of Francesca Lia Block's Weetzie Bat [J]. Marvels & Tales: Journal of Fairy-Tale Studies, 16.

TAJBAKHSH K, 2001. The Promise of the City: Space, Identity, and Politics in Contemporary Social Thought [M]. Berkeley, Los Angeles, London: University of California Press.

TALLY R, 2013. Spatiality [M]. London and New York: Routledge.

TESTER K. ed, 2015. Flâneur [M]. New York: Routledge.

WERNER J, 2004. American Flâneur—The Cosmic Physiognomy of Edgar Allan Poe [M]. New York & London: Routledge.

WEBER M, 1958. Economy and Society. An Outline of Interpretive Sociology Vols 1–3 [M]. New York: Bedminster Press.

WEBBER A, 1963. The Growth of Cities in the Nineteenth Century: A Study in Statistics [M]. New York: Cornell University Pres.

WEINSTEIN D, WEINSTEIN M. A, 1991. Georg Simmel: Sociological Flâneur Bricoleur [J]. Theory, Culture & Society, 8.

WILLIAMS R, 1985. Keywords: A Vocabulary of Culture and Society [M]. New York: Oxford University Press.

WILLIAMS R, 1965. The Long Revolution [M]. Harmondsworth: Penguin Books.

WILLIAMS R, 1983. The Year 2000 [M]. New York: Pantheon.

ZUKIN S, 1988. Loft Living: Culture and Capital in Urban Change [M]. London: Radius.

ZUKIN S, 1995. The Culture of Cities [M]. Cambridge, Mass: Blackwell.

中文文献

萨义德, 2003. 文化与帝国主义 [M]. 李现, 译. 北京: 生活·读书·新知三联书店.

吉登斯, 1998. 现代性自我认同 [M]. 赵旭东, 方文, 译. 北京: 生活·读书·新知三联书店.

包亚明, 2004. 游荡者的权力 [M]. 北京: 中国人民大学出版社.

弗利斯比, 2003. 现代性的碎片 [M]. 卢晖临, 周怡, 李林艳, 译. 北京: 商务印书馆.

贝尔, 1989. 资本主义文化矛盾 [M]. 赵一凡, 等译. 北京: 生活·读书·新知三联书店.

卡西尔, 2004. 人论 [M]. 甘阳, 译. 上海: 上海译文出版社.

郭湛, 2002. 主体性哲学——人的存在及其意义 [M]. 昆明: 云南人民出版社.

费瑟斯通, 2009. 消解文化: 全球化、后现代主义与认同 [M]. 杨渝东, 译. 北京: 北京大学出版社.

鲍德里亚, 2008. 消费社会 [M]. 刘成富, 金志刚, 译. 南京: 南京大学出版社.

汪民安, 2007. 文化研究关键词 [M]. 南京: 江苏人民出版社.

本雅明, 1989. 发达资本主义时代的抒情诗人 [M]. 张旭东, 魏文生, 译. 北京: 生活·读书·新知三联书店.

王晓路, 2007. 文化批评关键词研究 [M]. 北京: 北京大学出版社.

波德莱尔, 1994. 恶之花 巴黎的忧郁 [M]. 钱春绮, 译. 北京: 人民文学出版社.

波德莱尔, 2002. 1846 年的沙龙: 波德莱尔美学论文选 [M]. 郭宏安, 译. 桂林: 广西师范大学出版社.

波德莱尔, 2012. 现代生活的画家 [M]. 郭宏安, 译. 上海: 上海译文出版社.

杜威, 1986. 人的问题 [M]. 傅统先, 邱椿, 译. 上海: 上海人民出版社.

科恩, 1986. 自我论 [M]. 佟景韩, 等译. 北京: 生活·读书·新知三联书店.

张旭东, 2003. 批判的踪迹: 文化理论与文化批评: 1985—2002 [M]. 北京: 生活·读书·新知三联书店.

周宪, 2007. 文化表征与文化研究 [M]. 北京: 北京大学出版社.

后 记

  欧洲社会文明的故事就是欧洲城市的故事，这些城市和城市故事异彩纷呈，展现了欧洲现代性空间兴起、发展、繁荣的进程，浏览这一进程就是领略现代欧洲社会的文化变革。推进文明的社会思想和实践基本上是通过城市和城市生活的不断发展和更新来展开的，就像文艺复兴、启蒙运动、"现代性"都是在城市中兴起并拓展的。城市通过对文明成果的不断积淀逐渐形成了威廉斯所说的"有序生活空间"，一种完全有别于乡村的全新生活体系，这种体系在19世纪的欧洲正式而全面地确立起来。欧洲现代城市文化研究深受马克思的政治经济思想、涂尔干的实证主义理性、韦伯的宗教与资本主义精神分析等的深刻影响，但是，后来的城市研究又出现了文学和美学的研究视角。新的研究角度突出对城市空间的感性体验和哲学思辨，把城市作为一种空间文本加以解读或书写，本雅明在波德莱尔塑造的城市游荡者身上发现并建构了这种空间体验和认知策略，游荡者是本雅明城市文化研究方法论的载体和表征。

  欧洲城市的现代性首先在机器、工业技术、现代工厂、雇佣的劳动大军、批量生产等的兴起和繁荣中展现了出来。加速推进的城市化表现为人口向城市空间集中并被整合为一个系统的过程，这个过程伴随着城市空间的扩张和变革，其间所衍生的各种制度深刻地影响了生活在这个空间中的大众和个体，新的商业化城市生活方式在此过程中逐渐形成并迅速传播。因此，城市和空间文化批评密切相关，借助空间文化批评的思想理论反思欧洲现代城市的深层结构和体制，进而促进人们更深刻地认知城市，而对城市作为生存空间的认知，反过来又促进现代人对自我的认知。

  本书是在杨智慧和李琳两位老师的合作下完成的，以欧洲城市文化理论的梳理、城市空间的呈现、体验和思辨为主要内容。虽然尽心竭力，但内容难免稚嫩和有所疏漏，错讹之处，尚祈方家批评指教。

作 者

2019 年 8 月 26 日